宿州学院博士科研启动基金项目"体育教育
（项目编号：2023BSK089
安徽省高等学校科学研究项目（人
重点项目"师范专业认证背景下体育教育专业建设质量保障体系构建研究"
（项目编号：2024AH053376）

高校体育教育理论与创新发展研究

蒋励　白明　徐光辉 ◎ 著

辽宁人民出版社

© 蒋励　白明　徐光辉　2025

图书在版编目（CIP）数据

高校体育教育理论与创新发展研究 / 蒋励，白明，
徐光辉著 . -- 沈阳：辽宁人民出版社，2025. 3.
ISBN 978-7-205-11475-6

Ⅰ . G807.4

中国国家版本馆 CIP 数据核字第 2025ZJ4415 号

出版发行：辽宁人民出版社
　　　　地址：沈阳市和平区十一纬路 25 号　邮编：110003
　　　　电话：024-23284325（邮　购）　024-23284300（发行部）
　　　　http://www.lnpph.com.cn
印　　刷：定州启航印刷有限公司
幅面尺寸：170mm×240mm
印　　张：15.75
字　　数：226 千字
出版时间：2025 年 3 月第 1 版
印刷时间：2025 年 3 月第 1 次印刷
责任编辑：张婷婷
装帧设计：寒　露
责任校对：吴艳杰
书　　号：ISBN 978-7-205-11475-6
定　　价：88.00 元

前言

近年来，国家高度重视体育教育改革，提出了以"健康第一"为核心的指导思想，强调体育教育在学生全面发展中的重要地位。2016年，中共中央、国务院印发了《"健康中国2030"规划纲要》，明确提出"共建共享、全民健康"的战略主题，这不仅奠定了健康中国建设的基石，也为学校体育教育提供了更高的目标与指引。2020年，《关于全面加强和改进新时代学校体育工作的意见》进一步提出，到2035年，多样化、现代化、高质量的学校体育体系基本形成。2022年5月，《"十四五"国民健康规划》提出要加强健康促进与教育，推行健康生活方式，开展全民健身运动。2022年8月，国家体育总局、教育部发布的《关于开展2022年全国青少年科学健身指导普及工作的通知》提出，通过开设科学健身大讲堂或与学校健康教育课相结合的形式充分利用体育馆、图书馆、博物馆、科普教育基地等场所。这些政策的出台，不仅体现了国家对青少年健康的高度重视，也反映了社会对体育教育价值的日益认可。在此政策背景下，高校体育教育面临着重大的转型契机。高校体育教育的目标已从单纯的体能增强拓展到促进学生的心理调节、社会适应能力和创新精神等多方面的素质提升。尤其是在"健康中国"战略的推动下，体育教育不再局限于身体素质的培养，更承载了培养具有全面健康观念和终身运动习惯的新时代人才的使命。在此背景下，本书应运而生。

本书共七章。第一章介绍了体育的产生与发展、体育的概念与分类及对高校体育的认识。第二章论述了高校体育教育的理念、组织与实施。第三章讨论了高校体育教学内容与创新，强调了理论基石的重要性和内容层次的合理划分，阐述了体育教学内容的编排与选择及高校生态体育的开发。第四章深入分析了包括异步教学法、程序教学法和游戏教学法在内的多种高校体育教学方法。第五章介绍了高校体育教学模式的基本理论、整体优化及翻转课堂等多种高校体育教学模式。第六章详细阐述了高校体育教育专业人才培养的目标方略及模式。第七章分析了高校体育教育的国际化趋势，讨论了国际化发展的战略和实际案例。

　　本书将传统与现代教育理念相结合，从多个维度深入探讨了高校体育教育，具有全面性和创新性的特点。书中不仅系统分析了高校体育教育的理论基础和实践应用，还引入了创新教学方法和模式，如异步教学法和翻转课堂，以应对教育现代化的挑战。此外，对高校体育教育专业人才培养进行了深入讨论，提出多种培养模式，展现了在适应社会发展和国际化趋势方面的前瞻性和实践性，使本书成为该领域内具有重要参考价值和实践意义的著作。

　　由于时间、水平有限，书中难免存在疏漏之处，恳请广大读者批评指正，以便在未来的研究中不断完善和提高。

目录

第一章　体育与高校体育

第一节　体育的产生与发展

一、体育的产生

体育深受社会文化影响，其根源可追溯至人类社会的初期形态。这一社会文化活动随着历史的演进而逐步发展，其历史极为久远。在人类早期的生活中，体育活动主要源于原始人对健身、自我防护及生存需求的自然驱动。

在史前社会，人类为了抵御野兽的威胁、对抗自然灾害，以及满足基本的生存需求，不得不进行种种体力活动。例如，狩猎不仅是获取食物的基本方式，也是增强体能、培养团队协作能力的重要手段。原始人在寻找食物的过程中需要翻山越岭，追逐野兽时要跨越沟壑，使用石块和木棍等工具进行狩猎，以及为了避免自然灾害的威胁而进行迁移，这些活动不仅锻炼了他们的基本运动技能，如行走、奔跑、跳跃、投掷和游泳，还逐渐演化为早期的体育形式。

随着时间的推移，这些基于生存和劳动的体力活动逐渐形成了更为系统的体育活动，它们与人类社会的发展密切相关，成为社会结构与文化发展中不可或缺的一部分。总而言之，体育的起源与原始社会的生活紧密相连，它不仅是历史发展的产物，也是文化进步的标志，体现了人类在适应与改造环境过程中的创造性劳动和社会实践。

二、体育的发展

随着人类从原始社会过渡到奴隶社会，社会生产力的发展带来了多样化的社会结构和文化现象，如教育、文化、艺术、宗教、军事和娱乐等。这些多元化的社会构成提供了一个丰富的土壤，促进了体育活动的发展和多样化。在这样的社会文化背景下，体育不仅作为一种身体锻炼的方式被人们所接受，还逐渐成为一种文化现象，体现了人类社会发展的一个重要方面。

中国体育的历史可追溯至远古时期，如在公元前 2500 年的黄帝时代，已有诸如蹴鞠、摔跤、射箭、武术、导引术（一种古老的健身法）、气功、围棋和投壶等多种体育项目。这些活动不仅是身体锻炼的手段，也是社交、娱乐和军事训练的重要组成部分。到了周朝，教育体系中的"六艺"——礼、乐、射、御、书、数，其中的射（箭术）和御（驾驶战车）已具有体育教育的性质。历经秦、汉直至宋朝，体育项目持续发展和创新，如宋代岳飞创制的八段锦等。这些都是体育发展史上的重要节点，展示了体育与社会文化、军事训练等领域交织发展。

在封建社会中，体育的发展显著受到了统治阶级的影响和利用，体现了体育在社会政治和文化中的多重功能。统治阶级通常将体育作为增强国力、培养民众体魄的重要工具，进而把体育融入教育和军事训练中，以此来加强国家的综合实力。在这一时期，体育分为多个类别，其中，军事体育，旨在提高战争时期的军事技能和体能；娱乐体育，供贵族和统治阶级享用，展现其娱乐和庆典的一面；养生体育，关注个人健康和长寿；民间体育，在节日和闲暇时间自发进行，强化了社区的联系和文化传统。

在欧洲，古希腊人对体育的热情尤为高涨，他们将竞技体育与宗教仪式相结合，认为这是向神明展示人类体能和智慧的方式。古希腊的体育活动，如摔跤、赛跑、拳击、格斗、射箭和掷石饼等，不仅是竞技体育，也是神圣的宗教活动。最著名的便是每四年举行一次的古代奥林匹克运动会，这一盛事不仅展示了竞技体育的魅力，也奠定了现代奥运会的基础。

17世纪，随着英国工业化的推进，体育在这一时期经历了快速的发展和普及。户外运动、竞技体育和其他娱乐体育活动在英国乃至全球范围内得到了广泛的传播和推广，标志着体育逐渐成为全球文化交流的重要部分。这一时期的体育活动不仅超越了以往社会的规模，还提高了体育在社会发展和国际交流中的地位和影响力。

现代体育的兴起，通常被认为始于19世纪的英国。1828年，英国教育家托马斯·阿诺德（Thomas Arnold）在他领导的橄榄球学校中首次将体育纳入正式课程，这一创新对现代体育的形成和发展具有里程碑意义，因此他被誉为"现代体育之父"。在他的影响下，体育教育开始在全球范围内获得重视，进而推动了体育活动的系统化和规范化。随后的几十年内，体育在英国和其他国家迅速发展。1863年，现代足球运动在英格兰诞生，并迅速发展成为全球最受欢迎的运动之一，显示出体育的广泛影响力和吸引力。此外，体育的现代化发展还受到了欧洲文艺复兴时期思想的影响，以及现代奥林匹克运动的创始人——法国社会活动家皮埃尔·德·顾拜旦（Pierre de Coubertin）的理论和实践支持。顾拜旦倡导的现代奥林匹克理念不仅复兴了古希腊的体育精神，而且将体育推向了全球，使奥运会成为世界上规模最大的综合性体育盛会，从而加强了体育在国际发展中的作用。

现代体育的发展，标志着文明社会的进步和人类生活方式的转变。在当今社会，体育不仅仅是休闲娱乐的手段，它已成为提升国民健康、促进社会和谐以及文化交流的重要工具。随着社会对体育需求的增加，体育活动日益成为现代生活中不可或缺的一部分，影响着社会各个层面和角落。各国政府和社会各界都在不断推动体育的发展，以充分发挥其在推动社会整体进步中的积极作用。

第二节　体育的概念与分类

一、体育的概念

在当代语境下，体育的概念呈现出多元化的特征，涵盖了从基础身体活动到竞技运动的广泛领域。在美国，体育常被称为 physical education and sport，即体育与运动，广义上包括了所有非生产性的体力活动。这些活动以增进兴趣、竞技和增强体质为核心目的。

体育的概念可以划分为狭义与广义两种。狭义的体育主要聚焦于身体教育的层面，即通过体力活动进行的教育过程；而广义体育则是一个更为包罗万象的概念，涵盖了身体教育、竞技运动以及日常的身体锻炼。在中国，体育被视为一种独特的社会现象，它不仅是一个以提升身体能力、增强体质和促进健康为基本特征的教育过程，也是一种社会文化活动，包含了身体教育、竞技运动和身体锻炼等多个方面。这一定义反映了体育在增进个体与社会福祉方面的综合作用。

二、体育的分类

体育根据其功能和参与者的不同，一般可以划分为学校体育、竞技体育和社会体育三个主要类别。

（1）学校体育：在中国，体育是中小学及高等教育机构的必修课程。该类体育活动以教育为核心，目标是通过体育课程和课外活动，根据学生年龄和发展特点，全面提升学生的身体素质、体育技能和文化素养。学校体育不仅注重学生身体能力的发展，还强调通过体育活动培养学生的道德素质和坚强意志。因此，学校体育是基础教育的重要组成部分，也为全民体育和终身体育打下坚实基础。

（2）竞技体育：又称为"精英体育"，它涉及规则明确的竞技活动，目的是通过科学、系统的训练和竞赛，充分挖掘个人和团队在体能、技巧、心理等方面的潜力，以取得卓越的竞赛成绩。竞技体育强调高水平的表现和成果，是一个专业化和职业化的领域，也是体育领域中的高级形态。

（3）社会体育：也称为"群众体育"或"大众体育"，主要目标是通过各种体育活动促进个人的身体、心理和社会健康。社会体育活动包括健身、休闲、娱乐等，其特点是形式多样、灵活新颖，强调个人选择和自愿参与，具有明显的群众基础。社会体育活动不仅限于体育设施，也融入日常生活和家庭环境中，是学校体育的自然延伸，使个人的体育生涯得以持续并终身受益。

这三类体育活动各有其特定的社会功能和教育价值，共同构成了一个全面的体育发展体系，以通过不同形式的体育活动，促进社会成员的全面健康和持续发展。

第三节　高校体育的地位与作用

一、高校体育的地位

（一）体育是德育、智育的基础

体育不是一种简单的身体活动，而是德育和智育的基础，是道德和知识的重要载体。

在德育方面，学校体育通过各种体育活动，如体育课、课外锻炼及运动竞赛等，不仅增强了学生的体质，更重要的是，还通过这些活动培养了学生的集体主义精神、爱国心以及遵守纪律、善于合作、坚韧不拔和勇于进取等一系列社会和道德品质。这些品质的培养，为学生将来的社会生活打下了坚实的基础。

体育在智育方面的贡献同样显著。尽管存在一种观点认为体育锻炼可能会占用学习时间，从而影响学业成绩，但实际上，体育活动对于智力的发展具有直接且积极的影响。生理学研究表明，体育运动不仅可以增加大脑质量和皮层厚度，还能够通过提升大脑的工作能力和神经中枢的功能，进而提高思维的敏捷性和判断能力。此外，运动过程中对各种动作技巧的学习和掌握，进一步促进了大脑相关区域的活跃，提高了学习效率。研究还发现，经常参与体育锻炼的学生在学习和工作中展现出更高的效率，即每天投入一小时的体育锻炼能让剩余时间的学习和工作效率超过连续八小时的不间断学习或工作。

（二）高校体育在建设校园文化中的地位

高校体育在校园文化建设中占据着不可替代的地位，其丰富的活动和文化内涵为大学生的全面发展提供了一个充满活力和生机的环境。在大学生的学习生活中，体育活动不仅是一种健康的课余活动选项，还是精神文明建设的一个重要组成部分。

体育活动能够有效提升校园的整体氛围，使其更为和谐而富有活力。组织各种体育比赛和活动，不仅为学生提供了展示自己体育才能的机会，更重要的是，还为他们提供了相互交流和团队合作的平台。在这些活动中，学生能够学习如何在竞争中尊重对手，在合作中寻求共赢，从而培养出积极向上的人生态度和价值观。更进一步，体育活动也是培养学生社会主义核心价值观的有效途径。参与体育活动，可以培养大学生坚毅、勇敢、顽强的性格以及团队精神等重要的品质。这些品质的培养不仅有助于学生在校园内的学习和生活，还将深远影响他们未来的社会生活和职业发展。此外，体育活动还能够加强学生的爱国主义教育，通过体育的途径加深学生对国家的认同感和责任感。

在现代高等教育中，体育活动的开展不仅仅是为了满足学生的身体锻炼需求，更是一种全面的教育方法。各种形式的体育活动，有助于占领大学生的课余思想阵地，引导他们向着更健康、更文明的生活方式发展。同时，体育活动也为防止和纠正学生的不良行为提供了自然的调节机制。

因此，体育在高校的教育体系中扮演着极其重要的角色，它不仅关乎学生的身体和心理健康，还是精神文化建设的关键。高校体育的充分发展，不仅能够提升学生的个人素质，还能够推动整个社会的物质文明及精神文明建设向前发展。在未来，高校应继续重视和强化体育，以更好地服务于教育目标和社会需求。

（三）高校体育在发展我国体育事业中的地位

高校体育在我国体育事业的整体发展中扮演着极其关键的角色。这不仅因为高校体育直接关系到国民体质和健康水平的提升，还因为它在国民体育体系中起着至关重要的桥梁作用。大学生作为国家未来的栋梁之材，他们的身心健康不仅影响自身的发展，还是民族兴旺的重要标志。

在全民健身计划不断推进的当下，普通高校体育作为学校体育的高级阶段，承担着由学校体育向社会体育过渡的任务。高校体育不仅培养了大量参与体育活动的社会成员，更重要的是，还培养了大量体育活动的带动者、组织者和指导者。这些角色是全民健身运动得以广泛开展的关键，他们在推动全民体育活动、提升国民健康水平方面发挥着不可替代的作用。此外，高校还是我国培养体育后备人才、提升竞技体育水平的重要基地。随着竞技体育向更高标准、更专业化的方向发展，其对运动员的体能与智力要求也日益增高。大学生的体能和智力均处于高速发展期，这为他们成为高水平运动员提供了天然优势。根据《学校体育工作条例》，高校不仅要在日常教学中强化体育训练，还需通过开展课余训练等多种活动提高学生的运动技术水平。此外，一些高校还被授权招收体育特长生，专门培养未来的体育精英。

经过多年的努力和实践，我国高校体育已经在国内外体育竞技场上取得了显著成就，为我国竞技体育的持续进步和体育体制的改革提供了宝贵的经验。这些成就不仅提升了我国在国际体坛的竞争力，还促进了我国体育事业的全面发展，增强了国民体质，推动了我国从体育大国向体育强国的转变。

二、高校体育的作用

在当今社会，体育已经超越了单纯的身体锻炼功能，成为提高生活质量、丰富社会文化生活的重要组成部分。随着物质生活水平的提升，人们对体育的需求不仅仅局限于基本的健身需求，更扩展到了娱乐和休闲领域。这种变化不仅改变了人们的生活方式，还提高了公众的生活质量。对于大学生而言，体育的作用尤为显著，它在保持身体健康的同时，在育人方面也发挥了独特的影响力。

（一）强身健体

高校体育活动对大学生的健康发展起到了至关重要的作用，特别是在他们处于生理和心理发展的关键期。在这个时期，大学生的身体各器官系统机能和代谢水平不断提高，逐渐进入人生的最佳状态。适宜的体育活动不仅能够促进他们的身体健康，还能显著提高其对外界环境的适应能力及对疾病的抵抗能力。

通过参与高校组织的多样化体育活动，大学生能够塑造健美的体态并掌握必要的运动技能。体态的改善和技能的提高直接影响他们的身体素质和基本活动能力，使得他们能够在未来的学习和工作中展现出更强的体力和耐力。这一点对于希望从事脑力劳动的学生尤为重要。

体育活动还有助于大学生养成健康的生活习惯和积极的生活态度。定期的体育锻炼能够帮助学生建立起自律的生活方式，从而有效地管理时间、减轻压力，并保持身心健康。此外，通过体育活动，学生可以体验到团队合作和公平竞争的重要性，这些都是他们今后社会生活中不可或缺的重要素质。

（二）培养体育锻炼的能力和习惯

大学生在生理和心理上具有独特的优势：他们的神经细胞物质代谢活跃，思维灵活性和抽象分析能力较强，这些特质使他们更容易接受和理解复杂的信息。此外，大学生通常表现出强烈的求知欲和对体育锻炼的渴望。这些因素共同促使体育教育的内容传递变得更为高效，为大学生系统地学习体育知识、技能及科学锻炼方法提供了有利条件。体育教育不仅可以提高他们的体育文化素养和审美能力，还能培养出持久的体育锻炼习惯。

（三）促进身心和谐发展

在大学阶段，随着大学生自我意识的加强和个性特征的凸显，他们的心理品质和性格尚处于不断成熟和调整过程中，这一过程往往伴随着一定的不稳定和不平衡。高校体育通过提供各种运动活动，如和谐的社交互动、竞技运动以及耐力训练等，有效地帮助学生稳定心理状态，并促进他们的自我调节和自我控制能力的提升。体育活动不仅是身体锻炼的途径，还是心理成长和个性发展的重要途径。

教育改革的深化要求体育教学不断创新教学模式和内容，使之更贴合大学生的运动兴趣和自我发展需求。通过调整和优化体育课程，高校可以更有效地促进学生个性的全面发展，使他们实现身心和谐统一。

（四）提高学生运动技术水平

在中国现代化体育发展的大背景下，国家不仅推出了"全民健身计划"以提升国民的整体健康水平，还启动了"奥运争光计划"这一战略，旨在提升我国在国际体坛的竞争力。这些政策为高校体育的发展提供了双重目标：普及体育运动，挖掘及培养有潜力的竞技体育人才。

高校因其庞大的学生基数和多样的体育资源，成为国家体育人才培养的重要基地。高校浓厚的体育氛围和较好的物质条件为学生提供了理想的训练环境，有助于筛选并提升那些在竞技体育领域具有特殊才能的学生。通过系统的训练和比赛，这些学生不仅能够提升个人的运动技术水平，还有机会在国内外赛场上为国争光。此外，高校还扮演着技术传承和创新的角色。通过引进先进的训练方法、科学的管理模式以及与国际体育界的交流合作，高校不断提升自身的教学和训练质量。这种持续的技术和理念更新，不仅使得学生能够掌握前沿的运动技术，也为国家的体育事业带来了新的发展动力。

第二章 高校体育教育概述

第一节 高校体育教育的理念阐述

一、"健康第一"教育理念

（一）"健康第一"教育理念概述

1. "健康第一"理念的起源与演变

"健康第一"这一理念在中国体育的发展历史中扮演了重要的角色。在中华人民共和国成立初期，毛泽东首先提出了这一观点，强调了国民体质提升和青少年身体素质改善的重要性。此后，这一理念被多次纳入国家政策和教育改革中。特别是在《中共中央 国务院关于深化教育改革全面推进素质教育的决定》中，"健康第一"被强调为青少年服务祖国的基本前提，是国民生命力的核心体现。[①]2022年，"健康第一"的理念在《义务教育体育与健康课程标准（2022年版）》中再次得到重申，旨在促进学生的健康成长，凸显了教育体系对健康教育的持续重视。

[①]孔硕：《"健康第一"指导思想下的学校体育改革》，《时代教育》2015年第23期，第44页。

随着经济的迅速发展和生活水平的显著提升，学生的健康问题逐渐从传统的疾病和营养不足转向体质下降、近视和肥胖等新型健康问题。为了进一步加强学生的体质和耐力，中华人民共和国教育部（以下简称教育部）推出了《国家学生体质健康标准》，并在教育系统中广泛推广"健康第一"的教育理念，以期培养更加健康、强壮的下一代。

2. "健康第一"教育理念的具体内涵

"健康第一"的教育理念是一种全面的教育策略，其核心在于强调学生的全面健康发展，包括身体、心理、社会适应能力及智力等多个层面。这一理念摒弃了传统的形式主义教学，转而强调实践教学的重要性，意在通过体育和健康教育活动，实际提升学生的体质和健康意识。教育的目的不仅仅是提高学生成绩，而是培养学生的多元素质，包括促进身心健康和社会能力的发展。在这一理念下，学校教育需要突破传统的教学模式，不仅仅关注学生的学业成绩，还应关注学生健康行为的养成和体育技能的掌握。通过有效的教育方法，如实践教学和多样化的体育活动，学生可以在体验中学习和掌握基本的体育知识和技能，从而形成长远的健康习惯。此外，教育体系还需重视心理健康和社会适应能力的培养，为学生提供必要的支持和指导。

3. 贯彻"健康第一"教育理念的必要性

贯彻"健康第一"教育理念对学校教育的必要性显而易见，涉及提升体育地位、改善学生体质、促进社区合作，以及全面发展学生各方面素质。首先，该理念有助于体育教育在学校中的地位提升，通过增加体育课时和活动，改变学生和家长对体育的传统观念，从而促进学生的身心健康。"健康第一"教育理念可以使学生重视体育，减轻学业压力。其次，实施这一理念能有效改善学生体质。随着生活方式的变化，学生面临体质下降的问题，"健康第一"教育理念的推广帮助他们通过体育活动提高自身的健康水平。再次，"健康第一"教育理念还促进了师生、家长及社会的合作。学校与家庭及社会共同努力，创建支持体育活动的环境，提高学生的社会适应能力和团队精神。最后，这一理念有助于学生全面素质的发展，不仅仅是体力的锻炼，还包括智力和情感的培养，使学生树立终身体育意识，全方位提升个人潜能。

（二）"健康第一"教育理念在高校体育教学中的贯彻与应用

"健康第一"教育理念是在健康观念演化的基础上形成的，它强调从身体、心理、社会适应能力及道德层面全方位促进学生的综合健康发展。[①] 在高校的体育教学中，这一理念尤为重要，因为它不仅强化了体育活动在提升学生身体技能和综合素质中的作用，而且强调了体育教学对培养学生健康生活方式的重要性。贯彻"健康第一"教育理念需要注意以下几个方面。

1.注重技术教学与健康教育的结合

在"健康第一"教育理念指导下，高校体育教学需融合技术教学与健康教育，从而提升学生的运动技能，强化健康意识。体育教学不仅关注技术的传授，还应重视基本的健康教育，如营养、卫生知识以及心理健康的教育。教师在体育教学中，应有意识地强化对学生的健康知识和运动技能的教授，包括如何预防运动伤害和正确的锻炼方法。此外，教师需要关注学生的心理状况，在教学中融入心理健康教育，帮助学生面对竞技和学习的压力。在设计体育课程时，教师应合理安排运动负荷，利用游戏等多样化的教学方法提升学生的学习兴趣，有效促进学生养成主动参与体育锻炼的习惯，从而推动学生全面素质的发展。

2.培养与提升学生的健康意识

在学校体育教育中，培养学生的健康意识至关重要，这有助于他们积极参与体育运动。教师需要根据学生的身心发展特征以及学校的具体情况，确定有针对性的教学内容，选择适当的训练教材。有组织的体育教学和训练活动，可以有效地培养学生的健康意识，激发他们自觉参与体育运动的热情。

---

① 辛利、刘娟：《对学校体育"健康第一"指导思想的思考》，《体育学刊》2013年第5期，第8页。

3.体育教学与社会生活教育紧密结合

在学校体育教学中，体育活动的组织通常考虑到场地、器材、教师和学生的具体情况，但往往忽略了学生未来在社会中继续参加体育活动的可能性。由于各种限制，许多学生在离开学校后很少继续参加体育活动，这并不利于培养持续的体育锻炼习惯。"健康第一"教育理念强调以学生为中心，提倡体育活动应具有实际应用价值，适应学生生理和心理状态的变化。学校应引导学生探索多种体育活动，以便学生在毕业后能够继续参与。学校需展望学生未来的社会生活，增设多样的体育课程，以适应社会常见的运动需求，并帮助学生找到他们最感兴趣和最擅长的体育项目。

4.促进学生的全面健康

在当今教育环境中，学校对于学生健康的重视程度不断提升，学校通过多种方式积极促进学生的全面健康。首先，学校在课程设计中融入了更多关于健康知识的教育。这不仅包括传统的体育课程，还涉及营养、心理健康以及公共卫生知识。其次，许多学校推广积极的生活方式，如鼓励步行和骑自行车上学，设立运动俱乐部以及定期举办运动会和健康促进活动。

随着学校体育教育的改革，体育教学的指导思想发生了根本性变化。体育教学的最终目的是让每个学生都拥有健康的体魄，并养成健康的生活方式。在体育教学的实施过程中，教师还应注重学生思想品德的培养，推动每个学生的全面发展，促进学生身体素质与运动技能的同步提升。

二、"以人为本"教育理念

（一）"以人为本"教育理念的内涵

1.以人为本不同于个人本位

长期以来，在教育价值观的讨论中，社会本位与个人本位之间的争论不绝于耳。社会本位强调个人是社会的一部分，必须承担责任与义务，个人价值体现在对集体和社会的贡献中。而以人为本则强调个人作为一个独立的个体，其价值高于社会价值，社会应为个人的发展提供良好的条件。

"以人为本"的教育理念非常重视个性的发展，将人的全面发展视为教育的终极目标，人在教育中既是出发点，也是中心和归宿，教育是一项以人为本的活动，现代教育的发展要求时刻贯彻"以人为本"的理念，重视人的个性化发展和全面素质的提升。在我国，"以人为本"主要强调正确认识和处理个人与社会的关系，使二者相互促进。一方面，人是社会中的个体，处于各种复杂的社会关系中，无法脱离社会独立存在，个人的发展受到社会发展水平的制约。另一方面，社会是人的社会，具有属人性，社会的发展以个人的发展为前提。只有每个人都得到不同程度的发展并实现自我，社会才能健康发展。

2. 以人为本应该以具体的人为本

传统教育具有很大的局限性，教育者往往只注重培养人的共性（即真、善、美），而忽视了人的多样性和差异性。传统教育中的学校如同工厂，用相同的模式培养和塑造人，结果是人的个性受到抑制，难以获得良好发展。在现实生活中，每个人都是具体的、独一无二的个体。采用单一的教学模式不可能使每个人都得到充分的发展。教育必须承认并尊重个体差异，为每个人提供适宜的发展环境和机会，才能确保每个人都能实现自我价值，从而实现人与社会的共同发展。

3. 以人为本使教育回归人的生活

长期以来，教育被隔离在多姿多彩的生活世界之外，仅存在于抽象的科学理性世界中。过度强调理性，使人缺乏共情能力和丰富的情感。人们用客观、冷静甚至有些漠然的思维方式分析外部世界，导致外部世界对人类来说只剩下功利的价值。这种状况使人陷入精神上的空虚，科学技术和理性在一定程度上反而奴役了人类，成为人类的统治者。对科学技术和理性的盲目崇拜使人们远离了生活世界，情感世界变得荒芜。

教育本应源于生活，与生活世界融为一体。然而，在制度化教育体制面前，人显得渺小，教育教学脱离了生活。教育不应该局限于科学世界中，不应只有抽象的概念、命题、符号和冷冰冰的公式。教育需要回归生活，重拾生活的意义。生活世界是感性、丰富且鲜活的，只有在生活世界的滋养下，人才能在理智和情感等多方面实现长足的发展。

现代教育应帮助人完成自我实现、自我理解和自我确认，突破僵硬的教育教学模式。人本教育遵循用生活进行教育的原则，使教学内容、形式和方法更加丰富，建立起生活本位的课程，注重学生在教育教学活动中的体验。通过这种方式，教育才能真正回归生活，使人获得全面的发展。

（二）"以人为本"教育理念在高校体育教学中的贯彻与应用

教师和学生是学校体育教学的重要主体，一切教学活动都应围绕学生展开。体育教学不仅重视发展学生的外在行动力，还注重激发内在动力，这种内在动力是引导外在行动力的关键。在教学过程中，体育教师应注重人文关怀，维护公平竞争的体育环境，弘扬体育道德，培养学生的人性，发掘个人潜能。体育教师还应在情感、责任感和信念等方面贯彻"以人为本"的教学理念。这种理念不仅能促进学生的全面发展，还能帮助他们形成健康的生活方式。通过注重个体差异和独特需求，教师能更有效地引导学生，使他们在体育活动中获得成长和乐趣。同时，在体育教学具体实践中，教师应结合学生的实际情况，制定适合的教学方案，确保每个学生都能在体育活动中找到自己的位置，体验到成功的喜悦和团队的力量。

1.构建平等和谐的师生关系

在体育教学中，体育教师应充分尊重学生的个体差异，采取因材施教的手段进行教学，努力建立平等和谐的师生关系。真诚的鼓励在构建这种关系中发挥着至关重要的作用。大多数体育教师利用鼓励这一有效方法改善和增进师生关系，营造出民主、和谐、轻松、欢快的教学氛围。在这种氛围中，学生能够更加积极地与教师和同学进行沟通，增强学习的自信心。体育教师需要把握合适的时机，用鼓励的话语激励学生。例如，在篮球教学中，当学生尚未掌握三步上篮技巧时，教师应避免嘲讽或质疑学生的能力。相反，应该以充满温情的话语鼓励学生，帮助他们建立提高运动技能水平的自信心。

2.公平对待每一名学生

每一名学生在各方面都存在差异，体育教师在教学过程中应采取多种积极措施和手段，促进学生的成长，帮助他们在原有水平上充分发挥自身潜能。体育教师不应将学生进行等级划分或武断地将某些学生视为差生，并区别对待他们。相反，教师应重点关注基础较差、学习吃力的学生，对他们给予更多的耐心和宽容，帮助他们找到问题所在并改正缺点。每一名学生都有成功和进步的愿望，尽管基础差、学习速度慢，但只要教师找到适合的教育方法，这些学生也能很快赶上其他同学。

在体育教学中，教师不仅要关注学生的体育成绩，还要更加注重培养学生对体育运动的兴趣和自信心。对于不服管教、调皮捣蛋的学生，教师既要有责任心和包容心，宽容地对待他们，也要严加看管。对于扰乱课堂纪律、妨碍教学活动的行为，教师应采取适当的惩罚措施，使学生意识到自身错误。惩罚措施的选择与制定体现着教师的个人智慧。不近人情的惩罚会使学生产生抵抗和畏惧心理，可能损伤学生的自尊心，十分不利于学生纠正自身的错误。教师需要做到严而有度、严而有方、严而有情，在情感上理解学生所犯的错误，引导他们向积极健康的方向发展。

3.教学形式要灵活多变

在具体的体育教学过程中，体育教师应采用灵活多样的教学形式，使学生在情感上和行动上乐于参与体育活动。例如，在讲解篮球技术时，过于专业的技术讲解和反复的专项训练会让学生感到无聊和疲惫。为了避免这种情况，体育教师可以在多次训练的间隙安排篮球小游戏或邀请同学进行表演。这种做法不仅能够有效激发学生的学习积极性，还能促使他们主动参与和研究各项篮球技术，从而获得更好的发展和提高。

4.采取客观合理的评价方式

教学评价是学校体育教学的重要组成部分，体育教师应全面、客观地开展评价工作，合理评价学生体育学习的情况。评价内容一般涉及平时表现、素质达标、技战术运用等多方面。体育教师需要采用多种评价方式评估不同水平的学生，而不是仅关注期末的体育测验成绩。如果仅将期末体测成绩作为评价学生体育水平的唯一标准，会导致能力相对较差但平时训练十分努力的学生丧失信心，同时使能力较强但平时训练不用心的学生骄傲自满。这样的单一评价方式是不可取的，应该采取终结性评价与过程性评价相结合的方式。在具体的评价活动中，体育教师需要从"以人为本"的教学理念出发，重视学生的全面发展。通过了解学生参与体育学科的态度、实际锻炼情况和体育技能的掌握情况，教师可以有针对性地调整教学方案，确保每个学生都能获得发展和进步。

三、"终身体育"教育理念

（一）"终身体育"的概念与内涵

要实现全体国民的健康发展，推行终身体育是关键。在这样的社会发展背景下，终身体育上升到一个重要的战略地位。高校体育教育需尽快加强实施终身体育教育理念，促进学生形成终身体育的观念，这是符合时代发展要求的重要体现，具有一定的先进性。

如今，人们的身体健康状况逐渐成为社会广泛关注的重点议题。"全民健康"已经上升到国家发展战略的高度，体育运动作为一种健康的生活方式受到更多重视。尤其是作为国家未来接班人的高校学生，他们被寄予厚望，要想健康成长并成为对国家和社会有益的人，首要的是保证自身有一个良好的身体条件。

如今，"终身体育"教育理念逐渐成为高校体育教学的核心指导思想，是指导高校体育教学的重要价值观。终身体育符合我国当前社会发展的需要，是与时俱进的体现。

人们可以从以下几个方面理解终身体育。

（1）思想层面：终身体育指一个人在正确认识和了解体育锻炼之后，在内在需要和体育锻炼价值的驱动下，自觉参与体育锻炼，并逐渐形成终身体育的思想。

（2）行为层面：终身体育指人们在整个生命过程中长期进行体育锻炼的行为，即在终身体育思想的引导下，克服人生各阶段的阻碍因素，坚持进行体育锻炼。

（3）时间角度：终身体育是一项贯穿人生各个阶段的终身性事业。

（4）运动项目：人们可以根据自己的兴趣爱好自由选择运动项目。

（5）参与人员：终身体育的参与者可以是各个年龄阶段的人。

（6）教育角度：终身体育能够有效增强人的体质，促进人的心理素质发展。

通过全面理解和实施终身体育教育理念，高校体育教学可以更好地适应时代发展的需求，培养学生的健康意识和运动习惯，为他们的终身健康打下坚实基础。

（二）"终身体育"教育理念实施的策略

1.建立一体化的学校体育教育体系

学校体育是终身体育的重要组成部分，不仅能从思想上帮助人们树立终身体育的意识，还能从生理上增强体质、发展运动技能，为终身体育发展奠定基础。因此，我国必须重视学校体育的开展，建立合理、完整的学校体育教育体系。一个科学的学校体育教育体系应是分阶段的、从低到高的有机整体。学生从最基础的体育知识开始学习，逐步掌握更复杂的体育技能，每一个环节都应相互衔接，前面的知识成为后面知识的基础，确保学生的体育能力有序提升。

目前，我国的高校体育教学尚未形成一个上下协调、有机统一的整体。初等、中等和高等教育之间缺乏相互了解和调研，教学内容设定各自为政，无法很好地衔接，导致大量重复。在终身体育的框架下，学校体育发展必须以学生为本，根据学生的身心发展特点，在每个阶段安排合适的体育教学内容，并确保前后教学内容相互联系、相互促进和发展。

体育教师作为重要的教学主体，其综合水平对体育教学效果有着重要影响。在体育教学体系建设中，教师应全面理解和把控教学体系。从纵向角度看，体育教师应认识到终身体育的阶段性、连续性和完整性。终身体育本质上是一个有机协调的整体，在这一理念指导下，小学、中学和高中的体育教育应统一规划，统筹考虑；从横向角度看，学校体育与竞技体育、群众体育共同构成我国完整的体育体系，学校体育作为其中的重要环节，对终身体育的发展起着重要作用。因此，各高校应加强学校体育教育体系建设，为学生形成终身体育意识和习惯奠定良好基础。

2.设置丰富多样的体育组织形式

学校体育组织形式是指根据一定的指导思想、体育活动目的和教材内容以及主客观条件组织安排体育教学活动和锻炼的方式。一般来说，学校的体育教育组织形式主要包括集体教学、分组教学和个别教学等。体育教师可以依据具体的教学实际合理选择。在选择体育组织形式时，体育教师应充分考虑教学内容、学校的教学资源、不同阶段学生的发展水平及其发展需要，并参考学生的学习兴趣，尽量实现学校体育组织形式的多样化和特色化。

对于高校体育教育而言，各高校应以学生的发展需要和兴趣爱好为参考，设置合理的体育运动项目。例如，地理条件独特的学校，可以开设一些具有地方特色的体育课程；针对学生容易被流行事物吸引的心理特征，高校可以开设一些流行的体育课程；面向女生，高校可以开设瑜伽、体育舞蹈等课程。这样能帮助所有学生接受良好的体育教育。

3.加强教师队伍建设，提升教师素质

在当前教育背景下，体育教师必须转变传统的教学思想，提升自身的综合素质，以适应学校教育改革的发展与要求。在具体的体育教学过程中，体育教师应采用丰富多彩的教学形式和方法，积极引导学生参与，使学生从被动、消极的知识接收者转变为积极、主动的知识探究者，从而有效提升教学质量。高校体育教育改革必须高度重视体育教师的培养与发展，重点提升教师的综合素质和专业能力，建立一支高素质的体育教师队伍。学校应将促进教师的发展作为重要工作内容，从资金和时间上为教师提供支持，创造各种进修学习、交流培训的机会。

教师个人应严格要求自己，坚持终身学习，积极参加职业培训，持续接收最新行业知识，并不断深造。只有建立一支强大的体育教师队伍，每位体育教师都具备出色的专业水平，我国的高校体育教育才能获得进一步发展。

四、"寓乐于体"教育思想在高校体育教学中的应用

（一）"寓乐于体"教育思想提出的背景

1."乐学"成为主旋律

实践研究表明，从多个角度入手培养学生终身体育的意识，可以有效地调动学生学习的积极性，提高学习效率，激发学生的潜能。首先，教学目标的可及性是关键，即针对学生的身体素质，结合体育项目的特点，设置一些学生通过努力可以达成的目标。这种设置能让学生在达到目标后获得自信和提高兴趣，从而激发他们的学习积极性和主动性。

在教学过程中，尊重学生的主体地位是至关重要的，这不仅是实现教师主导地位的前提，也是学生乐学的必要保障。教师应充分尊重学生的主体地位，提高他们的学习兴趣，调动他们的参与意识，这样才能提高教学效率。此外，教学评价的激励性也不可忽视。科学的教学评价能够让学生正确认识自己，了解自身的优势和不足，激发他们不断提升自己，从而促进教学目标的达成。

2.学生人本回归的有效途径

体育运动在某种意义上属于精神自由的游戏。在游戏中，个体不仅仅是在追求身体的极限，更是在探索与自身精神的对话。在高校体育教学中，这种精神的体现尤为关键，它不仅塑造了学生的体育能力，还培养了学生的人文精神和社会责任感。

首先，体育运动让学生在参与中体验到身体活动的乐趣，从而实现了教育的"寓乐于体"。通过各种体育活动，学生能够体验到团队合作的重要

性，学习如何在竞争与合作中找到平衡，这些都是人本教育的重要组成部分。例如，篮球、足球等团队运动要求学生不仅要提升自己的技能，还要学会如何与他人协作，共同努力以达到团队的目标。

其次，高校体育教学还应注重精神自由的培养，这是学生个性发展的关键。在体育活动中，教师应鼓励学生表达自我，挑战自我，通过运动来发现和塑造自己的独特性。这种自由的精神追求，不仅仅体现为赛场的胜负，更多地体现在学生对自我的认识和对生活的热爱上。

再次，高校体育教学还应当引导学生理解和尊重规则。规则不仅仅是竞赛的基础，更是社会生活的基本组成部分。通过体育运动，学生学会在规则的框架内寻找竞争的机会，同时培养公平竞争的意识。这一点在学生日后的职业生涯及社会交往中尤为重要。此外，高校体育教学还应关注学生的全面发展，包括促进学生的身心健康。通过定期的体育活动，学生可以有效地缓解学业压力，提高生活质量，同时锻炼身体也有助于维护心理健康。教师可以通过组织多样化的体育活动，如瑜伽、太极等，帮助学生找到适合自己的放松方式，促进身心和谐。

最后，通过体育活动，学生能够学到如何在生活中寻找快乐和获得满足感。在现代教育体系中，快乐和满足感往往被忽视，而体育活动提供了一种简单而直接的方式，让学生在快乐中学习，在学习中找到快乐。这种教育方式能够激发学生的学习兴趣，增强其学习动力，最终达到教育的最高目的——人的全面发展。

（二）运用"寓乐于体"教育思想的分析

1.青年的生理、心理特点与体育游戏教学

17岁至25岁是人的青年时期，这一阶段的生理机能已接近或达到成人水平。骨膜中的成骨细胞不断增生，使骨骼增粗。20岁至25岁时，骨化基本完成，身高不再增长。由于这一时期骨头的纵向生长速度减慢，肌肉开始横向发展，肌纤维增粗，肌肉横断面增大，肌收缩的有效成分增加，肌力显著提高。青年的心脏重量和容积基本达到成年人的水平，较大负荷的

运动不会对心肌及心血管系统产生不良影响。呼吸肌的肌力明显增强，呼吸深度增加，呼吸频率减慢，植物性神经发育完善，肺活量增大。总体而言，人在青年期身体素质处在缓慢增长和稳定阶段，有些人身体素质可达到一生中的最高水平。

体育游戏教学应采用具有一定难度和竞争性的游戏，增加学生的运动负荷，提高他们心血管系统的功能；可以适当增加静力性及力量性练习，使有氧活动与无氧活动交替进行，全面发展运动能力。青年阶段是人一生中的关键时期。在这一阶段，人的抽象逻辑思维获得较大发展，思维的独立性、批判性、敏捷性和深刻性都进一步增强。因此，体育教师在进行体育游戏教学中，要广泛运用需要开动脑筋、复杂多变的游戏，以力量性和耐力性游戏为主，全面提高学生的综合身体素质。

2. 体育游戏在室外教学中的运用

在室外教学中，体育游戏可以有效提升学生的力量素质和上肢力量，同时培养他们力量的持久性。一个典型的力量素质游戏是"拉杠比劲"。这个游戏的教学目的是提高学生的力量素质。教师需要准备若干根体操棒，并将学生分成人数相等的两队，站在限制线后。发令后，学生用力向后拉，设法将对方拉起。成功将对方拉起的一队得 1 分，然后回到原位，依次进行，最后以积分多的队为胜。此练习最好在垫子上或草地上进行，以保证安全。

另一个有效的游戏是"压臂对抗"，其目的是发展学生的上肢力量，并培养其持久性。教师将学生分成人数相等的甲、乙两队，甲队在前，乙队在后。乙队学生两臂伸直，压住甲队学生的上臂。教师发出"对抗"的口令后，乙队学生用力向下压，甲队学生尽力将对方的两臂抬起。最后以得分多的队为胜。规则是甲队学生的肘关节均不得弯曲，乙队被压者双臂抬到水平部位即算获胜。为了达到更好的效果和保证安全，此练习男、女可分开进行，且可以在室内进行。

第二节　高校体育教育的组织与实施

一、高校体育教育的组织

（一）体育课程设置

高校体育课程设置是高校体育教育组织的重要组成部分，直接影响学生的体育素质培养和终身体育意识的形成。科学合理的体育课程设置应考虑以下几个方面。

（1）课程多样性：高校应根据不同年级、不同专业学生的身体素质和兴趣爱好，设置多样化的体育课程。这不仅包括传统的田径、篮球、足球等项目，还应涵盖瑜伽、健身操、游泳、羽毛球等多种课程，以满足学生多元化的需求。

（2）课程难度梯度：体育课程应按照学生的身体素质和运动技能水平，分为基础、中级和高级三个层次。基础课程适用于体育基础较弱的学生，中级课程适用于有一定体育基础的学生，高级课程适用于体育技能较强的学生。这种分层次的课程设置能够确保每个学生都能在适合自己的课程中获得更大的发展。

（3）理论与实践结合：高校体育课程不仅要注重实践教学，还要加强体育理论的教学。通过理论课程，学生可以系统地学习体育运动的基本知识、训练方法、运动损伤的预防与处理等内容，为实践课程提供理论支持。

（4）必修与选修结合：体育课程设置应包括必修课程和选修课程。必修课程保证所有学生都能接受基本的体育教育，选修课程则提供给学生更多的选择空间，满足他们的个性化需求。

（5）考核评价机制：科学合理的体育课程设置离不开有效的考核评价机制。考核评价不仅应关注学生的体育成绩，还应注重他们的出勤率、参与度和进步情况。多元化的评价方式可以激励学生积极参与体育活动，培养他们的体育兴趣和习惯。

（6）与社会需求接轨：高校体育课程设置应紧密结合社会需求，培养适应现代社会发展的体育人才。高校应关注健康管理、体育产业管理等新兴领域的课程设置，提升学生的就业竞争力。

（二）教学资源配置

有效的教学资源配置是高校体育教育组织的重要保障，直接影响体育教学质量和学生的体育素质发展。高校应配备完善的体育设施，包括田径场、体育馆、游泳池、健身房、球类场地等，确保这些设施能够满足学生多样化的体育需求。同时，高校要定期维护和更新体育设备，确保其安全性和功能性，为学生提供良好的运动环境。此外，教学资源配置还应包括体育教师的配备和培训。高校应聘用具备专业素养和教学能力的体育教师，并通过定期培训和继续教育提升教师的综合素质。教师不仅要具备丰富的体育专业知识，还应具备现代教育理念和教学方法，能够根据学生的不同需求和特点，灵活运用多样化的教学手段，激发学生的体育兴趣和积极性。

在教材和教学资料方面，高校应提供科学、系统、适用的体育教材，结合现代教育技术，利用多媒体教学资源丰富教学内容，增强教学效果。图书馆和电子资源应配备相关体育书籍和期刊，供学生参考和学习。

信息技术的应用也是教学资源配置的重要方面。高校应建设完善的体育教学信息平台，提供在线课程、教学视频、互动交流等功能，方便学生自主学习和教师教学管理。同时，信息技术还可以用于教学评价和数据分析，帮助教师及时了解学生的学习情况，调整教学策略，提高教学质量。

此外，高校应鼓励和支持学生自主组织体育活动，提供必要的场地、设备和经费支持。高校可以通过学生社团、校内竞赛等形式，丰富学生的体育生活，培养他们的团队合作精神和竞争意识。

（三）师资队伍建设

师资队伍建设是高校体育教育组织的核心环节，直接决定了体育教学的质量和效果。高校应重视体育教师的招聘工作，确保招聘到高素质、专业能力强的教师。体育教师不仅要拥有丰富的专业知识和技能，还需具备现代教育理念和教学方法，能够根据学生的需求和特点，灵活运用多样化的教学手段。

在此基础上，高校还应注重体育教师的培养和发展。定期组织教师参加各种专业培训和继续教育项目，提升他们的教学能力和专业素养。通过国内外学术交流、工作坊、研讨会等形式，拓展教师的视野，更新他们的知识结构，使其了解体育教育发展的最新动态。

高校应建立健全教师评价和激励机制。高校应通过教学评估、学生反馈、同行评议等多种方式，全面考核教师的教学效果和工作表现。对于表现优秀的教师，应给予表彰和奖励，激励他们不断进取，提高教学质量。对于需要提升的教师，应提供有针对性的指导和支持，帮助他们改进教学方法和提高专业水平。

此外，高校还应重视教师的科研能力建设。鼓励体育教师开展科学研究，参与各类科研项目和课题申报，推动体育教育理论与实践的深入融合。通过科研工作，教师不仅能够提升自身的学术水平，还能为体育教学提供理论支撑和实践指导，进一步提升教学效果。

为了更好地支持师资队伍建设，高校应提供必要的资源保障，包括科研经费、图书资料、实验设备等。还应营造良好的学术氛围，鼓励教师积极参与学术交流和科研活动，促进教师之间的合作与交流，共同提升教学和科研水平。

（四）校园体育文化建设

校园体育文化建设是高校体育教育组织的重要组成部分，是提升学生体育素养和增强校园活力的关键环节。丰富多彩的体育文化活动，可以激发学生的运动兴趣，营造积极向上的校园氛围，促进学生全面发展。

首先，高校应定期举办各类体育赛事和活动，如校运会、篮球赛、足球赛、羽毛球赛等。这些赛事不仅能够提高学生的运动技能，还能增强他们的团队合作精神和竞争意识。此外，高校还应鼓励学生参与全国性或地区性的体育比赛，以开阔视野、提升竞技水平。其次，高校应积极推动体育社团的发展，支持学生自主组织和参与各种体育俱乐部和兴趣小组。通过这些社团活动，学生不仅可以锻炼身体，还能结交志同道合的朋友，丰富课余生活。高校应为这些社团提供必要的场地、设备和经费支持，确保活动的顺利开展。

在日常生活中，高校应大力宣传和倡导健康的生活方式，通过讲座、宣传栏、校园网等多种渠道，向学生传播体育知识和健康理念，帮助他们树立正确的体育观念和养成良好的锻炼习惯。高校还应组织健康咨询、体质监测等活动，为学生提供科学的健康指导。校园体育文化建设还应注重体育设施的建设和管理。高校应不断完善体育场馆、运动场地和健身器材的配置，为学生提供良好的运动环境。教师在校园体育文化建设中也起着重要作用。体育教师应积极参与和组织各类体育文化活动，发挥示范和引领作用，激发学生的运动热情。教师还可以通过课堂教学，将体育文化融入教学内容，使学生在学习体育技能的同时，感受体育文化的魅力。

（五）体育设施管理与维护

体育设施管理与维护是高校体育教育组织中不可或缺的一部分，直接影响学生的体育活动体验和体育教育质量。高校应建立完善的体育设施管理体系，确保所有设施的安全性、功能性和可用性。首先，应对现有体育设施进行全面评估，了解其使用状况和维护需求，制订详细的维护计划，定期检查和维修体育场馆、运动场地、健身器材等，防止设备老化和损坏，保障学生在使用过程中的安全。其次，应重视新建和更新体育设施，满足学生多样化的运动需求。高校应根据学生的兴趣和需求，配备现代化的运动设备，如综合性健身中心、专业的运动场地等，提升体育设施的整体水平，同时应注重设施的环保性和可持续性，采用节能环保材料和技术，建设绿色体育场馆。

在体育设施的日常管理中，高校应制定明确的使用和管理规章制度，确保设施的合理利用和有效管理。例如，建立预约系统，合理安排使用时间，避免资源浪费和冲突。对于大型赛事和活动，应提前做好设施的准备和维护工作，确保活动顺利进行。为提高管理效率，还应引入信息化管理手段，利用智能化系统进行体育设施的监控和管理；通过数据分析和反馈，及时发现和解决设施管理中的问题，不断优化管理流程。高校应加强对管理人员和维护人员的培训，提升他们的专业素养和工作能力；定期组织技能培训和安全教育，提高他们的设备操作和维护水平，确保设施的安全运行。

二、高校体育教育的实施

（一）体育教育

体育教育是高校体育工作的核心。体育教育通过体育课及课外活动，以身体练习为基本手段，增强大学生体质，传授锻炼身体的知识、技能和技术，使大学生养成锻炼习惯，获得终身体育锻炼技能，并培养良好的道德和意志品质。

1. 体育课程教育

我国高校体育课程开设的依据是教育部颁布的《全国普通高等学校体育课程教学指导纲要》。在组织实施过程中，各高校根据具体情况，在体育课程设置、学分管理等方面存在一定差别，但其培养目标和体育课类型都是相同的。

理论课是教师通过讲授理论的形式向学生传授体育知识的教学过程，其组织形式是在教室内进行的。实践课则是在特定体育场所进行，通过身体活动向学生传授提高身体素质、发展基本活动能力、增进健康的方法，帮助学生掌握体育运动项目的基本技术和技能，提高活动能力，形成个人体育专长，最终达到增强体质、增进身心健康、养成自主锻炼习惯、树立终身体育思想的目的。实践课包括必修课和选修课。《全国普通高等学校体育课程教学指导纲要》要求普通高等学校的一、二年级必须开设体育课程（4个学期共计144学时），对三年级以上学生（包括研究生）开设体育选修课。在执行中，高校可根据情况开设保健课、体育俱乐部课及特色体育课。

2. 课外锻炼

课外锻炼不仅是体育课的延伸和补充，而且在培养学生对体育的兴趣和爱好、帮助学生养成体育锻炼意识和良好生活习惯、树立终身体育思想等方面发挥着重要作用。课外锻炼形式多样，包括体育俱乐部，早操，院系、年级、班的课外锻炼等。

3. 运动竞赛

运动竞赛是高校体育教育的重要组成部分。组织和实施运动竞赛，可以调动学生参加体育活动的积极性，丰富校园文化生活，促进学生人际交往，增强集体荣誉感，并培养学生的组织能力。

（二）运动训练

组建校级代表队进行课余训练是高校体育工作的组成部分，也是我国体育事业发展的需要。高校体育在培养高水平运动员方面包括以下两个层面。

一个层面是从普通大学生中选拔在某一方面有运动特长的学生进行运动训练。这一层面的主要功能是为有运动特长的学生提供进一步提高的平台。这种训练不仅能丰富校园文化生活，营造体育氛围，还能通过提高运动成绩带动体育运动的普及，并通过校际交流提升学校的知名度。另一个层面是招收专业运动员及具有专业培养潜质的高中生组建校高水平运动队。这一层面的主要功能是培养高水平竞技运动员，并代表我国参加世界性比赛。该层面的运动训练是我国奥运计划的组成部分，在我国体育制度中，与省市专业队、俱乐部队共同列为竞技体育的最高层次。随着我国竞技体育体制改革的深入，大学将逐步成为我国培养高水平竞技运动员的重要基地。

（三）体育科学研究

体育科学研究是高校体育工作的重要组成部分。高校拥有高水平的科研队伍和先进的实验室设备，为开展跨学科的体育科学研究提供了坚实的基础和有利条件。随着高校体育教师科研水平的不断提高，高校体育科学研究正在逐渐成为我国体育科学研究的重要组成部分。

在高校中，体育科学研究涵盖了多种学科领域，包括运动生理学、运动心理学、运动生物力学、运动医学、体育社会学等。通过这些学科的研究，人们能够深入探讨体育运动对人体健康的影响、运动技能的科学训练方法、运动损伤的预防与康复、体育运动的社会影响等问题。这些研究不仅能够为高校体育教学提供科学依据，还能够为国家体育事业的发展提供理论支持。

高校体育科学研究的另一个重要方面是通过实验和数据分析，不断优化体育教学和训练方法，提高教学质量和训练效果。教师在科研过程中，可以将最新的研究成果应用到实际教学中，增强教学的科学性和实效性。同时，科研工作还可以推动教师专业能力的提升，促进他们在学术领域的成长和发展。

此外，高校体育科学研究还可以通过与国内外科研机构和体育组织的合作，开展广泛的学术交流与合作研究，提升我国体育科学研究的国际影响力。通过参加国际会议、发表高水平论文、参与国际科研项目等方式，高校体育科研人员可以与国际同行分享研究成果，学习先进的研究方法，推动我国体育科学研究的不断进步。

（四）社会服务

为了适应我国社会发展的需要，1995年，国务院颁布了《全民健身计划纲要》。这是一项在国家宏观领导下，依托社会，全民参与的、旨在提高国民素质的跨世纪群众体育发展战略。2021年，国务院印发的《全民健身计划（2021—2025年）》指出：到2025年，全民健身公共服务体系更加完善，人民群众体育健身更加便利，健身热情进一步提高，各运动项目参与人数持续提升。

　　高校具备相对完善的体育设施和专业人才，因此，高校体育工作不仅肩负着大学校园全民健身运动的开展，还对社会全民健身运动的普及承担着责任和义务。高校应利用其体育设施和专业优势，积极参与和支持社会全民健身活动。具体来说，高校可以向社会开放健身场地和器材，提供运动场馆、健身房、游泳池等设施，方便周边社区居民进行体育锻炼。此外，高校还可以组织体育教师和学生志愿者团队，为社区居民提供专业的健身指导和技术支持，帮助他们科学合理地进行体育锻炼，避免运动损伤。在此基础上，高校还可以举办各类面向社会的体育培训班和讲座，传播科学的健身知识和方法，提升全民健身意识。例如，高校可以开设瑜伽、健身操、太极拳等培训课程，邀请专业教练进行授课，让更多人了解和掌握多样化的健身方式。同时，高校可以通过健康讲座和论坛普及运动健康知识，提高社会公众的健康素养。

　　高校还应积极参与地方政府和社区组织的全民健身活动和体育赛事，发挥其在组织和管理方面的优势，为活动提供支持和服务。这不仅能提升高校的社会影响力，还能促进高校与社区之间的互动和融合，构建和谐的校园与社区关系。

第三章 高校体育教学内容与创新

第一节 体育教学内容的理论基石

一、体育教学内容概述

体育教学内容是在体育教育任务和目标的前提下，通过组织各种身体练习、运动技能学习以及教学比赛，以课堂教学形式展示的内容，主要包括学生的身体练习和体育基本知识学习两个方面。身体练习涉及各种体育运动和活动，通过这些练习，学生不仅能够增强体质，还能提高身体协调性和运动技能。这些练习包括跑步、跳跃、投掷等基本运动，以及篮球、足球、排球等团队运动项目。体育基本知识学习则涵盖了体育运动的理论知识，包括运动生理学、运动心理学、运动营养学等。学生在掌握这些知识后不仅能更科学地进行运动，还能养成健康的生活习惯。

（一）现代体育教学内容的产生

现代体育教学内容是近代以来逐步形成和发展起来的，而我国最早的体育教学内容可以追溯到春秋战国时期。当时，孔子兴办私学，其教学内容中的"六艺"包括"射"和"御"，这两项便是早期的体育教学内容。在人类社会漫长的发展历史中，不同文明都存在类似的体育教学内容，这些传统的体育教学对现代体育教学内容的发展产生了潜移默化的影响。

1. 体操与兵式体操

早在公元前 7 世纪，古希腊就已经有指导青少年和市民参加竞技活动的职业。到了公元前 5 世纪，体操术发展成为三类：竞技体操术、医疗体操术和教育体操术。18 世纪欧洲出现了一种专门用于青少年教育和军事训练的"兵式体操"，这种体操是对传统体操项目的继承与发展，注重纪律性和身体素质的全面训练。现代学校体育教学中的体操部分，大多源于"兵式体操"，可见其影响深远。

2. 游戏和竞技运动

许多学者认为，游戏是原始体育教学的基本形式，人类最初是通过游戏来掌握和学习各种生存技能的。在近代学校出现之前，很多教育机构的教学已经包含了游戏内容。随着市民体育的发展，一些游戏逐渐演变为正规的竞技运动。随着资本主义在西方国家的确立和工业革命的推动，竞技体育运动迅速发展，并通过殖民扩张传播到世界各地。学校在这一过程中起到了重要作用，使竞技体育逐渐成为各国体育教学的重要组成部分。

3. 武术与武道

在古代体育教学中，许多内容都是实用的军事技能，如中国的"射"和"御"，以及欧洲的"射箭"和"剑术"。这些技能构成了现代体育教学中武术和武道的基础。随着冷兵器时代的结束，这些技能逐渐失去了作为军事手段的意义，转而发展为健身和磨炼精神的方式，并在许多国家的体育教学中占据了一定的地位。武术和武道不仅保留了其传统技艺，还融合了现代体育的训练方法，成为培养身体素质和精神意志的重要途径。

4. 舞蹈

舞蹈是各国民族文化的重要组成部分。它起源于人们的生产活动、日常生活和宗教祭祀，随着人类社会的发展而不断完善，是人类智慧的结晶。在近代学校中，舞蹈早已成为教育内容的一部分。

（二）体育教学内容与一般教学内容和竞技体育训练内容的区别

1.体育教学内容与一般教学内容的差异

体育教学内容的选择和设计需以学校体育教学的目标为基础，主要通过身体运动进行教学，旨在提高学生的身体素质和运动能力。这与一般的教学内容，如语文和数学，有着显著的区别。一般学科并不以体育运动为主要知识媒介，其教学形式也不依赖身体运动，目标更侧重于知识和技能的掌握，而非运动技能的形成。

对于一些同样在室外进行的课程，如军训和劳动技术，虽然其教学形式和内容与身体活动密切相关，也涉及大肌肉群运动，有些课程的主要目标也是形成技能，但它们与体育教学内容仍有明显区别。通过仔细分析可以发现，这些课程之所以不属于体育教学内容，主要是因为它们的培养目标并非以形成运动技能为主，或者其活动并非在体育教学环境下进行。

2.体育教学内容与竞技体育训练内容的差异

体育教学内容与竞技体育训练内容存在明显的差异。竞技体育训练旨在提升运动员的竞技水平，以竞技运动为手段，达到娱乐和竞赛的目的。相比之下，体育教学内容主要基于学校体育需求和学生体育需求，旨在促进学生的全面发展。

在现代教育中，体育教学是重要的组成部分，其内容是整体教学内容的重要组成部分。体育教学内容具有独特的性质和地位，其选择和设计都具有鲜明的个性化特点。通过系统的体育教学，学生不仅能提高身体素质和运动技能，还能培养团队合作精神和坚持不懈的品质，为其全面发展奠定基础。

二、体育教学内容的主要特征

（一）教育性和健身性

1.教育性

体育教学不仅是一种健身手段，更是重要的教育媒介，能够对学生进行全面的教育活动。学校在选择体育教学内容时，首先要考虑其教育性。这种教育性体现在多个方面。首先，体育教学内容能够促进受教育者身心的全面发展，通过合理的身体活动增强体质，改善心理健康。其次，体育教学内容应有助于摒弃落后和有害的活动，引导学生养成积极健康的生活方式。此外，体育教学活动应在保持冒险性和趣味性的同时，确保安全性，培养学生的勇气和判断力。广泛的适应性也是体育教学内容的重要特点，确保不同年龄、性别和体能水平的学生都能参与并受益。最后，体育教学内容应避免过于功利化，注重过程中的乐趣和全面发展的价值，而不是单纯追求成绩和竞技水平。通过这些方面的综合考量，体育教学内容能够充分发挥其教育性，为学生的全面成长提供有力支持。

2. 健身性

体育教学内容的学习过程实际上是学生从事身体练习的过程。在这一过程中，学生必然承受一定的运动负荷，这为增强体能、增进健康提供了可能性。通过合理安排身体练习的负荷，体育教学能够显著增进学生的健康，这是其他课程所无法比拟的。体育教学中的身体活动不仅有助于提升学生的体能，还能增强其免疫力和整体健康水平，促进身体各系统的协调发展。

（二）系统性和娱乐性

1. 系统性

体育教学内容的系统性体现在两个方面。首先，体育教学内容本身具有内在的系统性，这是由于体育运动中存在的规律使得各个项目、技术和内容之间存在联系和相互制约，从而形成了内在的结构。这种结构在编制学校体育教材时提供了坚实的理论依据，确保教学内容有序展开。其次，根据学校的教育目标、教学条件、教学环境以及不同年龄阶段学生的生长发育特点，体育教学内容需进行具有系统性和逻辑性的安排。在这一过程中，学校需要对各个年级的教学内容进行合理规划，并处理好它们之间的相互关系。这种系统性的安排，不仅有助于实现教育目标，还能充分发挥体育教学内容的整体效益，确保学生在不同阶段都能获得适宜的身体和技能发展。

2.娱乐性

体育教学内容的重要来源是各类体育运动项目，而这些项目大多是各种游戏发展、演变而来的。娱乐性和趣味性是运动性游戏的主要特征，这使得体育教学内容具有高度的吸引力和参与性。在运动学习、训练与竞赛的过程中，学生会经历合作与竞争，体验成功与失败，这些经历对学生的情绪和情感产生深刻而丰富的影响。通过体育运动，学生不仅能享受到运动的乐趣，还能在愉悦的氛围中提高身体素质，培养团队精神和竞争意识。这种娱乐性使得体育教学内容更具吸引力，能够有效激发学生的参与热情，促进其身心全面发展。

（三）实践性和开放性

1.实践性

实践性是体育教学内容的核心特征之一，它强调学生必须通过直接的身体运动来学习和掌握技能。在体育教学过程中，教学内容大多通过身体练习实施，这种方法确保了学生能够与体育活动紧密结合，通过亲身体验深入理解学习内容。传统的语言传递和观察学习在这里往往显得不够，因为它们难以完全传达运动技能的精髓和细节。此外，体育教学不仅仅局限于技能和体能的提升，同样包括了知识的获取和道德价值的培养，这些也都需通过参与实际的运动活动才能让学生有更深刻的认识和记忆。

2.开放性

开放性是体育教学内容的一个显著特征，尤其体现在集体运动中。在现代体育教学中，通过集体运动和竞赛活动，学生不仅学习运动技能，还在动态和不断变化的环境中实践这些技能。运动过程中的位置变动和策略调整要求参与者进行频繁的沟通和协作，这种互动性使得体育教学在人际交流方面的开放性远超其他教学领域。

基于这种开放的人际交流环境，体育教学特别强调竞争、协同和集体精神的培养。这不仅增强了教师与学生、学生与学生之间的联系，还通过分组教学的方式，在小组内部形成了明确的角色分工。与其他学科相比，体育教学中的角色和责任更加多变，每位参与者都可能在不同的游戏或活动中承担不同的角色，从而在实际操作中体验和学习多种社会互动技能。

（四）非阶梯性和空间约定性

1.非阶梯性

体育教学内容的非阶梯性特点意味着其学习结构不同于一般学科的线性进阶方式。在许多学科中，学习内容往往是按照难度或复杂性逐步增加，形成一个清晰的由浅入深的学习路径。然而，在体育教学中，这种结构并不明显，学习内容通常包括多个并行的运动项目和体育技能，这些内容在难度和复杂性上可能并无明显的递进关系。此外，体育教学还融入了大量的理论知识，这些知识有助于学生更好地理解运动的科学基础，但也增加了教学内容选择的复杂性。因此，体育教学更多依赖于教师的指导和学生的个人兴趣，以及他们的身体条件和技能水平，来选择合适的教学内容和进度。

2.空间约定性

体育教学内容的空间约定性突出了空间环境对运动实施的影响和限制。这一特性表明，很多体育活动不仅依赖于特定的技能和规则，还强烈依赖于具体的场地条件。例如，沙滩排球需要沙滩作为场地，田径运动需要特定的赛道和设施，而郊游则通常在自然环境中进行。这些运动如果离开了它们特定的空间环境，其性质和执行方式可能会发生根本性的改变。

三、体育教学内容的构成

体育教学内容的构成是多样化的，反映了社会对体育教育重视程度的提升，以及体育教育在促进学生身心健康方面的关键作用。随着经济和社会的发展，体育教学的目标也在不断扩展，不局限于提升学生的体能和技能，还包括促进心理健康、培养团队合作能力、增强社交技能等方面。

（一）基本教学内容

1.体育与保健知识

体育与保健知识不仅有助于学生深入理解体育运动的科学基础，还对他们的日常生活和未来职业发展具有深远影响。通过系统学习这些内容，学生可以更自觉、更理性地参与体育活动，使其运动实践更加科学和合理。此外，保健知识的学习，可以帮助学生全面理解健康的重要性以及维护身体健康所需的环境条件。学生将掌握一系列保健方法和策略，这些都是为了解决现实生活中可能遇到的健康问题。教师在组织这些教学内容时，应避免内容的碎片化或非逻辑性罗列，而需精心选择与当前社会发展相关且对学生有实际意义的知识。同时，教学内容的设计也应考虑与体育实践相结合，以确保理论与实践的有效融合，促进学生全面发展。

2.球类运动

球类运动在体育课程中占有重要地位，涵盖了足球、篮球、排球、乒乓球、羽毛球、橄榄球、网球等多种运动。通过学习这些球类运动，学生不仅能够了解每种球类运动的基本规则和特征，还能掌握至少一两种球类运动的基本技能和战术运用。此外，这一学习过程也旨在培养学生的比赛参与能力，包括比赛组织、裁判技能等。

球类运动的教学内容通常是技术和战术结合，每项技术和战术的应用都相互依赖、相互影响，因此球类运动教学需要有较为系统和长期的计划。例如，一些球类运动要实现特定的教学目标，可能需要一学年甚至更长的时间。因此，在规划这类课程时，教师需要综合考虑技术教学、战术指导与比赛实践，确保学生能全面发展其体育能力。

3.田径

田径运动作为基本运动技能的集合体，被誉为"运动之母"。它与人的基本活动能力，如走、跑、跳、投等有着内在的联系。通过田径教学，学生不仅可以了解田径运动的基本情况，而且能够深刻理解其在身体锻炼中的重要作用。教学内容旨在使学生掌握跑、跳、投等基本运动的原理和技巧，学习如何通过田径运动有效提升体能，并注意相关的安全事项。此外，田径教学还包括基本的裁判技能和比赛组织知识，使学生能够在实践中应用所学技能。田径不仅是体能的锻炼，还与竞技心理和克服障碍的能力紧密相关，因此教学内容的组织应涵盖文化、竞技、心理体验及其对体能发展的影响等多个方面。

4.体操

体操是一项历史悠久的运动，从人类文明的初期就伴随着人类的发展。体操运动包括多种元素，如技巧、支撑跳跃、单杠和双杠等，非常有效地发展了人的力量、协调性、灵活性和平衡能力。此外，体操与人类克服外界物体的心理挑战也密切相关。

教师在教授体操时，重点应放在向学生传授体操运动的文化背景、对人体锻炼的价值及其作用上。学生应理解体操的基本原理和特征，并掌握一些实用的体操技能，学习如何安全地使用体操动作进行身体锻炼、娱乐和竞赛。教师还应教授学生正确的保护和辅助技巧，确保安全参与体操活动。

教师在体操教学内容的分析和组织上，应综合考虑体操的竞技性、心理和生理因素。教师在教学过程中应遵循循序渐进的原则，逐步增加动作的难度和复杂性，通过变化动作的连接方式来提升教学的挑战性，从而有效提高学生的体操技能。这种方法旨在全面提升学生的体育能力，同时确保他们的心理和生理健康。

5.韵律运动

韵律运动涵盖了健美运动、民间舞蹈、健美操、体育舞蹈、韵律操及艺术体操等多种形式。这类运动不仅让学生掌握各项目的基本特征和运动规律，还培养学生套路动作的基本技能。通过这些活动，学生可以提升创作和编排新动作的能力，同时改善体型并增强身体的节奏感和表现力。

教师在组织韵律运动的教学内容时，应重视从多个维度进行教学设计，包括审美观的培养、舞蹈音乐理论的介绍、情感表达能力的提升及健身效果的实现。过去的教学实践较为强调动作技能的传授，而对学生自行创作和编排的部分关注不足，未来的课程设计需要增强这一方面的内容，鼓励学生通过实践发展个人独特的创意和表达能力。

（二）任选教学内容

在我国辽阔的地域之中，各个区域和民族的体育文化呈现出丰富多彩的特色。为了适应不同地区的教学环境并丰富体育教育的内容，各高校特设此教学模块，目的在于帮助学生掌握与本地文化背景密切相关且具有地方特色的体育知识与技能。此部分课程的选择与确定应在体育教学大纲的框架下进行，虽然大纲可能未对某些体育项目提供详尽的指导。因此，相关教学人员在选择特定的课程内容时，需确保教学计划中有明确的要求与标准，以保证教学内容的有效性和产生良好的教学效果。选课内容应满足基本的教学需求，同时兼顾其文化内涵、实用性及独特性。

第二节　体育教学内容的层次

一、体育教学内容的宏微观分析

体育教学内容之丰富与复杂要求人们进行细致的层次分析，以便更有效地开展研究并把握其主要方面和次要方面。本书将从宏观和微观两个维度来探讨体育教学内容的层次结构。

（一）宏观分析

在宏观分析的框架下，体育教学内容的层次结构体现了教育体系中从国家到地方再到学校的递进关系，这种层级划分有助于体育教学的系统化和标准化，确保其全面性和适应性。上位层次涉及国家层面的课程和教学内容，这是体育教学最为宏观的指导原则和标准。中位层次则关注地方的特色和需求，地方教育行政部门根据国家标准对体育课程内容进行适当的调整和补充。下位层次是学校层面的体育教学，这一层次的内容更加具体和实际，直接影响学生的日常学习和体验。

1. 上位层次

在体育教育领域中，上位层次的教学内容主要由国家教育行政部门制定，体现了国家对教育方向和教学方法的统筹规划与管理。这种教学体系是国家意志的体现，要求各学校严格依照这些规定开展教学活动。具体的教学内容开发，通常需要各领域教育专家根据国情进行精心设计与选择。上位层次的体育教学目标在于确保公民在完成基础教育后，能够达到一定的体育素质标准。

国家在确定这些教学内容和课程时采取严格标准，以确保内容能够与不同教育阶段的性质和目标相匹配。在基础体育教学中，课程的结构和大纲属于上位层次教学内容的重要组成部分。与地方体育教学内容相比，国家级体育教学内容覆盖更广，对提升基础教育阶段的体育教学质量起着关键作用。

2. 中位层次

中位层次的体育教学内容主要指地方的课程和教学安排，这些内容由省级或被授权的地方教育行政部门负责开发和设计。这一层次的课程设计基于地方的经济、政治、文化背景，并以国家级的上位层次教学内容为指导。这样的安排使得地方体育教学能够更好地适应当地的具体需求和体育发展现状。

中位层次的教学内容能有效利用当地的体育和教育资源，从而发挥出特定的教育价值。这种区域性的教学内容设计，不仅保证了教学内容与地方实际相结合的灵活性，还有助于推动当地体育教育的具体发展，使其更贴近地方的实际需要和特色。

3. 下位层次

下位层次的体育教学内容指的是具体学校的体育教学内容，这些内容是由各校教师基于国家和地方的教学大纲进行选择和设计的。在这个层次上，教师将考虑学校的特定教学理念、学生的特征和需求，以及校园及周边的体育资源。这种设计过程突出了教学内容的多样性和适应性，旨在满足不同学校、教师和学生群体的具体需求。

在开发下位层次的体育教学内容时，教师需要综合分析多方面因素，确保教学内容既符合上位层次的指导原则，又反映中位层次的地方特色，同时贴合本校的实际情况。这样的体系化设计有助于提升教学内容的个性和实用性，从而更好地促进学生的体育素养发展。

上位层次、中位层次和下位层次共同构成了我国基础体育教育的完整内容体系，它们的有机结合和协调是推动科学化体育教育发展的关键。这一体系要求国家、地方和学校三级教育部门之间的有效协作，以确保教育资源的合理配置和教学质量的持续提升。

（二）微观分析

在微观分析中，体育教学内容可被综合考虑为几个互相关联的层次，构成了一个完整的教学内容体系。首先，体育课程标准描绘了学习内容的基础框架，其中包括运动参与、运动技能、身体健康、心理健康、社会适应等五个学习领域。这些领域虽然不是传统意义上的体育教学内容，但为教学活动提供了方向和目标。其次，将课程标准中的水平目标转化为具体的学习领域，如通过掌握基本运动知识和术语（如转头、侧平举、体侧屈、踢腿等），将理论知识转化为具体技能，从而形成了教学内容的第二层次。这一层次反映了能力目标的具体实现方式。再次，教学过程中使用的具体硬件与软件，包括篮球、排球、体操等运动器材以及相应的场地设施，构成了第三层次。这些运动器材和场地设施不仅支持教学活动的实施，也直接影响教学效果和学生体验。最后，具体的练习方法和手段，如篮球运动的练习技巧、相关游戏和运动知识的教学，形成了体育教学内容的第四层次。这一层次涉及教学内容的实际应用，包括各种练习方法和教学策略的选择与实施。这四个层次共同构成了体育教学内容的微观结构，每个层次都在推动学生体育素质的全面发展中发挥着特定的作用，互为补充，共同促进体育教育的科学化和系统化发展。

二、体育教学内容的分类

（一）根据活动能力分类

在体育教学实践中，教学内容按照人体的基本活动能力来分类是一种常用的方法。这种分类依据的是人体能够执行的基本动作技能，如走、跑、跳、投、攀、爬、钻等。通过这些基本动作的训练和学习，体育教学可以更系统地组织和实施。

具体地，教学内容根据这些动作技能的不同，可以细分为多个部分，每个部分专注于提升特定的动作能力。例如，针对"跑"这一动作技能，教学内容可包括短跑、长跑、接力跑等多种形式，每种都旨在提高学生在该技能方面的效率和表现。同样地，涉及"投"这一动作的教学则可包括篮球投篮、棒球投掷等，每一项都针对提高相关的具体技术和精准度。

根据人体活动能力对体育教学内容进行分类的方法注重基本身体动作的训练，这种方法具备独特的教学效益和挑战。通过这种方法，教学内容可以灵活组合各种基本动作技能，如走、跑、跳、投等，这有助于全面提升学生的身体能力和协调性。此外，这种广泛的技能培养确保了学生能在多个方面获得均衡的发展，为他们日后学习更复杂的运动技能打下坚实基础。然而，这种方法也存在一定的局限性。由于它的普遍性和非专项性，它可能难以深入发展学生在特定运动项目上的技能，如篮球或足球的专业技术。同时，由于缺乏针对特定运动的深入了解，学生可能不会对任何一个特定运动项目产生持久的兴趣，这会影响他们在体育学习中的积极性和主动性。

（二）根据身体素质分类

在现代体育教学中，发展学生的身体素质是一个核心目标，这涵盖了力量、速度、耐力、灵敏度和柔韧性等关键方面。针对这些不同的身体素质，体育教学内容可以被细致地分类和组织，以便系统地培养和提升学生在各个领域的能力。

根据身体素质对体育教学内容进行分类是一种有效的教学策略，其主要目的是全面发展学生的各项身体素质，而非仅仅集中在某一方面。这种分类方法具体明确，能够平衡发展学生的力量、速度、耐力、灵敏度和柔韧性等多方面能力。

此方法的一个显著优点是有助于学生理解和掌握不同运动项目与身体发展之间的关系。通过系统的分类，学生可以明确每种训练的具体目的和预期效果，从而更有目的地参与每个运动项目。这不仅提升了训练的效率，也使学生能够更好地认识到体育运动对个人健康的重要性。

然而，这种分类方法也存在一些局限性。由于重点放在身体素质的发展上，这可能导致忽视体育活动的文化和社会层面的教育意义。体育教学不仅是身体训练，也是传承和体现文化特性的重要方式。如果过分强调技术和身体素质的提升，学生可能难以完全感受到体育活动中蕴含的文化价值和社会意义，这会造成他们对体育的片面认识。

（三）根据运动项目分类

在现代学校体育教学中，根据运动项目对教学内容进行分类是一种常见且有效的方法。这种分类依据的是国家体育教学大纲中所列的体育运动项目的名称和具体内容，从而使得学校体育教学内容与社会上的竞技运动保持一致。这样的对应不仅有助于学生清晰地理解各种体育运动的名称和内容，而且促进了学生对体育运动文化的系统性认识和掌握。

这种基于具体运动项目的分类方法使体育教学更加直观和具体。学生可以通过学习不同的运动项目，如篮球、足球、田径等，快速了解这些项目的基本规则和技术动作，这种方法非常适合于培养学生对专项运动的兴趣和技能。同时，它也从文化层面帮助学生理解体育运动，如团队合作的重要性、奥林匹克精神以及公平竞争等价值观。

然而，这种分类方式也存在一定的局限性。首先，它忽视了那些非正式的或尚未规范化的体育活动，如街头篮球或社区足球赛，这些活动虽然在社会文化中占有一席之地，但在正规的教育体系中往往不被重视。其次，正式的体育运动项目往往涉及复杂且专业的规则和技能，这些内容对于非运动员的学生来说可能过于复杂和具有挑战性，不利于所有学生的广泛参与。

（四）根据教学目的分类

在体育教学实践中，根据教学目的进行内容分类是一种明智的方法。这种方法不仅帮助学生明确教学目的，还便于教师根据特定的运动项目挑选合适的教学策略，从而增强教学的指导性。表 3-2-1 所示的体育教学内容都是据此进行分类的。通过这种分类，体育教学可以更系统地组织，有效地避免了内容上的重复和逻辑上的混乱。

表 3-2-1　体育教学内容根据教学目的进行的分类

体育教学内容	发展身体基本活动能力的手段和方法	跑、跳、投等单一型练习方法；跑、跳、投等组合型练习方法；跑、跳、投等综合型练习方法
	增强身体素质的手段与方法	健身跑、健身走、广播操、肌肉练习方法
	常见运动项目的内容与方法	田径、篮球、排球、足球、体操、武术
	余暇和交往中的体育手段与方法	郊游远足、体育游戏、体育舞蹈、台球、羽毛球、网球、轮滑、滑冰、潜水
	保健康复的体育手段与方法	矫正体操、太极拳、保健气功

具体来说，这种分类方式使得每个体育项目的教学目的变得更加明确，教师可以根据项目特性来设计课程，选择适合该项目的训练方法和教学技巧。例如，在教授篮球时，可以专注于球技、团队合作和战术理解；而在教授长跑时，则更注重体能、耐力训练和个人毅力的培养。这样的方法不仅提高了教学效率，也确保学生能够在各自感兴趣的体育项目中获得深入的学习和成长。此外，这种方法有助于打破传统以竞赛为核心的教学内容安排，转而关注学生对体育运动项目的全面理解和技能掌握。学生不仅可学习到特定运动的技巧，还能理解运动背后的文化、历史和价值，使他们能够更全面地体验和欣赏体育运动。

（五）综合分类

在现代体育教学中，综合分类法是一种复杂但极具效果的方法。该方法通过将理论与实践、基本与选用部分，以及各项运动的基本教学内容与提高身体素质的练习相交叉，对教学内容进行全面而深入的划分。这种方法不仅考虑到了学生在不同年龄阶段的发展特点和基本需求，而且有效地维持了体育运动项目的固有特性和系统性，同时确保了教学内容的实用性和实效性。

综合分类法的应用有助于加强体育运动技术与身体素质提升练习之间的紧密结合，从而实现体育教学的双重目的：技术技能的提升与身体素质的增强。这种方法允许体育教师根据学生的具体情况和学校的实际条件，灵活选择和应用适合的教学内容，从而使每个学生都能在各自的能力范围内获得更大的发展。

然而，综合分类法的挑战在于其分类标准的不统一性，这可能违背了传统分类学的基本原则。在实际教学过程中，这种多标准的分类方法可能导致教学内容的层次不清晰，从而影响教学的条理性和连贯性。因此，体育教师在实施综合分类时需要精心设计，确保在相同的教学内容层次上采用统一的分类标准，这样才能保持教学内容的系统性和有效性。

第三节　体育教学内容的编排与选择

一、体育教学内容的编排

在现代体育教学中，内容编排方式通常分为螺旋式排列、直线式排列，以及这两者的混合型排列。每种排列方式对教学内容的组织和学生学习的影响各有不同，但现有的体育教学大纲对这些排列方式的具体适用性和效果往往描述得模糊不清。

首先，螺旋式排列通常被视为适合于复杂度高且需要学生重复练习以熟练掌握的教学内容。这种排列方式允许教材在不同的教学阶段以递进的形式重复出现，每次以更深的层次进行探讨，从而帮助学生逐步构建和巩固技能。例如，基本的运动技能，如跑、跳和投，可以在初学阶段简单介绍，随着课程的进展，可以逐渐引入更复杂的技巧和策略，使学生的理解和能力逐步深化。然而，教学大纲往往只强调了锻炼身体作用大的运动项目适用于此种方式，而忽视了那些技术性和战略性更强的运动项目也同样适合螺旋式排列。

其次，直线式排列则是按照固定的顺序逐一处理教学单元，每个单元处理一种特定的技能或知识点。这种排列方式适用于那些相对独立且不需要多次重复练习的内容。例如，体育卫生知识的教学就适合用直线排列方式进行，因为这些知识点通常是静态的，一旦学会便可长期记忆。然而，教学大纲对于适用于直线式排列的体育运动内容的讨论极少，这导致了在体育教学内容编排理论中的一个明显盲区。

此外，教学大纲对于螺旋式和直线式排列中教学单元的具体区分和教学效果的描述不够明确。不同的排列方式和不同的课时安排（如每学期3课时的螺旋式排列、一次3课时的直线式排列和一次30课时的直线式排列）会对教学计划和教学成效产生显著的不同影响。例如，短期的直线式排列适合于紧急教授简单技能或理论知识，而长期的螺旋式排列则更适合于需要长时间练习和逐步提高的技能。

这些问题指出了体育教学内容编排理论中的一些关键问题和需要改进的地方。在实际教学中，教师需要根据具体的教学内容、学生的学习需要以及学校的实际条件，科学地选择和应用合适的排列方式。同时，教育行政部门也应该在未来的教学大纲中提供更明确和详细的指导，特别是对于适合不同排列方式的教学内容的具体说明，以便教师能够更有效地进行教学内容的选择和编排，确保教学活动能够达到预期的教学效果。这不仅有助于优化教学计划，也确保了体育教学能在培养学生的体育技能和身体素质方面发挥更大的效能。

二、体育教学内容的选择

体育教学内容在体育教学过程中扮演着核心角色，它不仅深刻影响着教学的整个过程，还是连接教师与学生，促进双向信息交流的重要媒介。精心设计的体育教学内容，可以有效地引导教学活动，确保教学方法和手段得以恰当应用，从而实现教学目标和课程目标。

（一）体育教学内容选择的依据

1.体育课程目标

在选择体育教学内容时，体育课程目标起着决定性的作用。这些目标不仅为教学内容的选择提供了明确的方向，而且确保了教学过程的目的性和系统性。体育课程目标具有多元性，可以涵盖从基础体能训练到运动技能提升、从健康教育到团队合作能力培养的广泛领域。同时，由于体育运动项目和身体练习的可替代性，教师在选择教学内容时有更大的灵活性和创造空间。

体育课程目标是经过教育专家和体育教练等多方面专业人士深思熟虑和反复验证的结果，确保了其科学性和实用性。在设置体育课程时，这些目标作为教学内容安排的先导，指导整个课程的结构和内容的设计。因此，任何体育教学活动的内容选择都必须与这些既定的体育课程目标紧密对应，确保教学活动能够有效达到预期的教育效果。

2.学生的需要及身心发展规律

在选择体育教学内容时，考虑学生的学习兴趣和身心发展规律是极其重要的。教学内容的选择不仅应鼓励学生积极参与，而且要与他们的身心成长阶段紧密相连，从而确保体育活动不仅能引起学生的兴趣，还能支持他们的整体发展。

学生的学习兴趣是他们参与体育活动的主要驱动力。当学生对所参与的体育项目感兴趣时，他们更倾向于主动参与并投入更多的热情和努力，这种积极的参与有助于提高体育技能和学习效果。因此，体育教师在选择教学内容时，应深入了解学生的兴趣爱好，尝试引入流行的或者学生普遍感兴趣的体育项目，如足球、篮球、舞蹈等，以提升学生的参与度和课堂活跃度。

同时，学生的身心发展规律对于确定合适的体育教学内容同样关键。不同年龄段的学生在生理和心理上有着不同的发展特点，教学内容应当适应这些变化。对于年龄较小的学生，游戏化和基本运动技能的培养可以帮助他们在玩乐中学习，如跑跳、抛接球等简单活动；而对于青少年，则可以通过更具挑战性的体育项目来满足他们增长的体能需求和探索精神，如田径、游泳和团队竞技等。

3. 社会发展的需要

在选择体育教学内容时，除了需考虑学生的个体需求和身心发展外，社会的发展需求也扮演着重要角色。体育教学不仅仅是提高学生的体质和运动技能，更是为其将来融入社会、发挥积极作用培养必要的体育素质和生活技能。

社会发展对体育教学内容的影响体现在多个方面。首先，随着人们健康意识的提高和生活方式的变化，现代体育教学需要更多地强调健康管理、体能维护和持久运动习惯的培养。例如，随着办公室工作增多，久坐成为普遍问题，体育教学中引入针对此类问题的运动项目，如瑜伽、拉伸、轻量级力量训练等，可以帮助学生学习如何管理和维护自身健康。其次，社会的职业结构变化也影响着体育教学内容的选择。在技术迅速发展的今天，体育教学也应该包括提高学生与技术互动能力的元素，如通过电子竞技、虚拟运动训练等新兴领域，使学生在享受体育活动的同时，能够适应未来可能的职业需求。再次，体育教学应该促进学生对体育文化的了解和欣赏，了解不同文化背景下的传统体育活动，这不仅丰富了学生的体育经验，也为其日后在全球化社会中的交流互动打下基础。最后，体育教学内容的选择必须与社会生活密切相关，使学生能够直观地体会到所学内容的实际应用。例如，教师通过团队运动教授的团队协作策略，或通过竞技运动教授的应对压力和挑战的策略，都能有效地帮助学生将体育课堂上所培养的素质和技能应用到实际生活中，从而更好地准备步入社会、面对未来的挑战。

4. 体育教学素材的特性

在制定体育教学内容时，教师需要综合考虑体育教学素材的特性，这些特性对于如何选择和组织课程内容具有深远的影响。体育教学素材的主要特点包括它们的非线性结构、多功能性、庞大的种类以及各项运动的独特乐趣，这些因素共同构成了体育教学内容选择的复杂性和多样性。

体育教学素材的非线性结构意味着不同的体育项目之间缺乏强制性的内在逻辑关系，如篮球与足球、体操与武术之间虽看似有关联，实则并无直接的先后学习顺序。这种平行和并列的关系使得教学内容的选择不必严格遵循难易程度或技能先后顺序，为教师在教学设计上提供了更大的自由度和灵活性。

体育教学素材的"一项多能"和"多项一能"的特点，展现了体育运动的多目标性和交换性。例如，健美操不仅可以作为身体锻炼的手段，也可以用于娱乐或表演目的。这种多功能性意味着一旦学生掌握了某项运动技能，便能在多个不同的领域中应用。而"多项一能"则强调了不同体育项目在实现相同教育目的上的可替代性，如通过足球、篮球或排球等不同运动达到团队合作或娱乐放松的目的。这种特性使得教师在选择教学内容时可以根据学生的需求、兴趣以及可用资源灵活选择适合的体育活动。此外，体育教学素材的庞大数量和多样性，虽为体育教育带来了丰富的选择，但也带来了分类和应用上的挑战。每项体育运动都有其独特的技能要求和训练方法，无法一概而论。这要求体育教师在其专业训练中具备广泛的知识和技能，以便能够针对不同学生和教学环境选择合适的运动项目。

体育运动的乐趣也是选择教学内容时不可忽视的考虑因素。每种体育活动都有其独特的乐趣所在，这直接影响学生的学习动机和参与度。例如，篮球和足球的对抗性、隔网运动的技巧性，都是其吸引人的元素。体育教学应注重挖掘和利用这些乐趣元素，以增强学生的学习体验和效果。

（二）体育教学内容选择的原则

1.教育性原则

在选择体育教学内容时，教育性原则是决策的首要依据。教学内容应当与教育的基本理念相吻合，并反映出社会主义核心价值观。课程设计要坚持"健康第一"的原则，确保每项活动既能促进学生身体的健康，也有助于他们的心理发展。

体育课程的开展应全面考虑学生的道德、智力和体能发展，而不仅仅是简单地传授运动技巧。课程内容应融合人体科学知识与实际锻炼，使学生在增强体质的同时能够理解和欣赏体育文化的深层价值。

针对学生的不同成长阶段和个性化需求，教师应精心选择适宜的教学内容，通过灵活多样的教学方法，确保体育课程既有教育意义又能激发学生的兴趣，从而实现学生在体育技能和文化认知上的双重提升。

2.科学性原则

在选择体育教学内容时，科学性原则是至关重要的。这不仅涉及体育课程的健身效果和激发学生兴趣，更重要的是，还确保教学内容的科学根基。科学性原则在体育教学中的体现，首先，教学内容必须促进学生身心的协调发展。这意味着所选内容应当同时支持学生的身体健康和心理健康，避免那些有益于身体但损害心理健康的活动，反之亦然。

其次，体育教学还应使学生深入理解科学锻炼的原理和方法。通过这种深层次的理解，学生的参与度和锻炼时的主动性可以显著提高。教师在选择教学内容时，应注重其科学依据，防止那些缺乏科学支持的体育项目成为教学内容。这种科学性的综合考量不仅提升了体育教学的有效性，也保证了学生在健康和教育上获得更大的益处。

3.实效性原则

在体育教学中，课程的实效性原则将指导教学内容的选择，确保每项体育活动都能实际增强学生的健康。教学内容的选择应侧重于实用性、易操作性，并对学生的身心健康产生积极影响。体育教学内容不仅要反映现代社会和科技的发展，还应与学生的日常生活紧密相关，提高他们对体育活动的兴趣。

教育行政部门强调在体育教学内容的改革中去除过于难、繁、偏、旧的元素，以及减少对书本知识的过度依赖，目的是让教学更加贴合学生的实际需要。教师在选择体育教学内容时，应考虑到学生个人的体育经验和广泛的社会接受度，挑选那些受到大众欢迎且具有显著健身娱乐效果的运动项目。

4.趣味性原则

在体育教学中，趣味性原则至关重要，因为兴趣本身就是最佳的学习动力。教师在选择教学内容时应充分考虑学生的兴趣和特点，选择那些具有吸引力、能激发学生兴趣的体育项目。引入社会上流行的体育活动，不仅可以提高学生的参与度，还能使教学内容更加生动有趣。

选择这样的教学内容不仅能够让体育课程更具吸引力，还能有效提升学生的学习效果。通过结合学生的兴趣，教师可以更好地引导学生理解体育的价值，培养他们的体育技能，同时促进他们的全面发展。

5.民族性与世界性相结合的原则

在体育教学内容的选择上，民族性与世界性相结合的原则是非常关键的。这要求在尊重和保留民族传统体育精华的基础上开阔视野，积极借鉴和吸收国际上优秀的体育教学理念和内容。这种策略不仅可以丰富课程的内容，还能促进学生对全球体育文化的理解和尊重。

教师在选择体育教学内容时，应避免盲目自信或过分崇拜外来的事物。选择那些能体现时代特征并符合中国国情的体育项目，不仅能增强学生的国民身份认同感，还能激发他们对全球体育文化的兴趣。

（三）体育教学内容选择的过程

1.认真审视体育素材

在选择体育教学内容的过程中，对体育素材进行深入审视是至关重要的一步。这一过程应基于社会的实际发展情况，特别是生产生活、教育和科学领域的进步，以及这些领域对人类健康的要求和影响。体育素材的选择和评估需要从其对学生锻炼身体、增进健康及培养思想品质的益处出发。

在分析和评价体育素材时，教师应确保所选内容能够符合社会对人的健康和发展的要求，同时必须排除那些与教育目标不符或可能对学生身心健康造成不利影响的素材。

2.充分整合体育运动

在选择体育教学内容的过程中，充分整合不同的体育运动项目至关重要，因为各种运动项目对学生的身心影响各异。为此，教师需要在学校体育教学目标的指导下，详细分析各类体育运动如何具体促进学生各项身体功能的发展。

这一分析包括识别每项运动对体力、协调性、耐力、速度等方面的具体贡献，以及这些运动对心理健康的潜在好处，如增强自信、减少压力等。教师应将这些不同的体育运动项目进行有效的整合和组合，创建一个综合性的教学内容方案。这种整合不仅可以提高教学的效率和效果，还能确保学生在体育活动中获得全面的身心发展。

3.选择有效的运动项目

选择有效的运动项目作为教学内容是体育教育中的关键环节，尤其是在学校环境中，教学时间有限，对运动项目的选择需要特别谨慎。体育运动的多功能性和多指向性赋予它们高度的可替代性，这意味着教师在选择运动项目时拥有较大的灵活性。

在选择过程中，首要的考虑因素应是社会条件与需求，以及不同年龄段学生的身心发展特点和兴趣。这不仅涉及选择哪些适合学生身体和心理发展的运动，还包括考虑哪些运动能激发学生的参与兴趣和维持长期的运动习惯。因此，教师应优先考虑那些广受欢迎的体育运动和典型的身体练习项目，这些项目通常已被证明能有效提升学生的体能，也容易获得学生的积极响应。例如，团队运动，如足球和篮球不仅能锻炼身体，还能促进团队合作和提高社交技能；个人项目，如田径和游泳则强调个人技能和耐力的提升。

4.进行可行性分析

在体育教学内容的选择中，进行可行性分析是不可或缺的。这种分析考虑到了地域和气候条件的影响，以及成功实施体育教学所需的具体资源，如器材和场地。不同地区和学校的条件差异要求教师不仅要选择适合当地环境的运动项目，还要确保所需资源的实际可用性。

确保每个学校在选择体育教学内容时都有足够的灵活性，以适应各自的具体条件，是制订有效体育教学计划的关键。这种灵活性可以帮助学校根据本地的可用资源和学生的需求，调整体育教学内容，从而更好地促进教学的科学性和实际效果。

传统上，体育教学内容的选择往往直接从竞技体育中移植运动项目或简单基于学校体育教学目标进行选择，这种做法忽视了地域差异和资源限制的重要性。因此，教师在设计体育课程时，应充分考虑这些因素，选择既符合教学目标又实际可行的体育活动，确保教学内容的科学性和有效性，进而提升整个学校体育教学的质量和效果。

第四节　高校生态体育的开发

一、生态体育的内涵

"生态体育"这一概念可以追溯至古代的"天人合一"思想，该理念强调人与自然的和谐共处。这种体育形态的诞生与历史上体育运动中出现的人与人、人与自然、人与社会以及体育与环境间的多种矛盾直接相关。

郑晓祥阐述了生态体育的哲学基础，认为这是一种在人类、体育、环境三者间实现共生共融、相互协调和共同发展的活动。[1]尹雨嘉则从生态学的角度出发，探讨了社会生态环境和自然生态环境如何共同作用并相互影

---

[1] 郑晓祥:《生态体育的内涵与特点》,《成都体育学院学报》2005年第2期,第43页。

响体育领域。[①]谢香道和徐斌的见解则聚焦于如何通过对自然因素的合理利用，开展形式多样、适量的体育锻炼，包括传统的武术、气功、太极拳以及现代流行的登山、滑雪、帆板等活动。[②]从上述学者的分析中可以看出，尽管他们表述各异，但普遍认同生态体育具有自然性、科学性、社会性、娱乐性和人文性的特点。这些特性不仅使体育活动更加丰富多彩，也使其更加符合生态学的原理。

综合这些观点，生态体育可以定义为一种在深刻理解和尊重自然及生态环境的基础上，寻求人类活动与自然环境和谐共处的体育实践。这种体育活动不仅关注人的身体健康，也强调环境保护和社会发展的平衡，致力于推动体育活动的可持续发展。这样的体育活动不仅可以增强个体的身体素质，也能促进社会和环境的良性互动，最终形成一种可持续发展的生态文化。此种体育模式的推广和实施，预期能够在全球范围内引发更广泛的关注和参与，推动体育的全面和谐发展。

二、高校生态体育的开发途径

（一）组织建立高校生态体育资源开发机构

高校在开发生态体育资源的过程中，首要任务是成立一个专门的机构，这一机构将是一个集调控、咨询与决策于一体的组织。其核心职能不仅包括制订与实施科学合理的资源开发计划，还涉及对这些计划进行定期评估和必要的调整，以确保其适应性和有效性。这样的机构应当开放，鼓励社会各界，包括私企、非政府组织及政府相关部门广泛参与，共同推动生态体育资源的开发和利用。

此外，这一机构还需承担起协调人类、体育和自然三者关系的责任，

---

① 尹雨嘉：《对城市生态体育发展的研究》，《贵阳学院学报（自然科学版）》2009年第2期，第71页。

② 谢香道、徐斌：《论生态化体育的和谐与发展》，《上海商学院学报》2007年第4期，第78页。

通过精心的规划和管理，确保体育资源开发既促进学生身心健康，也符合生态保护的要求。通过这种综合性的策略，高校能够在保障科学性和合理性的基础上，有效地利用和开发生态体育资源，进而为学生创造一个既充满活力又和谐的体育教育环境。

（二）对高校原有的生态体育资源进行充分的整合与利用

通过有效地整合和运用现有的体育资源，高校可以在校园各边缘地带及绿化区域内增设健身路径，配备单双杠、多功能座椅、棋盘、云梯等简易健身器材。这种做法不仅最大限度地利用了现有资源，还增强了校园的生态美化，促进了高校生态体育资源的合理开发与利用。这样的配置不仅改善了校园的整体环境，也为师生提供了更多进行体育活动的便利，从而有效地将生态环保理念与体育健身活动相结合。

（三）对高校周围的生态体育资源进行合理的利用

高校体育教学传统上多依赖校园内的设施，如体育馆和操场，而很少将教学活动扩展至校园外的自然环境中。然而，将体育教学地点从封闭的校园转移到开放的自然环境，正是生态体育的核心特征之一。由于校园内自然场所的限制，许多高校并未能充分开展生态体育教学。为此，教师应该积极探索并利用高校周边的自然资源，以丰富体育教学的内容和形式。例如，利用学校附近的社区锻炼广场、公园、沿海地区的沙滩，或者森林和小山等自然地形，可以为学生提供多样化的体育活动场所。这些自然场所不仅能够提供更多与环境互动的机会，还能够增强学生的生态环保意识。

（四）对传统体育文化资源进行充分的挖掘与整合

在高校生态体育教育的发展中，对传统体育文化资源的挖掘与整合扮演着重要角色。尽管民间的游艺竞技活动极为盛行且富有生命力，但要将这些传统活动融入现代高校生态体育教学，需要进行一定的创造性转化。这种转化并不意味着改变传统体育的本质或其竞技理论，而是在不失其文化精髓的基础上，根据高校生态体育的具体教学需求进行适当的调整和创新。例如，可以将传统的民族体育项目，如赛龙舟、蹴鞠、武术等，重新设计为更加适合高校学生体验的形式，同时引入生态教育的元素，如强调这些活动与自然环境的和谐相处和传统体育文化的生态价值。

第四章　高校体育教学方法理论与创新

第一节　高校体育教学方法的内涵与体系建构

一、高校体育教学方法的内涵

在西方文化中，"method"（方法）一词源自希腊语，由"meta"（沿着）和"hodos"（道路）组成，原意是按照特定的途径或程序前进，以达到既定的目标。这一词语后来发展为描述研究、认识途径及相关理论或学说的术语。

在中国文化中，"方法"一词最初见于春秋战国时期墨子的《墨子·天志》，原指度量方形的技术，之后逐渐转义为解决问题的手段、程序或门路。随着时间的推移，其含义进一步扩展，指各种行事手段和途径。

教学方法的定义多种多样，但可大致归纳为以下三种主流观点。

（1）教学方法是教师传授知识给学生的策略。

（2）教学方法被视为达到既定教学目标的手段，包括如何根据教学原则将教育内容转化为学生的知识、技能和品格的过程。这种观点涵盖教师的教学方式和学生的学习方法。

（3）教学方法被定义为教师和学生之间的互动活动，强调教与学之间的互动性特点。

在体育教学领域中，人们对教学方法的内涵达成了一些共识，即教学方法应当服务于教学目的和任务，反映教师与学生之间的紧密联系，是师生双方行为的整体表现，并具有多方面的功能。

本章将从体育教师对教学方法的认同及其理论基础两个方面进行深入探讨，以揭示高校体育教学方法的本质和应用。

（一）体育教师对高校体育教学方法概念的理解

在探讨高校体育教学方法概念时，大多数体育教师认为，教学方法不仅仅涉及使用教学工具或手段，还包含了教师的教法与学生练法的综合体，强调了教学与练习的互动性和实践性。他们普遍认同教学方法是在完成具体教学任务的过程中采用的途径与手段，这种工具性的理解让教师能够根据不同的教学目标和环境，选择合适的方法来指导学生。此外，有一部分教师视体育教学方法为一种师生互动的组织方式，这种看法不仅考虑了教学内容的传递，也关注了如何利用场地和器材等资源进行有效教学。还有一部分教师倾向于将体育教学方法视为一种有目的、有步骤的教育过程，这一过程不仅仅是传授体育知识和技能，更是促进学生全面身心发展的手段。这些观点综合反映了体育教师对教学方法的深层认识，他们倾向于选择那些能够实现教学目标、提高学生参与度和促进师生互动的方法。体育教师的这种实用主义倾向说明他们在日常教学中更关注方法的实效性和适应性，而非纯粹的理论探讨。

（二）高校体育教学方法概念的理论推导

从理论角度看，体育的根本目的是通过身体活动强化体质和促进身心健康。在教育过程中，体育活动不仅包括锻炼身体的方法，还涉及技能学习和练习技巧，旨在全面提升学生的体能，促进其心理健康。

教学方法的本质在于师生共同参与、完成教学任务，这一过程通过具体的技术和手段体现，实际上是教授和学习方法的统一。高校体育教学方法进一步细化为教授学生锻炼身体、学习技能的方法，以及指导他们掌握练习的方法和手段。高校体育教学方法的实施是有目的和有针对性的，旨在通过有效的教学活动，完成体育教学的目标和任务。

人们对体育教学方法内涵的理解，一方面基于一线体育教师的实际反馈，这反映了教学方法的实用性和教师达到教学效果的渴望；另一方面基于理论逻辑推理和体育教学方法的本质特征。综合这两个维度，体育教学方法被定义为师生为实现体育教学目标、完成体育教学任务而采用的一系列教学策略、组织方式和具体手段。

此外，体育教学方法的应用也呈现多样性，既包括以教师为主导的教学方式，也包括学生主动学习的方法。这种多样性确保了教学方法能够适应不同学生的需要，同时促进了学生在体育活动中的积极参与和深入学习。通过这样的方法，体育教学不仅仅是传授体育知识和技能，更是一个促进学生全面发展的教育过程。

二、高校体育教学方法的体系建构

（一）高校体育教学方法的层次体系

高校体育教学方法的层次结构是一种系统性的分类，旨在更深入地理解和实施教育策略，提高教学效果。这种层次结构不仅体现了教学方法的多样性，也揭示了从广义到具体的应用维度。具体来看，高校体育教学方法可以分为以下三个层次。

（1）教学方略（模式）：这是高校体育教学方法的最高层次，涵盖了教师在教学过程中应用的各种手法和手段的组合。例如，发现式教学法不仅包括提问、组织讨论、启发等多种教学手法，还融入图片演示、实地测试等多种教学手段。这一层次的方法属于广义的教学方法，通常与教学模式或教学方式相对应，主要体现在整个单元或课程的设计上，关注于如何整体规划和构建教学活动。

（2）教学方法（技术）：这是位于中间层次的教学方法，专注于教师在体育课程中应用的主要教学手法。这一层次相当于传统意义上的教学方法，更侧重于课堂实施的具体技术或策略，如示范法、指令法等。这一层次的方法主要体现在教学的具体步骤中，如如何引导学生理解某个体育技能或运动规则。

（3）教学手段（工具）：这是教学方法中的基础层次，专注于教师在具体教学环节中使用的主要工具或设备。例如，教师使用视频分析软件帮助学生分析运动技术，或运用各种体育器材实现教学目标。这一层次的教学手段直接影响教学的执行和学生的学习体验。

（二）高校体育教学方法的类别体系

在高校体育教学方法的类别体系中，根据教学活动的主体以及教学方法实施的重点，常见的体育教学方法可以分为两大类：以教为主的体育教学方法和以学为主的体育教学方法。

1. 以教为主的体育教学方法

这类方法强调教师在教学过程中的主导作用，目的是传授知识和技能，使教师能有效地完成教学任务。这类方法以课程内容为出发点，看重教师的讲解、示范和引导，认为教学是学生获取知识和技能的主要方式。典型的以教为主的教学方法包括以下几种。

（1）讲解法：教师通过口头讲解来传授理论知识或解释动作技巧。

（2）示范法：教师通过亲自演示或使用视频等媒介展示具体技能，以便学生观察学习。

（3）纠错法：教师在学生实践过程中观察并指出错误，提供正确的动作示范。

（4）重复练习法：教师通过大量、重复的练习来加强学生对某一技能的掌握。

2. 以学为主的体育教学方法

这类方法以学生为中心，强调学生的主动参与和自主学习，教学设计围绕学生的需要进行。这类方法鼓励学生通过实践、探索和合作来获得知识和技能。典型的以学为主的教学方法主要包括以下几种。

（1）情境法：教师通过创建模拟的或真实的体育活动情境，让学生在具体的环境中学习和应用知识。

（2）发现法：教师引导学生通过实践探索问题，发现运动技能的关键要素。

（3）探究法：教师鼓励学生提出问题，并通过实验和研究来寻找答案。

（4）小群体法：学生在小组中协作，通过讨论和共同实践来学习技能和策略。

这两类体育教学方法各有其特点和优势，教师可以根据教学目标、学生的特点以及教学环境的具体要求灵活选择和运用。这种分类有助于教师更清晰地认识各种教学方法的应用场景和预期效果，从而更有效地促进学生的学习和发展。这两类体育教学方法内涵和特征比较分别如表4-1-1和表4-1-2所示。

表4-1-1 以教为主和以学为主体育教学方法内涵的对比表

对比项目	以教为主体育教学方法	以学为主体育教学方法
概念	是指以运动技术技能的传授、教学任务的完成为主要目的，以教师的讲解、示范、辅导等为主要手段的一种教学方法	是指以发展学生的能力为主要目的，以学生的发现、探究、合作等为主要形式，在教师指导下自主或合作完成教学任务、发展能力的教学方法
理念	传授知识、技能，完成任务	发展学生的能力，提高创新意识、能力
出发点	以"教师"或"教"为出发点	以"学生"或"学"为出发点
教学目标	以运动技术技能传授为主要目标，教师把自己的意愿传达给学生	以传授技术技能、发展能力为目标，关注学生情感体验、接受力、内化力
教学方式	以教师的讲解、示范，学生的模仿为主，"我讲你听""我教你学""我演你练"的灌输式教学	多种多样的方式，既有讲解、示范，又有自主探究、合作学习，留给学生自由发挥的空间和发表意见的机会
教学评价	以学习结果为主，重点以完成的动作与所教动作的相似度为准	既看结果，又看教学过程、学习的进步幅度、锻炼习惯的养成等

表 4-1-2　以教为主和以学为主体育教学方法特征的对比表

对比项目	以教为主体育教学方法	以学为主体育教学方法
特征	以学生掌握运动技术为主要目标，以保证基础知识、技能传授为主，追求运动竞技的成绩，追求技能学习的精确度、速度、高度、远度，不强调学生的个体差别，轻视对知识、技能的理解，很少关注师生之间的交流	强调学生的创新性，突出学生的主体性、师生活动的多变性，注重学生学法的指导性、手段的多样性，穿插现代教学技术，尊重个性与社会的协调性及学生多方位的参与性
具体方法	讲解法、示范法、分解练习法、重复练习法、循环练习法、纠错法、演示法等	情境法、探究法、合作法、发现法、自主学习法、讨论法、小群体法、口诀法等

体育教学方法逐渐从传统的以教师为中心的模式转向了更加注重学生主动参与和个人发展的方法。传统的"以教为主"的教学方法强调教师的控制和指导，其中教师是信息和技能的主要传递者，通过讲解法、示范法和重复练习法等手段，确保学生能够准确地掌握体育技能。这种方法的直接性和结构性使得教学活动易于管理，并能在较短时间内覆盖大量教学内容。然而，这种方法忽视了学生的个体差异和情感需求，限制了学生创造性思维和自主学习的空间。

相较之下，现代教育理念越来越倾向于"以学为主"的教学方法，这种方法将学生置于教学活动的中心，强调学生的主动探索和合作学习。通过情境法、发现法和探究法，教师不再是单一的知识传递者，而变成了引导者和协助者，帮助学生通过实际操作来发现问题并寻求解决方案。这种方法强化了学生的批判性思维和解决问题的能力，也更加注重学生的感受和学习体验，鼓励他们学会学习、学会合作。

这两种体育教学方法各有其独特的优势和局限，理想的教学实践应当是两者的有机结合。教师可以根据教学目标、学生的具体需求以及具体的教学环境，灵活运用这两种方法。例如，在需要精确掌握技能的初学阶段，更多地采用以教为主的方法；而在提高学生独立思考和团队协作能力时，则更多地采用以学为主的方法。这种融合的方式可以最大化地发挥每种方法的优势，促进学生的全面发展。

第二节　异步教学法在高校体育教育中的实践

一、异步教学法概述

黎世法在其著作《异步教学论》中详细阐述了异步教学模式的核心概念及其实施策略。异步教学作为一种现代教学方式，其主要特点是教学活动不依赖同一时间的教师与学生的物理在场，而是通过有计划、有组织的教学流程，使得学生能够在任何合适的时间进行学习，教师则根据学生的进度和需要进行指导。此教学模式强调学生是学习的主体，教师则扮演着引导者的角色。它综合运用教师的三种指导形式——个别指导、分类指导以及全体指导并与学生的五种学习形式——自学、对学、群学、请教教师和全体学——有效地结合。[①] 这种结合在一个完整的教学过程中有机地统一，以达到教与学的最佳互动和效果。

在教师的指导策略上，异步教学法特别强调五步指导流程：第一步是提出问题，激发学生的学习兴趣和探究欲；第二步是指示方法，引导学生了解如何学习；第三步是明了学情，让教师根据学生的学习情况作出适当调整；第四步是研讨学习，通过讨论和合作深化理解；第五步是强化效应，巩固学生的学习成果。学生的六步学习过程则包括自学、启发、复习、作业、改错和小结。这一流程不仅促进学生的自我学习能力，而且通过连续的复习和纠正，加深了学习的印象和理解。

异步教学模式有效利用各种教学资源，不受时间和空间的限制，以学生的个体学习需求为基础，最大限度地实现了学生学习的个性化和教师指

---

① 黎世法：《异步教学论》，湖北教育出版社 1989 年版，第151-170 页。

导的异步化。这种模式特别注重根据学生的学情组织课内外教学活动，充分发挥学生的自学能力、创新能力和科学思维能力，旨在实现轻负担、高效率，并广泛提高教学质量。

从本质上讲，异步教学法能充分实现学生学习的个体化，使学生成为学习的主导者；同时，这种方法也实现了教师指导的异步化，最大限度地发挥了教师在学生学习过程中的指导作用；此外，它还能实现教学活动的过程化，让学生亲身体验知识的产生和发展过程。异步教学不仅保留并吸取了传统教学方法的精华，还对传统教学方法的不足进行了改造和演变，赋予其鲜明的时代特色。在继承和改造传统教学的基础上，异步教学法使自身得以丰富和持续发展，符合现代教学方法的发展趋势。

二、异步教学法教学原则

（一）启发性原则

启发性原则是现代教学方法中一个关键的教学原则，它强调教师应根据学生的实际学习情况，有针对性地解决学生在学习过程中遇到的问题。这种原则要求教师不仅是信息的传递者，还是学生认知过程的引导者和促进者。

首先，教师在应用启发性原则时，应从学生的具体学习情况出发，识别并分析学生面临的学习难题及其成因。这种有针对性的分析有助于教师为学生提供解决问题的有效思路、方法和途径，从而增强学生解决问题的能力。通过这样的指导，学生可以更深刻地理解问题和获得更有效的解决策略。其次，教师在课堂上的指导应特别注重以科学的学习方法和思维方法武装学生。这不仅有助于学生在学术上成为"学"的主人，而且能显著提升课堂教学的质量。教师应鼓励学生自主寻找适当的学习条件，自行激发学习动力，从而培养学生的自主学习习惯。最后，教师在教学过程中要充分发挥学生的主观能动性，指导学生独立思考和积极探索。这种教学方式不仅促进学生积极主动地学习，而且有助于他们在学习过程中持续保持积极和充满活力的态度。通过这样的学习，学生能对科学知识有更深刻的理解，进而增强他们分析和解决问题的能力。

（二）因材施教原则

因材施教原则是一种融合古代智慧与现代教育实践的方法，它要求教师根据每个学生的具体情况、知识水平、接受能力以及个性特点进行教学，确保每个学生都能获得适合其发展的教育。这一原则深刻体现了对学生差异的理解和尊重。实施因材施教原则的核心在于教师必须对学生的学习情况有全面的了解。这涉及学生的学习习惯、认知能力、知识基础以及兴趣爱好等方面。通过这种了解，教师可以为学生提供个性化的教学策略。

在教学方法上，教师需要采用针对性强的教学手段，既要针对全体学生的共性，也要注意到各个学生的个性和特殊需求。在进行讲解、示范和布置作业等教学活动时，教师应面向全体学生；而在课堂上进行巡回指导时，教师应侧重于对个别学生的具体指导。

（三）循序渐进原则

循序渐进原则强调在教学中各方面应按照逻辑的次序进行，逐步由浅入深，从简单到复杂，系统地提高和拓展学生对基础知识、专业技术技能的掌握，并促进他们掌握科学有效的训练方法，培养终身体育锻炼的意识。这一原则遵循了人类认知发展的自然规律，即对事物的理解从简单到复杂、从直观到抽象的逐渐深化过程。

在学习技术动作时，学生的学习应遵循动作形成的规律，即动作的形成经历特定的阶段性变化，并受到人体生理机制的制约。此外，动作学习同时受到条件反射和逻辑思维分析的影响，表现为从掌握基本动作到应用复杂技术的逐步深入过程。

因此，在设计教学活动时，教师应综合考虑学生的认知水平和生理发展特点，采取适宜的教学策略，使教学内容和方法与学生的认知发展水平相匹配，从而有效地支持学生的学术成长和技能提升。这种策略不仅有助于提升学生对复杂概念的理解和应用能力，而且能够促进学生形成持续学习和自我提升的习惯。

（四）巩固性原则

巩固性原则强调在教学过程中，学生应确保在充分理解的基础上，将所学的知识和技能牢固地记忆，并能在必要时准确、熟练地应用。这一原则对于知识的长期保持和技能的熟练运用具有至关重要的作用，有助于新知识的有效接纳、积累及其在实践中的应用。

教学活动应能够促进知识的深度吸收和长期记忆，同时要促进知识的系统性整合，确保学生能够将学习的内容和方法有效地展现出来。国内外许多教育家都对此原则进行了深入探讨。例如，孔子在其教育思想中提出了"温故而知新"，强调学习和复习的同等重要性，认为复习不仅有助于巩固已有知识，还能促进新知识的学习。

为了有效实现教学的巩固性原则，教师需要从学生的具体表现出发，注意观察学生的每一点进步，及时给予正面的反馈、鼓励和肯定。这种策略能够有效激发学生的学习热情，进一步增强他们的学习动机，确保学生在学习过程中能够持续进步并深化理解，从而实现知识和技能的长期巩固。

三、异步教学法的程序

黎世法在《异步教学论》中提到，学生的学习程序应包括一个全面而系统的课内学习流程，这一流程涵盖了自学、启发、复习、作业、改错、小结等六个关键环节。这些环节共同构成了学生解决学习难题的完整过程，是实现学习个体化的重要组成部分。该"六因素"模型不仅帮助学生解决具体的学习难题，还促进了他们科学思维方法的学习和应用。每个环节都不仅是知识技能的获取和应用过程，还是科学思维训练的过程。[①] 通过这种

---

① 黎世法：《异步教学论》，湖北教育出版社 1989 年版，第 170-172 页。

结构化的学习方法，学生能够在解决问题的过程中逐步培养和加强科学的思维方式，从而提高其解决问题的能力和效率。

这种学习模式的核心优势在于它通过明确的步骤和连贯的过程，使学生能够在理解和应用新知识的同时，不断地对其进行反思和改进。每一个步骤都为学生提供了机会，使他们在实际操作中更好地理解和掌握科学思维的核心要素。

（一）教师的指导程序

教师的指导程序核心在于服务学生的学习需求，通过系统的步骤解决学生在学习过程中遇到的问题。该程序集成了提出问题、指示方法、明了学情、研讨学习和强化效应五个关键环节，旨在优化学习的指导和实践。

在教学过程的起始阶段，教师通过提出问题来设定学习的方向和内容，这一策略不仅有助于确保学习的系统性和有效性，而且通过问题的方式能够有效地引导学生的思维，引入即将探讨的教学内容。这样的引导有助于激发学生的求知欲，提高他们对学习内容的关注度和兴趣。随后，教师针对提出的问题展示具体的学习方法和解题思路，为学生提供清晰的指导。这一步骤不仅帮助学生理解如何解决问题，也旨在提高学生的学习效率。通过有效的教学引导，学生可以更准确地聚焦于核心问题和相关的解决策略。接着，教师需要了解和评估所采用的教学方法是否有效解决了学生的问题。这一过程有助于教师克服教学中可能出现的主观性和盲目性，更深入地把握学生的学情。通过发现并解决学生在学习过程中出现的具体问题，教师可以更有效地引导学生找到正确的解决思路，从而促进学生的学习进步。最后，教师对学生的学习成果进行确认和强化，以确保学生能够牢固掌握并深化理解所学知识。这一步骤不仅强化了学生对知识的掌握，还提高了学生对学习成果的满意度和积极性，从而激励他们在未来的学习中持续努力和进步。

（二）学生的学习程序

学生的学习程序关键在于激励学生通过自主学习和相互交流来深化理

解和掌握技能。此程序强调从自我学习的启动、同伴间的讨论，到问题解决的实践，每一个步骤都是为了促进学生的主动学习和持续进步。

学生首先通过自我学习掌握基本概念和技能，在这一过程中，他们需要将理论知识与实际动作相结合，通过形象化的方法来更好地理解关键要点。此外，学生之间的相互讨论不仅有助于澄清疑问，还能通过集体智慧找到多样的解题思路。在此基础上，学生需对教师指示的学习方法进行深思熟虑，找到解决问题的具体途径。这要求学生不仅理解理论，还要能够将理论应用于实践中，解决实际问题。

课堂学习之后，学生需要对上一次的学习内容进行复习，这一环节至关重要，因为它帮助学生巩固知识点，并防止错误理解或技能的固化。教师在这一过程中扮演着监督和引导的角色，纠正错误动作和肯定正确动作，确保学生能够在正确的轨道上进步。对于那些在课堂上无法完全掌握或希望进一步提升技能的学生，课后作业成为一种重要的学习工具。通过作业，学生可以在没有教师即时监督的情况下，自行诊断和纠正学习中的错误，这一点对于技能的提升尤为关键。

自我总结是学生学习过程中的一个重要环节。通过这一过程，学生能够反思和评价自己的学习成果，识别并弥补存在的不足。总结不仅能帮助学生巩固已学知识，还能促进学生对自身学习过程的深入了解，从而为未来的学习奠定坚实的基础。

四、异步教学法在高校体育教学中的实施——以高校篮球教学为例

在篮球异步教学实验中，核心目的是通过实施异步化学习模式、教师指导的异步化程序以及弹性教学策略，促进不同层次学生的共同发展。这种教学模式与网球在技术动作的细节上有所区别，但在教学结构和目标上保持一致，确保各个运动项目都能有效地适应此教学法。

在篮球的异步教学中，教师需首先对学生的个体差异有清晰的理解，采用符合各个学生需求的教学内容和方法。这种教学模式旨在通过一系列综合活动，增强学生的技术技能和对篮球运动的认识，同时激发他们的学习兴趣。

教学过程开始于基本技能的掌握，如站立姿势与启动技术，这是篮球运动中的基础动作。通过提供视频教程和图解，学生可以在自己的节奏下学习并模仿正确的动作，同时录制自己的练习视频以供教师评估和反馈。随后，教学内容逐渐过渡到更为动态的技能，如侧身跑动，这要求学生在跑动中有效地进行身体侧转，视频教程中将详细介绍这一技术的关键点。进一步深化学习，学生将接触到更复杂的篮球技能，包括高低运球和双手胸前传球与接球技术。这些技能的学习不仅涉及动作的掌握，还包括对运球和传接球技术背后的理论知识的理解。学生通过观看教学视频，学习这些技术的正确方法，并通过在家或其他适宜空间的自主练习来精进技能。

整个教学过程是一个从简到繁逐步深化的学习旅程，旨在确保学生在技术和认识层面都有显著提高。通过这种方式，异步教学模式能够有效地满足不同层次学生的需求，使他们在自己的学习道路上不断进步，最终达到教学的目标。

（一）准备活动

在篮球训练的准备活动中，绕球场慢跑是一个基本且重要的热身过程，它不仅帮助学生热身，还为随后的篮球技能训练做好准备。此活动的教学内容和任务安排需遵循循序渐进的原则，确保学生能够在开始实际训练前，通过预习对即将进行的练习有所了解和认识。

为了尽可能地激发学生的学习热情，教师需要在活动前提供足够的信息和动机，引导学生理解慢跑的重要性和技术要点。这可以通过分发预习材料、视频教程或简短介绍实现，目的是让学生对慢跑活动有初步的了解，并调动他们参与的积极性。活动时，学生应按照教师的指示，在球场外沿线依次进行慢跑。为确保活动的有效性和安全性，组织良好的队形至关重要。教师可以设置一个明确的跑动路径，并确保每个学生都保持适当的距离，以避免拥挤和可能的碰撞。队形的组织可以参照图 4-2-1。

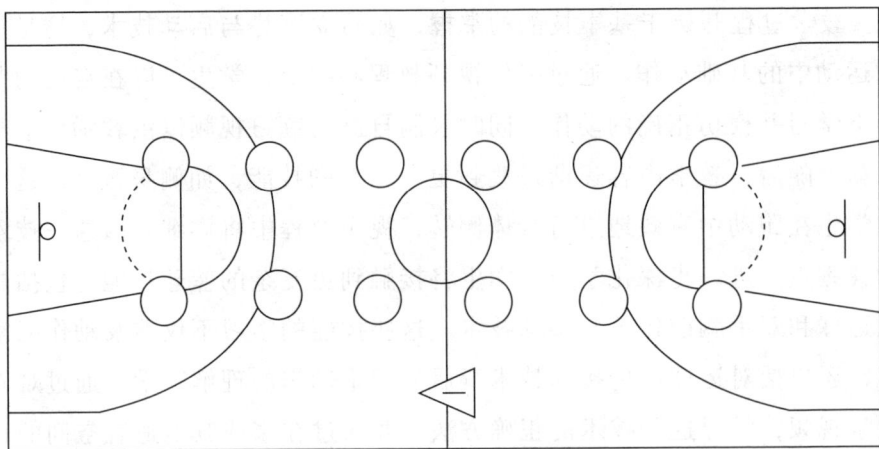

图 4-2-1　绕球场慢跑

（二）拉伸练习

拉伸练习有助于提高运动员的柔韧性，预防运动伤害，并为高强度训练做好准备。拉伸练习包括一系列针对不同身体部位的动作，如头部运动、腹臂运动、颈后手臂拉伸、额前手臂拉伸、单脚盘腿下蹲、弓步下压拉伸、小腿动态拉伸、坐姿拉伸和蝴蝶拉伸等。

对于新生，教师应亲自带领进行拉伸操，确保每个动作的正确性和安全性。随着学生熟悉各个拉伸动作，逐渐过渡到由值日生领操。这种方法不仅能够加强学生对拉伸练习的认知和技能，还能培养他们的领导能力和责任感。

在进行拉伸练习时，组织良好的队形对于确保每个学生都能得到充分的空间来完成动作至关重要，可以按照图 4-2-1 所示的队形进行排列，其中第一组学生站在第一排，第二组站在第二排。这种队形安排有助于教师更容易地观察和指导每个学生的动作，同时确保拉伸练习的有序和效率。

每个拉伸动作应持续 15—30 秒，确保肌肉得到充分的伸展。教师应在演示每个动作时注重动作的精确性和适当的呼吸技巧，同时监督学生是否正确执行。动作的深度和强度应根据每个学生的身体条件适当调整，避免过度拉伸造成伤害。

（三）专项准备活动

球性练习可帮助学生熟悉篮球的感觉和掌握控球技巧。此环节包括左右弹拨球，颈后、背后及腿部绕环练习，单腿绕环、双脚绕八字环，以及各种运球技巧，如左右手前后拉运球、单手体前左右拉运球、体前左右高低拉运球等。这些练习旨在提升学生的球感和控制力。

初步阶段，教师可让学生自行尝试各种球性练习，让他们自主体会每个动作的感觉和技术要求。自主练习是帮助学生建立初步技能感觉的有效方式，同时促进他们对动作细节的自我认识。接下来，抽取几名学生进行动作示范，这样做可以让其他学生观察并学习正确的技巧，同时有机会发现和纠正自己可能的错误。示范不仅提供了学习的榜样，也增强了学生间的互动和学习动机。教师随后进行详细的讲解和示范，特别是针对刚才学生示范中出现的错误，进行逐一纠正。教师的直接介入确保了学生能够正确理解和掌握每个技巧，从而有效避免错误动作的固化。

教师可将学生分为两组，以适应不同水平的需求。

（1）第一组学生每个动作重复20次，这一组的学生可能技术基础较好，重点在于动作的精确性和减少错误。

（2）第二组学生每个动作重复30次，对这一组学生降低动作难度和执行频率，目的是减少失误，帮助他们更好地理解和掌握技巧。

在整个练习过程中，教师应密切监控学生的表现，及时纠正错误动作。特别是对那些技术掌握不充分的个别学生，教师需要给予更多的个别指导，确保每个学生都能在练习中取得进步。

（四）学习基本站立姿势与启动

在篮球训练中，学习基本站立姿势与启动是为学习更复杂的技术动作打下基础。正确的站立姿势和有效的启动技术能够帮助运动员在比赛中快速反应，提高运动效率。学生需要认真体会每个动作的细节，逐步做到动作规范。在练习启动时，需要特别注意重心的正确转移，这对于保持平衡和提高启动速度至关重要。学生应通过反复练习熟练掌握重心转移的技巧，确保动作的流畅性和准确性。

（1）自由练习：让学生先进行自由练习，以此检查他们的预习成果并让他们体会动作。这一阶段允许学生探索动作，发现可能的问题，并尝试自我调整。

（2）示范和纠正：抽取几名学生做示范，可以为其他学生提供学习的参考。同时，观看的学生可以尝试识别示范中的不足之处，这种互动有助于加深对动作的理解。

（3）教师指导：在学生示范后，教师进行详细讲解和示范，特别强调动作中的正确与错误之处，并提供具体的改进方法。教师的直接介入是纠正错误和巩固正确动作的关键。

基本站立姿势与启动练习可参考图4-2-2。每个学生应重复特定动作以增强肌肉记忆，确保在实际比赛中能自然地运用这些技巧。

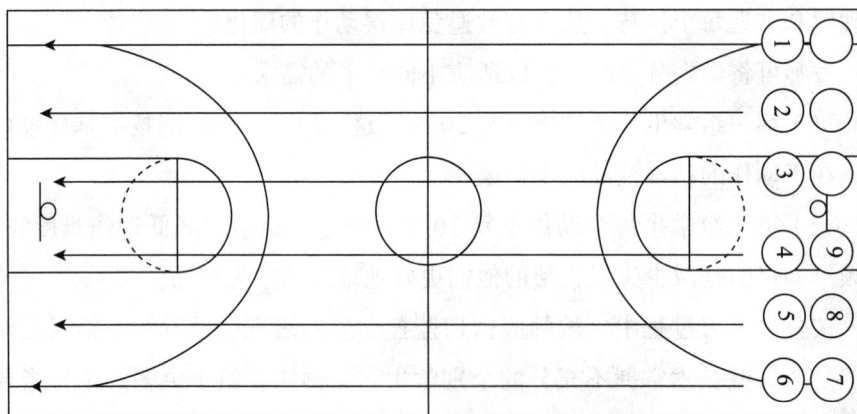

图4-2-2　基本站立姿势与启动练习

（五）学习侧身跑技术

学习侧身跑技术是篮球训练中的一个重要环节，这种跑动技术特别适用于防守时快速改变方向，同时保持对球和对手的视线控制。正确的侧身跑不仅提高了场上的灵活性，还有助于提升比赛的防守效率。在进行侧身跑练习时，关键是要强调上体的侧转和跑动时的放松与协调。上体侧转是指在跑动过程中，上半身需要稍微转向跑动的方向，以增加运动的灵活性和平衡性。同时，保持身体的放松和协调能够使跑动更加流畅，减少能量的浪费。

（1）自由练习：初始阶段，让学生自由进行侧身跑动，以此检查他们的预习成果并让他们深入体会动作。这一阶段允许学生自主探索动作的感觉，发现并尝试解决运动中的不适应。

（2）示范与反馈：抽取几名学生进行动作示范，以此为其他学生提供观摩的机会。观看的学生可以在示范过程中边看边尝试识别并纠正观察到的错误动作，这有助于他们更好地理解和掌握技术要领。

（3）教师指导：在学生示范后，教师应进行详细的动作讲解和示范，特别指出示范中的错误并提供正确的动作技巧。这一阶段教师的直接介入对于确保学生正确执行技术至关重要。

侧身跑技术练习可参考图 4-2-3。学生应重复进行侧身跑动作，每次练习时都应专注于上体的正确侧转和整体动作的流畅性。通过重复练习，学生可以逐步提高其动作的自然性和效率。

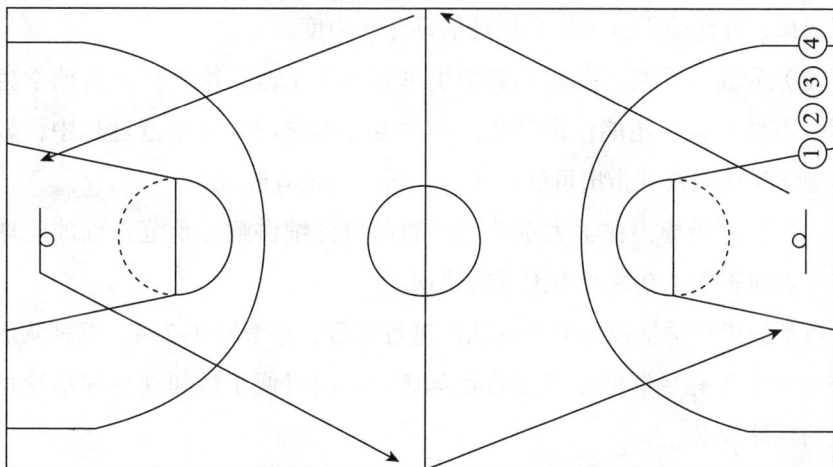

图 4-2-3 侧身跑技术练习

第一组学生 4 个来回，要求学生注意侧转角度准确，跑动协调。第二组学生 5 个来回，要求学生先进行原地的摆臂侧身练习接行进间的练习，动作较准确而且协调。教师在学生练习过程中及时纠正其错误的地方（个别纠正、组别纠正、整体纠正）。

（六）学习高、低运球（原地、行进间）

学习高、低运球技巧不仅涉及对球的控制能力，还包括在移动中维持球的稳定性。正确的运球技巧可以在比赛中有效保持球权，提高进攻的连贯性和效率。

拍球时，应以肩关节为轴，利用大臂带动小臂，协调用力进行拍打。这种方式可以增加拍球的力度和控制性。运球时，五指应自然分开，以增加对篮球的控制力。触球的部位主要是指根以及手掌的边缘，这有助于提高触球的精确性和反应速度。

在原地进行高、低运球时，球应落在身体的侧面，以便更好地控制球并准备进行传球或投篮。在行进中运球时，球的落点应位于身体的正前方，这有助于在移动中保持对球的控制并防止球被对方截断。

（1）自由练习：学生首先进行自由练习，这一阶段主要是检查学生的预习成果，并让他们自主体会拍球的动作和力度。

（2）示范与反馈：选取几名学生进行动作示范，这不仅为其他学生提供了学习的榜样，还能促进学生之间的互动和学习。在示范过程中，教师和其他学生应观察并指出可能的错误，帮助示范者改进。

（3）教师指导：在学生示范后，教师应详细讲解并示范正确的运球技巧，重点纠正学生在练习中出现的错误。

教师应组织学生按照适当的队形进行练习，参考图 4-2-4。这种队形应允许每个学生有足够的空间进行运球练习，同时便于教师观察和指导每个学生的运球技术。

在篮球运球技巧的练习中，教学的组织和细节处理对于学生技能的提升至关重要。以下是对原地运球和行进间运球练习的具体组织方案。

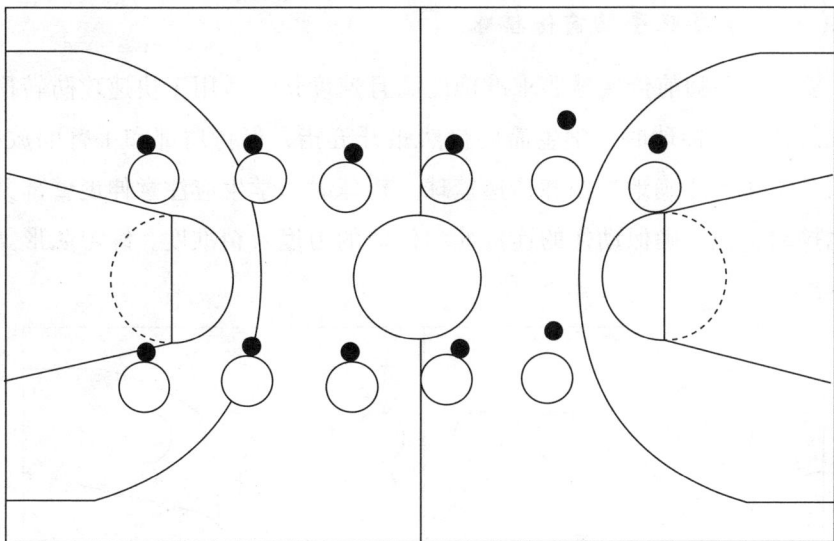

图 4-2-4　运球练习队形

原地运球：

（1）第一组学生：进行原地高、低运球各 20 次，共五组。练习中学生应尽量避免看向球，以提升对球的感觉和控制能力。此外，学生需保持动作标准，确保发力准确，从而增强运球的稳定性和效率。

（2）第二组学生：原地高、低运球各 30 次，共七组。这一组的学生可以在初期看向球，以便更好地体会手指发力的顺序和拍球的正确部位。这有助于学生在初学阶段正确理解运球的技术要求。

行进间运球：

（1）第一组学生：在行进间进行高、低运球各 4 个来回。这组学生应当在练习中保持较快的速度，动作协调，并尽量向前看，以模拟比赛中的实际情况，增加练习的实战性。

（2）第二组学生：行进间高、低运球各 5 个来回。对这一组学生的要求是放慢速度，确保动作的协调性。在练习初期可以适当地观察球，帮助学生减少失误并逐步提高运球的自信和准确性。

（七）学习双手胸前传接球

学习双手胸前传接球要求准确度高且速度快，适用于快速攻防转换和精准的传递。接球时，学生需要自然张开五指，保持肩部和手臂的放松，以利于快速且准确地控制和传递篮球。传球时，学生应注意伸展臂部并有效地抖动手腕，确保动作的连贯性和传球的力度及精准度。练习队形如图4-2-5所示。

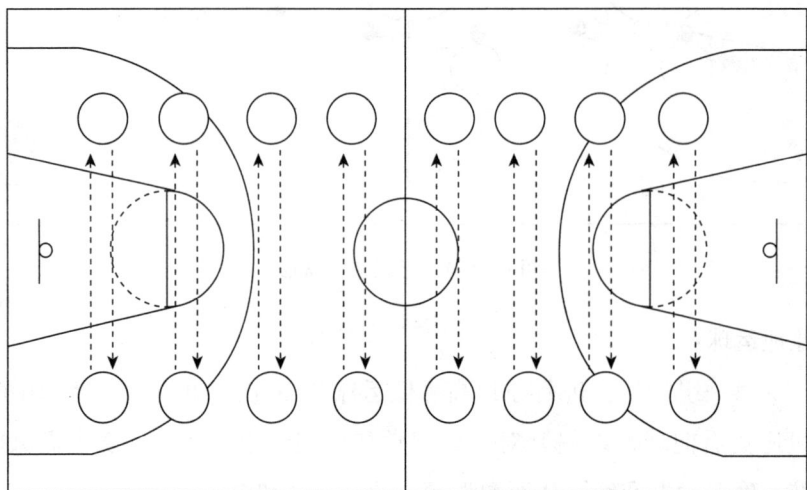

图 4-2-5 原地双手胸前传接球

学生首先进行自由练习，这一环节主要用于检查预习成果并让学生自主体会传接球的感觉和动作要领。教师选取几名学生进行传球示范，其他学生观看并尝试指出示范中的错误，通过这种方式提高学生对动作细节的理解和纠错能力。在学生示范后，教师进行详细的讲解和示范，重点纠正学生在练习中出现的错误，并强调正确技巧的重要性。

（1）第一组学生：进行20次传球，共四组。这一组的学生应在适中的距离内传接球，确保动作连贯且发力准确，使球的落点精确。

（2）第二组学生：进行30次传球，共四组。对于这组学生，距离设置得较近，以便他们可以集中练习动作的连贯性和力度控制，同时提高落点的准确性。

（八）结束部分

集合并做放松操，以调整呼吸和放松肌肉；进行课程小结和布置课外作业；整理器材后解散。集合队形如图 4-2-6 所示。

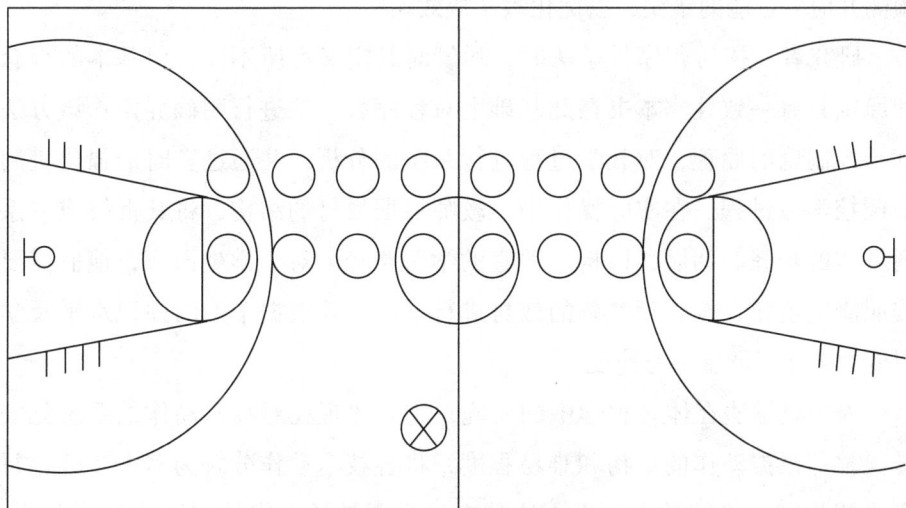

图 4-2-6　集合队形

第三节　程序教学法在高校体育教育中的实践

一、程序教学法概念界定

在教育技术领域，斯金纳（Burrhus Frederic Skinner）尝试利用机器和编程技术设计特定的教学内容。尽管他的实验多次尝试均以失败告终，但这主要是由于教学机器的技术不够成熟。此外，魏家骏等在《背越式跳高技术类程序教学法研究》中提出，程序教学法通过使用预编程序的教材实现自动化教学，其核心优势在于增强学生的学习动机，教学步骤细致，及时反馈信息给学生，并允许学生自主控制学习节奏，从而显著降低错误率。[①]杜文强在《排球正面双手垫球技术程序教学法的探究》中强调，程序教学法应根据学生的个体差异制定详尽的学习与教学目标，并精确规划学习步骤，预测并应对可能的错误，以优化教学成效。[②]

研究者在探讨程序教学法时，尽管对其定义有所不同，但基本的理念和原则具有一致性。本书在此基础上对程序教学法进行明确界定：该方法基于控制论的原理，对教学过程进行系统的分析，并通过实时的强化机制来调控学习过程。在实际操作中，教师根据教材的结构，将其拆解成一系列具体的步骤和问题，以构建适宜的学习路径。对于学生而言，他们需要按照既定逻辑，按教师准备的教材进行学习，并根据个人的知识水平及学习能力来适当调整学习速度。

程序教学法在体育教学中的实施，主要体现在对技术动作的系统化安排。教师根据动作的结构和难易程度，将各技术动作分解为多个步骤，每个步骤均有明确的教学要求。这种方法强调教学内容的程序化和规范化，这是其核心特征。在具体实施上，程序教学法分为直线式、分支式和混合式三种模式。

（1）直线式：教师将要教授的技术动作划分为多个连续的小步骤，并依照预设的顺序进行教学，直至达到教学目标。

（2）分支式：适用于技术动作复杂且环节紧密相连的情况，此时采用多种选择的反应练习，以应对动作的复杂性。

（3）混合式：直线式和分支式相结合的教学方法，旨在灵活应对不同教学情境和学生需求。

无论采用哪种教学模式，学生都需依据编制好的教材程序调整学习速度，教学过程中的反馈和强化机制则是提高教学质量的关键。

---

①魏家骏、叶绍明、黄香柏：《背越式跳高技术类程序教学法研究》，《武汉体育学院学报》1988年第4期，第53页。

②杜文强：《排球正面双手垫球技术程序教学法的探究》，《当代体育科技》2019年第36期，第34页。

二、程序教学法的特点

程序教学法在教育实践中展现了其独特的教学理念，其中包括强调学生的主体性、明确的教学目标设定以及情境创设的重要性。该方法认为学生的主观能动性和积极性是学习过程中不可或缺的，尽管教师在课堂上扮演主导角色，但教师的主要任务是引导和激励学生朝着明确的教学目标努力，确保学习活动的有效进行。每一步教学都围绕预设的教学目标展开，每个小步骤都有具体的小目标，这样的结构化方法有助于学生清晰地认识到学习的方向和阶段性成果。此外，程序教学法还特别强调教学情境的创设。通过精心设计的教材和活动，教师能够引导学生进入具有教育意义的学习情境，激发学生的学习兴趣。这种时序性强的教学内容安排，要求学生在遵循逻辑和步骤的基础上，发挥其主体性，充分利用多样化的教学资源和手段，从而在丰富的情境体验中获得学习的乐趣并掌握知识。整体而言，程序教学法通过这些特定的策略，可以提高教学的系统性和效率，同时确保学生在积极参与和体验中最大化地发挥其学习潜能。

三、程序教学法在高校体育教学中的实践——以高校网球教学为例

（一）网球技术的教学内容及程序

在体育教学的程序教学法中，编制教学程序是一个关键步骤，尤其是在网球技术教学中。此方法要求教师深入理解网球的技术特点并根据教学内容精心设计教学步骤。以下是根据高校公共体育教学大纲和具体的网球技术教学内容，以正手抽球为例编制的详细教学程序。

（1）握拍方式及准备姿势：首先教授学生正确的握拍方式和基础的准备姿势，为接下来的动作打下基础。

（2）后摆引拍：引导学生学习如何进行合适的后摆动作，为击球做准备。

（3）转肩、转腰及上步：重点教授如何通过转肩和转腰带动上步动作，强调在此过程中重心的重要性，要求重心保持低位。

（4）挥拍击球：指导学生如何正确挥拍，并在挥拍时击中球，强调击球的时机和力度控制。

（5）利用简单模型固定徒手击球动作：通过模型或图解帮助学生理解并固定无拍击球的基本动作。

（6）原地击打定点球（体会击球空间感觉）：练习在原地击打不同高度和速度的定点球，增强对球的空间感知。

（7）随挥跟进：学习在击球后如何有效地跟进，保持动作的流畅性。

（8）隔网击打教师送来的慢球，体会随挥动作：通过隔网击打教师投掷的慢球，实践和体会击球后的随挥动作。

（9）移动中连贯完整的正手抽球动作：综合所有学习的技术，在移动中执行连贯、完整的正手抽球动作。

网球正手抽球教学程序如图 4-3-1 所示。

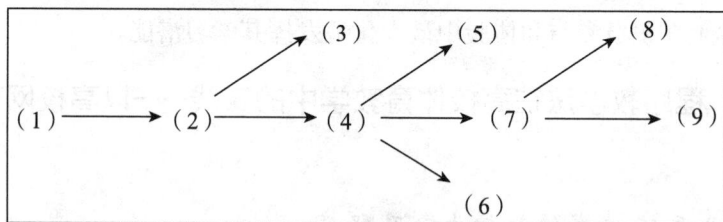

图 4-3-1　网球正手抽球教学程序

此教学程序依据"小步子"教学原则精心编排，确保技术动作的学习与练习符合学习规律，适应不同水平学生的需求。这种系统化的教学设计可以提高学生的学习效率，并激发他们学习网球的兴趣。这种方法不仅有助于学生精确掌握技术，还能增强学生的动作协调性和反应能力。

（二）程序教学法的特点

1.教学内容的时序性

程序教学法的核心特点之一是其明确的时序性，这种时序性基于对教学内容的逻辑顺序编排，并通过特定的教学手段实施。在程序教学法中，每一个教学单元都是精心设计的，确保按照从简单到复杂、从已知到未知的顺序逐步进行，从而使学习过程更为系统和高效。此外，程序教学法在教学过程的控制上具有显著的优势。与传统教学方法相比，程序教学法更加重视对整个教学活动的监督和反馈机制的利用。这种方法不仅考虑到了教学活动的实时监控，还强调通过实时反馈调整教学策略，以适应学生的学习需求和进度。因此，程序教学法对教学过程的控制更为严格，包括更多的约束和限制，旨在确保教学质量和达成预定的学习效果。通过这种有序和受控的教学方式，程序教学法能够有效地指导学生按照预定路径和节奏推进学习，减少学习过程中的偏差和误区，从而提高教学的效果和效率。

2. 程序教学法比传统教学方法的实际教学效果要好

程序教学法在实际教学效果上较传统教学方法具有显著优势。该方法通过系统的步骤和结构化的教学内容，能够激发学习者在学习动作技能时的积极性和自觉性。由于其明确的学习目标和步骤，程序教学法为学生提供了清晰的学习路径，这不仅有助于增强学生的动机，还使学生能够自觉地遵循学习计划，从而提高学习效率。

在分组教学与训练的环境下，程序教学法的灵活性显现出其独特优势。该方法允许教师根据学生的个体差异进行个别化教学，即便是在集体的教学环境中，也能确保每个学生的特定需求得到满足。这种个性化的教学策略有效地弥补了传统教学方法在处理学生差异化需求时的不足。

传统教学方法常常依赖教师的个人经验，而缺乏对教材和学生能力的系统分析，这导致教学内容与学生的实际学习能力不匹配。此外，传统教学方法中常见的评价机制不够严格，学生的技能掌握情况往往需要较长时间才能进行评估，导致教师难以获得及时的反馈。这种延迟的反馈机制会导致学生在掌握技能时出现滞后，未能及时发现的学习难点可能会随着教学的推进而积累，最终影响整个学习过程的效果。

3.程序教学法是在规定的程序教材中完成的

程序教学法构建了一个完善的控制系统，其中教师和学生之间的信息交换发挥着核心作用。在这种教学模式中，教师首先向学生传递教学内容，学生则通过实际操作来接受并处理这些信息。教学的互动性在于，学生在练习过程中生成的反馈被教师捕捉并用以调整后续的教学策略，从而优化教学内容。在这一过程中，信息的不断循环和优化推动了学习内容的深化，确保教学方法与学生的接受能力相匹配。教师通过精细分析学生的反馈，不断调整教学输入，使得教学过程不仅科学合理，也更具针对性和效果，从而在不断的信息往复中提升教学的整体质量。

（三）程序教学原则

1.小步子原则

程序教学法中的"小步子"原则就是精心设计学习内容的递进方式，将复杂的教学材料拆解成易于管理和学习的小单元。这些小单元或"小步子"被有序地排列，形成一个从易到难的学习序列。通过这种方法，学生可以按照预设的路径逐步学习，每完成一步便构建了向更高难度迈进的基础。当学生在学习过程中遇到挑战时，他们可以简单地回退到上一步，重新巩固已学知识，再继续前进。这种渐进式的学习策略不仅有助于学生系统地掌握知识，而且有效地减少了学习过程中的挫败感，使得每个学生都能按照自己的节奏成功地完成学习任务。这样的结构化教学安排确保了学习的连续性和完整性，为学生提供了一个清晰的学习路线图。

2.即时强化原则

在程序教学法中，即时强化原则扮演着至关重要的角色，有助于培养学生在学习过程中自我指导和解决问题的能力。当学生在学习过程中遇到难题而教师的直接指导不可得时，程序教材的设计允许学生通过返回之前的学习步骤来查找解决问题的线索。这种方法不仅加深了学生对材料的理解，而且实现了知识点的即时强化，这对于提高学生的学习动力和学习效果是极其有益的。

心理学的研究支持这一方法，指出学习过程中的强化能显著提高学习效果。知识的掌握并非一蹴而就的，而是通过不断的强化和实践逐渐深化的。每当学生通过返回先前的学习步骤解决了一个问题，他们不仅巩固了旧知识，还在心理上获得了正向反馈。这种成功体验是一种强化，能够增强学生的自信心，提升他们对学习活动的积极性和持续性。此外，及时强化的原则还体现在学生能够即时获得关于其学习成果的反馈。这种反馈机制在教育心理学中被广泛认为是提高学习效率的关键因素。它不仅帮助学生确认自己的学习成就，还激发了他们对未来学习活动的热情。因此，即时强化不仅限于学术知识的掌握，更涉及激励学生维持学习动力和积极态度的心理层面。这种学习方法的有效性在于它的循环性和递进性。通过即时回顾和强化，学生在每个学习阶段都能实现知识的自我修正和再确认，这种策略极大地增加了学习内容的黏性，使学习成果更为稳固。在教育实践中，这种策略尤其适用于需要大量记忆和技能训练的学科，如语言学习、科学教育以及技能培训等领域。

3. 自定步调原则

程序教学法中的自定步调原则提供了一种个性化的学习模式，特别适用于学生身体素质和技能水平差异显著的体育教学。这种教学策略允许学生根据自己的能力和掌握程度调节学习速度，从而解决了传统教学模式中一视同仁的局限。通过这种方式，学生能够在不感到过度挑战或者枯燥乏味的情况下进行学习，确保每个学生都能在适合自己的节奏下使学习效果最大化。

在具体实施时，教师不再是单一的知识传递者，而成为学习进程的协调者和指导者。学生在这样的学习环境中，能够自主决定何时前进到下一个学习阶段，或者何时需要复习旧的知识点，这种灵活性对于体育技能的掌握尤为重要。例如，在学习网球或篮球等技能时，学生可以根据个人对特定动作的熟练程度安排更多的练习时间，而不是被迫跟随全班的统一进度。

4. 主动反应原则

程序教学法中的主动反应原则强调学生在学习过程中的连续参与和立

即反馈。通过这种教学模式，每一个学习单元都被设计为一小段内容，学生在完成这些内容后，可以通过程序所提供的问题或方法继续前进。这种结构保证了学习活动的连贯性和系统性，学生在完成每个单元后的即时奖励或强化不仅增加了他们对后续学习内容的期待，还显著提升了他们的学习兴趣。通过这样的学习路径，学生在一个连续的学习链条中自主探索，保持学习的动力和积极性。此外，主动反应原则也使得学生能够立刻了解自己的学习成果，从而对自己的学习进程有更直观的认识，这对于维持和增强学习动机至关重要。

（四）程序教学目标

程序教学法是在高校体育教学改革的背景下，为解决传统教学方法存在的缺陷而提出的。在传统体育教学模式中，教师通常设定统一的教学标准，要求所有学生达到相同的水平，这种做法往往忽略了学生间的个体差异。结果是，那些体育基础较好的学生可以轻松达标，而基础较弱的学生即使付出巨大努力也难以满足教学要求，从而影响了他们的学习积极性。与此相对，程序教学法的目标是确保超过 90% 的学生能够掌握基本的技术动作和理解相应的技术原理。

程序教学法不仅关注技能的传授，还重视学生自学能力的提升和对体育活动兴趣的培养。通过这种教学策略，学生在个人化的学习路径中发展，从而更有效地吸收教学内容，并在学习过程中形成对体育的长期热情。这样的教学目标不仅立足于当前的教学成果，还着眼于学生的未来，旨在为他们的终身体育活动打下坚实的基础。

（五）程序教学的控制系统

程序教学法将教学过程视为一个复杂的控制系统，其中教师和学生之间的信息交流起着核心作用。在这个系统中，教师首先将教学内容以信息的形式传递给学生，学生在实际操作和练习过程中产生反馈，这些反馈随后被教师捕获并用于调整教学策略和内容。通过这种动态的信息循环，教学内容得以逐步深化，教学效果也持续提升。这种循环机制确保了教学活动的连续性和适应性，使得教学过程能够根据学生的实际学习情况不断优化。

在程序教学的实践中，教师需要构建一个有效的信息反馈系统。这种系统允许教师快速地接收和处理学生的反馈，这是程序教学能够成功实施的关键。通过精确的反馈，教师可以调整教学计划和方法，确保教学内容既符合教学目标，又适应学生的学习需求。例如，在体育技能的教学中，学生在尝试某个动作时的表现和体验会直接影响教师的下一步教学决策。

此外，程序教学的控制系统不仅仅局限于单向的信息传递，它更像是一个动态互动系统，其中教师不断地调整教学内容和策略以回应学生的反馈，学生则在新的教学输入下调整自己的学习行为和策略。这种双向动态调整机制极大地增强了教学的个性化和效果，使得教学更加贴近学生的实际需要和学习状态。

在技术动作的教学中，如网球的正手抽球技术，程序教学法通过精细调整教学步骤和强调技术动作的每个细节，帮助学生更好地理解和掌握技能。教师会根据学生在实际表现中显示的力度、节奏和方向等方面的信息，进行即时的教学调整。这种基于反馈的调整不仅提高了动作技术的准确性，也优化了学习过程，提升了学生对技能的掌握质量。

第四节 游戏教学法在高校体育教育中的实践

一、游戏教学的理论分析

（一）游戏教学法的相关理论

1.认知结构理论

认知结构理论强调学习的核心在于主动建构认知结构，即知识在大脑中的有序存储形式。学习者不仅需要主动获取新知识，还需将其与已有知识联系起来，构建合理的知识体系。在这一过程中，掌握学科的基本结构和核心知识尤为重要。认知结构通过动作、图像和符号等形式进行编码和存储。基于这一理论，教育学家提倡的学习方法主要是发现法。发现法强调通过让学生亲身体验和思考获取知识。与传统的系统教授方法不同，发现法让学生在实际操作和探索中学习，使他们能够将学科知识运用于实际情境，并根据自身能力在不同年龄阶段获取知识。这种方法注重学生的主动性和探索精神，通过实践和探索促进他们的认知发展和知识建构。

2. 人本主义心理学理论

人本主义心理学反对将学习者视为动物或机器的观点，这一观点是对行为主义者的反驳。同时，人本主义心理学也批评了认知心理学家，尽管他们重视知识结构，却忽视了情感、态度和价值观等因素对学习的影响。作为人本主义心理学的主要代表人物，罗杰斯（Carl Ransom Rogers）认为心理学研究应关注完整的人，重视人的内在价值，强调人的发展潜能和自我实现的倾向。

马斯洛（Abraham Harold Maslow）将人的需求分为两大类：缺失性需求和发展性需求。他认为，基本的生理、安全、归属和爱的需求是基础的需求，必须首先得到满足，才能进一步追求其他需求。而尊重、求知、审美和自我实现的需求属于更高层次的发展性需求。[1]

人本主义心理学家提倡有意义的自由学习，强调教学内容与学习者之间的意义联系。罗杰斯创立了"以学生为中心"的教学观，这种教学观基于他的学习观。他认为教师的任务不是直接传授知识，而是为学生提供各种学习资源，创造有利于学习的环境，让学生自主决定如何获取知识。这种学习模式被称为非指导式教学模式。在这种模式中，教师不再是权威者，而是充当"助产师"和"催化剂"的角色，帮助学生在自由的环境中学习和探索。

这种方法强调学习内容与认知情感的有机统一，强调"有意义的自由

---

①［美］马斯洛：《马斯洛人本哲学》，成明编译，九州出版社 2003 年版，第 46 页。

学习"和创造性学习，突出自我评价在学习过程中的重要性。罗杰斯认为，只有在这样的条件下，才能培养出具有高创造性和高独立性的学习者。他强调，教育应重视学生的情感和态度，支持他们在自我实现的过程中不断成长和发展。

3. 建构主义学习理论

建构主义是认知学习理论的一种新发展，它对现代教育教学改革具有重要而深远的影响。它不是单一的学习理论，而是包含许多观点的统称。建构主义的核心思想在于：知识是在主体与客体相互作用的过程中建构起来的。建构主义对知识的客观性和确定性提出了质疑，强调知识的动态变化和不断发展。

建构主义学习观强调学习的主动建构性，即学习者主动参与知识的构建过程。它强调学习共同体的互动和协作，共享教学资源，共同完成学习任务。同时，建构主义特别注重教学的情境性，认为知识存在于具体的、可感知的活动中，而不是独立的符号系统。学习是通过参与社会实践活动，逐渐掌握相应知识的过程。

在学生观方面，建构主义强调学生经验世界的丰富性和差异性，认为每个学生都有巨大的潜能。教师的任务是创造一个丰富的学习环境，鼓励学生通过探索和互动，自主建构知识体系。这样，学生不仅能理解和掌握知识，还能在实际应用中灵活运用，从而实现更深层次的学习和个人发展。

4. 选择理论

选择理论由美国心理学家格拉瑟（William Glasser）提出，该理论强调满足个体内在需求对于教育的重要性。格拉瑟指出，青少年学生有四种需要值得教育者特别关注：归属（友谊）的需要、影响力（自尊）的需要、自由的需要和快乐的需要。当这些需要中的一种或几种得到满足时，学生会体验到愉快的情感。①

即使是成绩不佳或感到孤独的学生，他们内心深处也隐藏着对归属感

---

①[美] 格拉瑟：《选择理论》，郑世彦译，江西人民出版社 2017 年版，第 20-36 页。

的真实需要。他们渴望友谊和关心，也希望能够关心和照顾他人。每一名学生在潜意识中都有自尊的需要，希望得到他人的认可。学生作为一个正在社会化的人、一个充满灵性和情感的人，只有在找到归属感并满足这些需要时，才能在集体中生存并茁壮成长，从而投入更多精力到学习中。

格拉瑟的选择理论强调，教育不仅要传授知识，还要关注学生的心理和情感需要。教师应创造一个支持性和关怀的环境，帮助学生满足这些基本需要。通过满足归属感、自尊、自由和快乐的需要，学生才能在学校生活中感到幸福，并以更积极的态度投入学习。

（二）游戏教学法的指导思想

运用游戏教学法应充分体现教学过程的双边性，强调教师的主导作用与学生的主体地位。在体育知识和技能的学习中，教师应灵活设计和选择游戏活动，通过游戏让学生切实感受并掌握正确的动作要领，同时建构相应的知识体系。这种方法不仅能激发学生的学习动机，还能培养他们的学习兴趣和主动性，使他们以积极的态度投入体育学习中。

在贯彻"健康第一"指导思想的过程中，教师应努力创造轻松愉快的学习环境。通过游戏教学，学生能够在愉悦的氛围中学习，不仅提升了学习效果，还促进了身心健康。教师的任务是引导学生，通过有趣且有益的游戏活动，让学生在娱乐中学习，并在实践中掌握体育技能。这种双边互动的教学模式有助于提高学生的参与度和积极性，进而提升整体教学效果。

（三）游戏教学的教学目标

游戏教学的主要目标是通过丰富有趣的游戏活动，充分调动学生对体育学习的兴趣和动力，帮助他们养成积极向上的体育学习态度。在这个过程中，游戏教学不仅关注学生的技术学习，还重视其个性发展、创新精神和创造性思维的培养。通过提升体育教学的趣味性，游戏教学能够有效提高学生对技术的掌握程度，使他们在轻松愉快的氛围中学习和成长。

此外，游戏教学还致力于帮助学生建立良好的体育学习习惯，确保他们能够在今后的生活中持续参与体育活动，真正获得终身体育学习的动力和能力。通过游戏教学，学生不仅能在体育课上获得知识和技能，还能在参与过程中体验到团队合作的乐趣，增强自信心和成就感，从而全面提升他们的身心健康和综合素质。

（四）游戏教学的教学评价

体育教学评价是基于特定的体育教学目标和具体的教学原则，运用系统科学的方法，对教学过程中"教"与"学"双边过程及其结果进行的预测和价值判断。体育教学评价对象包括"教"与"学"两个部分，既评估教师的教学过程和效果，也评估学生的学习过程和成果。其中，对学生学习的评价是教学评价的重要组成部分。

在游戏教学中，评价采用了诊断性评价和终结性评价两种体系。诊断性评价在教学过程中进行，旨在了解学生在学习过程中的表现和进步情况，及时发现和解决学习中的问题。终结性评价则在教学活动结束后进行，评估学生在整个学习过程中所取得的成绩和掌握的技能。通过这两种评价体系，教师能够全面了解学生的学习状况，及时调整教学策略，促进学生更好地发展和进步。

1.诊断性评价

诊断性评价是在研究开始阶段，为了解学生的学习准备状况及影响学生学习的因素而进行的评估。在本书中，诊断性评价指在体育活动教学开始之前，为有效实施教学计划而进行的评价。其主要功能在于检查学生的学习准备状况，决定对学生的体育学习做适当的安置，并预测和判断学生在动作学习过程中可能遇到的困难。

在游戏教学法中，诊断性评价出现在体育教学的准备阶段。事前对学生进行诊断，可以检验学生已有的技能水平、心理特征、能力状况和个性特点等情况，为学习小组的划分以及教师选择和设置体育游戏提供合理可靠的参考依据。

游戏教学法的诊断性评价内容主要包括以下几个方面。

（1）专项身体素质测试：评估学生的体能和身体素质，为后续教学安排提供数据支持。

（2）专项技术测试：通过技评和达标测试，了解学生在特定体育项目中的技术水平。

（3）心理指标测试：评估学生的心理状态和特征，以便更好地了解学生在学习过程中的心理需求和潜在障碍。

2.终结性评价

终结性评价，又称总结性评价，是在一个大型学习单元或整门课程结束时对学生学习结果进行的评估。终结性评价注重学生对某一学科整体掌握程度的测评，其测试内容范围广泛，通常在学期末进行。在教学活动中，终结性评价的主要作用包括评定学生的学习成绩，证明学生对所学知识和技能的掌握程度以及实现教学目标的程度，同时为制定新的教学目标提供依据，并对学生的后续学习作出预测和判断。

在本研究中，终结性评价发生在体育教学活动结束后，旨在判断教学效果。利用游戏教学法进行教学后，研究者通过终结性评价可以真实地评估学生掌握技术的水平，明确教师的教学效果，从而提高学生的心理指标和学习能力。

利用游戏教学法进行终结性评价主要包括以下两方面的内容。

（1）专项技术测试：通过技评和达标测试，评估学生在特定体育项目中的技术水平，判断他们对教学内容的掌握情况。

（2）心理指标测试：评估学生的心理状态和变化，了解他们在学习过程中所获得的心理发展和进步。

（五）游戏教学的教学过程

游戏教学的具体教学过程如图 4-4-1 所示。

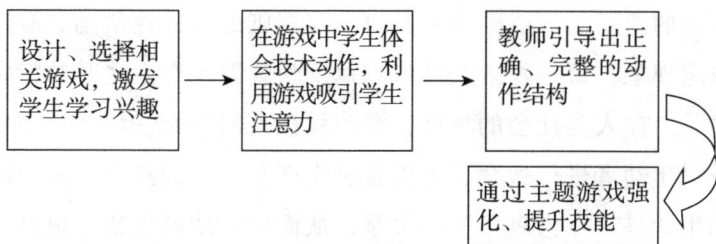

图 4-4-1　游戏教学的教学过程

（六）游戏教学法的主要特点

游戏教学法的主要特点是将教学训练内容按一定的要求和目的分解，并组合成具有情节性、竞争性和娱乐性的活动，这些活动在一定规则的引导下，设定了多样的学练目标。通过这种方式，游戏教学能够吸引学生主动参与，从简单到复杂地进行创造性的学习和练习活动。因此，游戏教学法可以有效激发和提高学生的学习兴趣，增强他们的身体素质，优化整体教学效果。

游戏教学法注重灵活选择和运用游戏。在体育教学中，学生除了学习运动技能，还包括情感与态度的学习和转变。如果体育教学只偏重某一方面，都会影响整体教学效果。传统教学法往往对运动技能的准备十分充分，但常常忽略了学生的学习态度、兴趣和对运动的情感体验。

相比之下，游戏教学法通过有趣和有意义的活动，使学生在娱乐中学习和练习，不仅提高了他们的技术水平，还增强了他们对体育活动的积极情感和态度。这种教学法强调全面发展，既关注学生的身体素质，又注重他们的心理健康和情感成长，从而实现更全面和有效的教育目标。

二、游戏教学法在体育教学中应用的理论

（一）体育游戏的理论研究

1. 游戏及体育游戏的内涵

从游戏的起源来讲，游戏最早产生于人类原始社会早期，它是为了满

足生产生活的需要而形成的一种具有一定规则的娱乐性活动。游戏是人类社会的普遍现象，每一种游戏都深刻地反映着游戏产生之时的特殊社会生产生活情景。在人类社会的早期，游戏就被人们当作一种教育手段，人们借助游戏对年幼者进行教育、传授各种生产和生活的经验。因为游戏自身与生产和生活是"互为表里"的关系，从而使年幼者更快、更早地融入现实生活之中，游戏自身也随着社会物质生活条件的发展而不断丰富。而对于体育游戏来讲，它无非是从"游戏大家庭"里划分出来的一个分支，是游戏内容的重要组成部分和表现形式。现代社会较为流行的体育活动项目大部分是从最初的游戏形式被人们不断地规则化而发展形成的，这也使得游戏、体育游戏和体育项目形成了内在的联系。关于"体育游戏"的概念，不同的学者虽然从不同的角度进行了阐释，但本书采用如下定义：体育游戏是按一定的目的和规则进行的一种有组织的体育活动，是一种有意识的、具有创造性和主动性的活动。在现代体育教学中，人们采用的游戏教学法中的游戏自然也是通常的"体育游戏"，目的就是达到既能完成技术教学或辅助教学，又不失游戏自身的特性，最终取得良好的教学效果。

2.体育游戏的特点

体育游戏作为游戏的一种重要表现形式，不仅能够表现出游戏的一般特性，还能凸显体育的主要特征。体育游戏主要以人体完成基本体育动作为主，是一种将德、智、体的发展融入浓厚娱乐氛围中的有效方法。其主要特点如下。

（1）娱乐性：娱乐性是任何一种游戏的"生命"，体育游戏也不例外。在体育教学中合理运用体育游戏，可以让体育课充满生机和活力。通过体育游戏，教师和学生在课堂上能够唤醒原始的娱乐冲动，表现得兴奋和活跃。娱乐性使他们对每一部分教学内容都能积极应对，增强了教学的趣味性和吸引力。体育游戏的娱乐性不仅增加了课堂的活跃度，还能使学生在愉悦的氛围中学习，达到寓教于乐的效果。

（2）普及性：体育游戏的内容丰富多样，可以满足不同人群的游戏需求。在教学中，不同的学生、学段和教学内容都能选择或创编合适的体育游戏，满足健身、娱乐和教学的不同需求。普及性使得体育游戏在各种环境和条件下都能被广泛应用，适应性强，具有高度的灵活性。不论是低年级的小学生，还是高年级的中学生，体育游戏都能为他们提供合适的活动方式，促进他们全面发展。

（3）规则性：体育游戏的规则性既可以从原始游戏中传承，又能在实际创编中不断创新。规则性确保了体育游戏的有序进行，是实现教学目标的保证。在体育教学中，游戏需要一定的规则才能保证教学有条不紊地进行，顺利实现教学目标。制定和遵守规则，能够培养学生的纪律性和团队合作精神，同时培养他们的规则意识和公平竞争意识。规则性不仅使游戏更加规范和科学，也为游戏的顺利进行提供了保障。

（4）竞争性：体育游戏的竞争性可以最大限度地调动学生参与的积极性。通过竞争，体育游戏的效果能够发挥到极致，学生的潜能也能得到充分释放。体育游戏大多以个人或集体取胜为目的，通过游戏完成的数量、质量和速度来评判胜负，表现出学生在体力、智力以及合作能力方面的水平。竞争性不仅满足了学生的胜负欲望，使他们获得内心的愉悦，还能充分展现他们的个人能力和团队精神。通过竞争，学生能够更深刻地体会体育的精神内涵与魅力，更加出色地完成体育课的教学任务。

（5）目的性：体育游戏通常具有明确的目的，不论是为了愉悦身心，培养团结协作精神，还是为了完成某些体育活动任务。比如，在体育教学中，进行体育游戏可能是为了调动学生的积极性，活动热身，或者使某一枯燥的技术学习环节更加生动有趣。体育游戏的进行就是行为和目的的统一，通过游戏达到特定的教育目标。目的性使体育游戏不仅仅是娱乐活动，更是一种有意识的体育教学手段，通过明确的目标引导学生在游戏中学习和成长。

3. 游戏教学法概念的界定

在现代教学方法中，游戏教学法具有重要的地位和作用。此教学法借助游戏这一载体，融合教学内容与学生参与的动态互动，从而创造出既生动又富有教育意义的学习环境。

首先，游戏教学法在教育领域被视为一种通过游戏活动，允许学生在规定的规则内自由发挥主动性和创造性，以实现学习目标的策略。其次，体育游戏作为体育教学的一环，通过加入具体情节和规则，不仅可以激发学生的兴趣，还可以通过竞技的成败提高学生的体育活动参与度。此外，教学游戏，或称为"游戏教学法"，将教学内容与游戏结合，以通过趣味性强的游戏活动达到教学的目的。

据金钦昌在《学校体育学》中所述，游戏教学法通过情节和竞争元素的设计，使得教学内容形式多样化，更适应学生的学习需求。[①]季浏亦指出，游戏教学法强调学生在教学活动中的主体性，多样的游戏活动不仅能够让学生学习知识，还能够培养学生的综合能力，尤其是在情感和行动的层面。[②]

综合上述观点，本书将"游戏教学法"定义为教师根据教学大纲的要求，利用游戏作为教学媒介，创造具有挑战性和趣味性的学习场景，以激发学生的主动性和创造性，达到预设的教学目标的一种教学策略。这种方法强调游戏在教学中的核心作用，通过游戏的环境设置，促进学生全面的发展和学习。

4.体育游戏教学法与高校体育教学特点的内在联系

体育游戏教学法通过其娱乐性、竞争性和普及性等特点，在高等教育环境中有效地辅助和丰富体育教学，与高校体育教学的特点形成紧密的内在联系。

体育游戏教学法通过游戏的引入，增加了体育课程的趣味性和参与感。这种教学方式不仅仅是为了娱乐，更是一种策略，旨在通过竞争和团队合作的元素，激发学生的运动热情和社会适应能力。游戏的普及性确保了不同体能和兴趣的学生都能参与体育活动，这对于应对高校学生体质和兴趣多样性的现状尤为重要。

在我国高校中，根据学校类型的不同，学生的培养目标也各不相同，

---

① 金钦昌：《学校体育学》，高等教育出版社1994年版，第114页。
② 季浏：《体育社会心理学》，华东理工大学出版社1996年版，第171页。

这在一定程度上造成了学生在身心发展方面的差异。体育游戏教学法能够适应这些差异，各种设计巧妙的体育游戏不仅满足了培养学生个性和综合能力的需求，还通过竞争和合作促进了学生的全面发展。

此外，由于高校学生的心理和身体特点，传统的体育教学方法无法完全满足他们的需求。体育游戏教学法通过提供丰富多样的游戏形式，使学生能够在轻松愉悦的氛围中加深对体育活动的理解和兴趣，同时培养了他们的运动技巧和体育精神。因此，体育游戏教学法不仅与高校体育教学的特点相匹配，还有效地推动了教育目标的实现，为学生的终身体育活动和社会适应能力的发展奠定了坚实的基础。

5.游戏教学法在体育教学中的作用

体育游戏在体育教学中的核心作用是通过其独特的教育机制，不仅提升学生的体育技能，还全面促进学生的心理和社会能力的发展。体育游戏的影响力体现在多个维度。

（1）对教学的有效辅助作用。游戏教学法在体育教学中发挥着至关重要的作用，特别是在高校环境中，这种教学方法能够有效地解决传统体育教学面临的多种挑战。游戏教学法可以通过吸引学生的注意力，激发他们的学习兴趣，帮助他们更好地准备和参与体育活动。

在体育课的准备阶段，学生往往需要从静态过渡到具有较高活力的动态。此时，传统的热身活动难以激发那些对体育不太感兴趣的学生的热情。游戏教学法通过引入刺激性和趣味性强的游戏活动，能迅速提高学生的身体和心理准备状态，使其在轻松愉快的气氛中达到身体预热的效果，这不仅提高了他们的参与度，还激发了其对体育活动的兴趣。

使用游戏教学法在课程开始阶段可以显著提升学生的大脑兴奋性和身体活力。这种方法可以有效地引导学生从日常的学习压力中解脱出来，以更加积极的态度参与体育学习。心理学家认为，兴趣是最好的学习动力，游戏的引入正是激发这种兴趣的有效方式。

此外，在体育课的基础部分，游戏教学法同样显现出其价值。它能够帮助学生在做游戏的过程中复习旧知识和学习新技能。特别是面对技术难度较高的动作时，学生在游戏中的参与可以减少恐惧和紧张感，使学习过程更加自然和有效。游戏中的互动和挑战促使学生在实践中掌握技能，同时保持高度的兴趣和动力。

在课程的技术部分，轻松愉快的游戏安排帮助学生在高强度训练后有效地放松，这对于他们身心的全面发展尤为重要。通过游戏，学生不仅能够在体育课中得到充分的身体锻炼，还能在精神上得到放松和愉悦，从而更好地投入接下来的学习中。

（2）强化了体育课健身功能。游戏教学法在提升体育课健身功能方面展现了显著的效果。传统的体育教学模式因其单一和枯燥的特点，限制了学生的活动，导致学生对体育课的兴趣和参与度不高，进而影响了体育课的健身效果。而游戏教学法通过引入更多动态和互动的教学元素，有效地解决了这一问题。

通过游戏教学法的实施，体育课变得更加引人入胜和动态化。这种教学方式使学生在参与过程中自然而然地提高了对体育活动的兴趣。游戏本身的趣味性和竞争性能够激发学生的参与热情，从而提高他们在体育课中的积极性。例如，通过团队竞赛或个人挑战的游戏，学生不仅能学习特定的体育技能，还能在活动中得到充分的身体锻炼。

此外，游戏教学法强化了体育课的健身功能，因为它允许每个学生在游戏中都有参与的机会，无论是体能较好的学生还是体能一般的学生。游戏的多样性确保了各种类型的体育活动能够满足不同学生的需求，从而提升了体育课的包容性和有效性。这种方法不仅让学生在身体上得到锻炼，也使他们在精神上感受到体育的乐趣和挑战，进而培养他们持续参与体育活动的兴趣和习惯。

（3）赋予了体育教学的娱乐功能。游戏教学法赋予了体育教学显著的娱乐功能，有效地转变了传统体育教学带来的单一和沉闷感觉。这种方法通过引入游戏元素，不仅增加了教学的趣味性，还满足了学生在繁忙的学业之余寻求放松和娱乐的心理需求。

传统体育教学常常因重复性高和活动形式单一，而使学生感到厌倦和疲劳。然而，游戏教学法通过设计各种有趣的游戏活动，如角色扮演、团队竞赛或技能挑战，让体育课程变得更加生动和吸引人。这种转变不仅让体育课堂气氛变得更加轻松和愉快，还激发了学生的学习热情，使他们在享受游戏的同时，在不知不觉中学习了体育知识和技能。

此外，游戏教学法营造的轻松的教学环境可以帮助学生释放学习压力，增强了他们对体育活动的整体参与度。当学生在体育课中感受到乐趣时，他们的兴奋性和动力显著提高，这不仅促进了体育技能的学习，还提升了他们的社交互动和团队合作能力。这种积极的学习态度进一步影响了体育课的教学效果，使教师能够在更加轻松的环境中教授技能，学生也更愿意接受挑战和尝试新技术。

（4）拓宽了体育课的教育功能。游戏教学法在体育教学中的应用，有效地拓宽了体育课的教育功能。这种教学策略不仅增加了体育活动的趣味性，还通过各种游戏规则和多样化的参与方式，丰富了体育教学的内容和形式，从而培养了学生多方面的能力和素质。

体育游戏通过设定明确的规则和目标，培养了学生公平竞争的精神。在游戏中，每个参与者都以公正和诚实的方式竞争，以实现最佳表现和胜利。这种竞争不仅仅是对体力的挑战，更是对心理素质和道德观念的锻炼，学生在这一过程中学会了尊重规则、尊重对手，这些都是现代社会不可或缺的品质。

此外，团队游戏强化了学生的团结协作精神。在需要团队合作的体育游戏中，个人的成功与集体的努力密切相关，这要求每位成员都要充分发挥自己的潜能，同时协助和支持其他成员。通过这种集体活动，学生不仅提高了自己的体育技能，还在相互合作中培养了团队精神和集体责任感。

体育游戏还具有启发学生思维和促进创新能力的作用。在面对技术动作学习的挑战时，教师可以将技术动作融入游戏，使学生在完成游戏的过程中自然而然地掌握这些技巧。此外，熟练掌握了某项技能的学生，在教师的指导下，能够自行设计和创造新的游戏，这不仅满足了课堂的需求，还激发了学生的创造力和自主学习能力。

（二）体育教学中游戏选择的研究

游戏教学法以其生动活泼的特点，显著改善了传统体育教学中的枯燥乏味现象，为体育教学注入了活力，有效提升了教学效率，促进了学生能力的全面发展。然而，实施游戏教学法并非毫无挑战，正确的游戏选择至关重要。例如，课程准备阶段选择过度激烈的游戏可能带来身体风险；课程进行时选择内容不健康或风险较高的游戏，则可能削弱教学效果，甚至适得其反。因此，科学选择适宜的游戏是确保教学质量和学生安全的基础。通常，教师在选择游戏时会考虑以下几个原则。

1.体育游戏的内容应是健康向上的

在采用游戏教学法时，教师需精心挑选或创设能有效促进教学目标达成的游戏。选用的游戏不仅要激发课堂活力，满足体育教学的基本要求，还应注重其对学生思想道德教育的积极影响。不健康或价值导向错误的游戏内容，会破坏教学的深层次教育目标，影响学生的全面发展。因此，确保游戏内容健康向上是体育教学中游戏选择的首要准则。

2.体育游戏必须具有趣味性

体育游戏的趣味性是其产生吸引力的核心，直接影响学生参与度和教学效果。趣味性丰富的游戏不仅能够唤起学生的学习兴趣，还能在轻松愉悦的氛围中促进学生积极参与。体育游戏作为一种规范性较低、相对于体育比赛更为轻松的活动，不受严格规则的束缚，为学生提供了一个展示自我、表达自我的平台。

此外，趣味性强的游戏能够让通常枯燥的体育活动变得生动有趣，增强学生的参与意愿。游戏的竞争性、情节的生动性都是增强趣味性的重要因素，能够有效地激发学生的竞技热情，提高他们在活动中的注意力集中程度。因此，在选择体育游戏时，教师应重视游戏的趣味性，确保其能够激发学生的兴趣和参与热情，从而达到体育教学的预期目标。

3.体育游戏要富有教育意义

体育游戏除了促进身体锻炼和运动技能提升之外，其教育价值同样不可忽视。优良的体育游戏设计应兼顾德育、智育和体育的综合教育功能，从而全面提升体育教学的效果。单纯强调身体锻炼而忽略教育意义的游戏，对于体育教学而言是不完整的。

在体育教学中，游戏的选择应该有助于学生的品德培养、智力开发以及社交技能的提高。通过参与体育游戏，学生不仅能够锻炼身体，还应该学会如何与人交往、合作，并且培养创新思维和应对多变环境的能力。这种类型的游戏能够在轻松的氛围中实现复杂的教育目标，如团队协作、领导能力、战略规划等，这些都是现代教育所强调的关键技能。因此，选择富有教育意义的体育游戏，不仅仅是为了满足体育活动的基本需求，更是为了实现教育的全面性和深远性，这是每个体育教师在课堂设计时必须考虑的重要方面。

4.体育游戏要简便易行且富有针对性

体育游戏应当简便易行且富有针对性，以确保教学辅助的功能得以有效发挥。游戏规则应简化，避免复杂，使学生能迅速理解并参与游戏，从而不仅保持游戏的本质趣味，同时确保教学目标的顺利实现。如果游戏规则过于复杂，不仅分散了学生的注意力，还可能导致教学时间的浪费，反而削弱教学效果。

此外，游戏的选择需要考虑到利用效率和目标导向性，避免无目的的活动干扰教学计划。不同课程阶段的游戏选择原则如下。

（1）课程准备阶段：应选择简单、有趣且具有明确肢体活动目标的游戏，以激发学生的学习兴趣，并有效地预热关键肌肉和关节。例如，可以采用一些基本的热身运动游戏，以调动学生情绪，为后续更高强度的体育活动做准备。

（2）课程基础部分：应选择简单易行，并能够有效地结合复习旧知识与引入新知识的游戏。这类游戏应当能够帮助学生巩固已学的技能，同时引导他们掌握新的技能或知识点。

（3）课程结束部分：应选择专注于放松和缓解压力，帮助学生平稳过渡到接下来的课程的游戏。例如，可以选择一些轻松的团队游戏或冥想活动，以促进学生身心的放松。

5.体育游戏要安全

在体育教学中，确保学生安全是至关重要的，特别是在运用游戏教学法时，选择安全性高的体育游戏更显得尤为重要。任何安全事故的发生都可能抵消游戏教学的所有积极效果，甚至导致严重的后果。因此，确保游戏的安全性不仅是保护学生身体健康的需要，也是教育责任的体现。

在实施体育游戏之前，教师应当做到以下几点。

（1）进行充分的安全教育：在游戏开始前，对学生进行安全教育，确保他们了解如何安全地参与游戏，遵守游戏规则。

（2）合理选用和布置体育器材：检查所有器材是否完好无损，确保使用的空间适合进行相应的体育活动，避免因场地不当或器材瑕疵导致的意外。

（3）考虑学生的身心发展特点：根据学生的年龄和身体条件选择适宜的游戏，避免超过他们的体能极限。合理安排活动量，以预防过度疲劳。

（4）控制游戏节奏和兴奋度：监控游戏的节奏，避免因过度兴奋而导致不必要的冲突或伤害。适时调整游戏强度，确保学生能在安全的环境中享受游戏。

（三）体育游戏在体育教学中的实施

体育游戏的有效实施是游戏教学法中至关重要的一环，其组织和执行的质量直接关系到游戏教学法能否充分发挥其功能，进而影响整个体育教学的成效。因此，确保体育游戏科学、合理且高效的实施是实现教学目标的关键。

1.体育游戏的实施要把握好质和量

在体育教学中，游戏的组织和实施应恰当地控制质与量，确保它们作为教学辅助的角色得到充分发挥。体育游戏的选择必须精确对接教学目标，从而提升教学的有效性。例如，在课程准备阶段，游戏设计应专注于促进学生的热身，为基础教学部分做好全面的准备；而在教授新内容时，游戏则应具有高度的针对性，以确保新知识能够通过有趣且具有吸引力的方式被有效传授。

此外，游戏的活动量应适度，既能激励学生积极参与，又不至于过度消耗体能，影响体育课程的主要教学目标，即技能和技术的学习。游戏的设计还应考虑到学生的身心发展特点，确保活动既安全又适宜，能够进一步促进体育教学的整体质量和效果。这样的体育游戏不仅能够增强学生的体验，还能够确保教育目标的实现，为学生终身体育习惯的培养奠定坚实的基础。

2. 体育游戏的实施要注意发挥游戏的特色

在体育教学中，有效实施体育游戏要充分发挥其娱乐性、竞争性和教育性，这些特点共同构成了体育游戏的核心价值。为确保游戏规则的公平性，教师需要精心设计，让每个学生都能在公平的环境中参与游戏，这不仅能激发他们的竞技精神，还能维护比赛的公正性。同时，体育游戏的娱乐性不应被忽视。设置简单而生动的游戏情节，能使学生在非正式竞赛的轻松氛围中享受游戏乐趣，这种设置有助于提高学生的参与度和兴趣，使他们乐在其中，又能在竞争中明确胜负，从而满足竞技的需求。

教育性是体育游戏中不可或缺的一环，它在游戏的每一个细节中都应得到体现，如团队协作、公平竞争和鼓励创新等。游戏不仅要教会学生体育技能，还要培养他们的社交能力、团队精神和道德观念。体育游戏的这些教育功能可以极大地丰富学生的学习体验，提高他们的综合素质。

3. 体育游戏的实施要保证安全第一

在体育教学中，实施体育游戏时确保安全是最重要的原则。这不仅是因为体育活动本身的物理强度和竞争性，也因为学生的安全直接关系教学的质量和效果。教师必须确保每个环节和细节都符合安全标准，以防任何可能的风险或伤害。

首先，进行安全教育是实施游戏教学法的关键前提。在游戏开始前，教师需要对学生进行全面的安全指导，明确游戏规则，并强调纪律的重要性，确保学生了解在游戏中应维持的行为准则和安全措施。其次，检查游戏设备和场地的安全性至关重要。所有器材都应当定期维护和检查，确保无破损或危险隐患。游戏场地也应保持整洁，适合进行体育活动，以避免因场地不当导致的事故。最后，控制游戏的节奏和学生的情绪是维护安全的另一个关键方面。教师需监控学生的活动强度，防止过于激烈的竞争或过度的兴奋导致身体上的伤害，同时适时地调节活动，避免因情绪高涨引发的争执或冲突。

三、游戏教学法在高校体育教学中应用的实践——以高校武术教学为例

（一）高校武术教学应用游戏教学法的意义与作用

1.游戏教学法有利于提高学生认识水平

高校武术教学应用游戏教学法具有重要的意义和积极的作用。通过将武术技能的学习融入游戏中，学生能够在更轻松、更吸引人的环境中学习武术，这不仅增加了学生对武术的兴趣和参与度，而且有助于深化他们对武术知识的理解和技能的掌握。

首先，游戏教学法通过创造性和互动性的学习活动，使学生能够在实践中直接体验和应用所学的武术知识和技能。这种方法有助于学生从传统的记忆和模仿式学习中摆脱出来，转向更加主动的学习方式。在游戏中，学生不仅能学习武术的基本动作和技巧，还能通过与同伴的互动，增强团队协作和社交技能。其次，通过游戏教学，学生可以在多样化的武术游戏中发现自己的兴趣所在，这种发现过程本身就是一种动力，可以激励他们更积极地参与到武术学习中。随着参与意识的提高，学生对武术的认知也会逐渐加深，从而更好地掌握武术的技能和知识。最后，游戏教学法还能够促使学生在教学过程中进行自我调整和自我教育。在游戏中遇到的挑战和困难，需要学生自己解决和适应，这不仅提高了他们解决问题的能力，也加深了他们对武术文化深层次的理解和感悟。

2.游戏教学法有利于学生智力和非智力因素的发展

游戏教学法在高校体育教学中具有显著的益处，特别是在促进学生智

力和非智力因素发展方面。将武术与游戏化教学结合，不仅能够营造一个和谐且充满活力的学习氛围，还能激发学生对武术学习的兴趣和维持学习的动力。

首先，通过武术游戏，学生能够在轻松的环境中学习复杂的武术技巧，同时这种教学方法能够有效地提升学生的情绪和情感。在游戏中，学生需要模仿武术动作，体验技术的运用，参与激烈的竞争，这些活动不仅促进了身体的运动，也激发了学生的思维活动。这种身体与心理的协调运作，有助于全面发展学生的感觉、知觉、想象力、注意力、性格、意志和情感等多种心理品质。其次，武术游戏的持续实践使学生在面对问题和挑战时能够不断发现并调整自身的学习策略，增强解决问题的能力，从而培养他们的自我积极性和竞争精神。这种积极的学习态度不仅限于武术教学，其影响也扩展到学生的日常生活、理想追求、价值观和人际关系等多方面。通过游戏化的武术教学，学生在享受武术的乐趣和挑战的同时，其智力和非智力因素得到了全面的提升，这种教学方法对学生的综合发展起到了至关重要的作用。

3. 游戏教学法有助于顺利完成学校体育教学计划

在高校体育教学中，充分利用游戏教学法对顺利完成教学计划具有重要意义。不同学生在武术学习中的注意力和兴奋度存在差异，这种差异会影响教学计划的执行。为了克服这些挑战，体育教师应在教学的开始和准备阶段，积极采用各种武术游戏来提高学生的注意力和中枢神经的兴奋性，并调整他们的心理状态。例如，武术模仿游戏和武术项目报数游戏可以有效地集中学生的注意力，使他们从相对安静的状态逐渐进入积极的学习状态，达到教学准备活动的基本目标。在这种生动和谐的氛围中，学生能够更好地投入武术学习的基本部分，进行系统的学习和练习。此外，面对某些难度较大的武术技能，学生的情绪可能受到影响，进而影响学习效果。此时，教师应灵活调整教学方法，选择一些适合的武术游戏以适应教学需要。例如，在武术耐力教学中，教师可以根据教学进度和学生的实际水平，采用相互监督和促进的武术游戏，使学生在互动中提升耐力和技能。

4.游戏教学法提高了学生的心理健康水平

游戏教学法不仅提高了学生的武术技能,还显著促进了学生的心理健康。通过引入各类武术体育游戏,教师能够活跃课堂气氛,调节学生的学习情绪,使得教学过程更加生动有趣。

首先,基于游戏教学法,武术教师可以选择适合学生实际情况的教学方法,确保教学的科学性和有效性。这种方法不仅有助于学生更好地理解和掌握武术知识与技能,还能在愉快的氛围中进行身体锻炼。通过游戏化的教学,学生在轻松愉悦的环境中学习,不仅缓解了学习压力,还激发了他们的学习兴趣。其次,各类武术体育游戏的引入,有助于活跃课堂气氛,让学生在笑声中学习和掌握武术技能。这种快乐的学习体验,不仅使学生的情绪得到调节,还在无形中增强了他们的心理韧性和应对压力的能力。游戏中的竞争和合作也促进了学生之间的互动和情感交流,进一步提升了他们的社交能力和团队合作精神。

5.游戏教学法有利于学生思想品德的提高

在高校武术教学中引入游戏教学法不仅能提升学生的武术技能和心理健康,还对学生思想品德的培养起到了积极作用。通过这种教学方法,学生在参与武术游戏时,不仅满足了基本的健身需求,还体验到了成功的喜悦,从而增强了他们对武术学习的兴趣和动力,使武术锻炼成为他们生活的一部分。

通过设计具有一定难度和趣味性的武术游戏,学生不仅能发展体力和智力,还能在游戏中接受思想品德的教育。在这些游戏中,学生学会了良好的竞赛道德,培养了勇敢精神和责任感,并养成了遵守纪律的习惯。同时,这些活动也有助于塑造学生活泼乐观、进取创新的品质。

综上所述,高校武术教学中应用游戏教学法是提升武术课质量的关键。各类武术体育游戏不仅是发展学生思维、促进智力和提高身体健康水平的重要形式,还能够同时培养学生的专项武术素质和一般身体素质。此外,通过这些游戏,学生养成了团结互助、热爱集体和积极进取等优良品质,这些对于他们未来的成长和发展具有深远的影响。

（二）高校武术教学应用游戏教学法的教学设计

随着课程改革的深入推进，教师在教学观念、教学手段、教学策略、教学目标和教学评价等各个方面都取得了实质性进展，发生了巨大的变化。这些变化在很大程度上解决了传统教学中存在的一些问题，取而代之的是全新的方式和方法。作为教学中的一个重要环节，教学设计在现代教学中扮演着至关重要的角色。它不仅是教学目的性的体现，还是教学过程科学性和艺术性的统一体。

1.高校武术教学应用游戏教学法的教学目标

课程的教学目标是阶段性学习的指南，所有教学活动都围绕如何实现这些目标展开。高校武术教学的基本目标包括传播身心健康知识、教授武术运动技术、传承传统文化知识和思想。作为一种新颖的体育教学方法，游戏教学法富有趣味，可以创造和谐的学习氛围，使学生乐于接受武术教学并积极参与其中。

高校武术教学应用游戏教学法的目标在于，通过有趣的游戏活动，激发学生对武术的兴趣，提高他们的参与度，使武术练习不再枯燥乏味。这种方法利用游戏的娱乐性，使学生在轻松愉快的氛围中进行学习，逐步克服对武术学习的抵触情绪，从而提升整体的学习效果。在游戏中设计武术动作，让学生通过互动和实践，体会武术的发力、协调以及动静、快慢的技巧，不仅有助于技术的掌握，也让学生感受到武术的魅力。同时，游戏教学法还能够培养学生的创新精神，使他们在愉快的游戏中不断探索和发现武术的精髓。

2.高校武术教学应用游戏教学法的教学内容

如果武术教学内容陈旧，或者教学内容难度大，学生难以掌握动作要领和领会动作深意，往往会对教学内容产生厌烦的情绪，尤其是一些复杂的武术动作更容易让学生产生厌学心理。通过对学生教学内容的调查发现，目前学生对武术教学内容的满意度并不高，很多学生希望修改和更新教学内容。

如今，高校学生更倾向于实用性强的武术内容，如散打、太极和器械等。相比之下，学生对武术基本功的学习兴趣较低，对武术套路的态度也只是中等。因此，高校武术教学在应用游戏教学法时，教学内容应更加贴近学生的兴趣和需求。具体来说，教学内容应包括更多实用性和适用性强的散打、太极和器械等项目，这不仅能够提高学生的学习兴趣，还能让他们在实践中感受到武术的实际应用价值。

此外，应用游戏教学法的教学内容应更具活力和竞争性，有利于提高学生的参与度和积极性。在设计游戏时，教师可以将武术动作融入具有趣味性和挑战性的游戏环节中，让学生在互动中掌握动作要领，理解动作深意。

3.高校武术教学应用游戏教学法的教学结构

（1）游戏教学法在教学准备阶段的运用。体育教学的基本结构由开始部分、准备部分、基本部分和结束部分组成。在教学实践中，根据教学规律和学生在不同阶段的身体、心理状态，教师总结出了许多有针对性的武术体育游戏，形成了系统的武术项目教学体系和方法。在高校体育教学中，充分利用武术体育游戏对顺利完成教学任务起着至关重要的作用。

在课程开始时，学生的身心状态通常处于相对安静的阶段，并且由于各种因素的影响，学生的注意力和兴奋度各不相同，这会影响课堂教学计划的执行。如果教师在教学开始和准备阶段，积极采用各种武术体育游戏来提高学生的兴奋度和调整学生的心理状态，将会有显著效果。例如，游戏"武友相聚"或"大刀接力"可以有效提高学生的注意力和兴奋度，使他们的生理状态逐渐从安静过渡到积极工作状态，达到准备活动的目的。

传统的准备活动，如慢跑和体操，虽然能调节学生的生理机能，但长期反复使用会使学生感到枯燥，产生厌烦心理。而游戏教学法能够在短时间内迅速调节学生的心理状态，使他们处于最佳的学习状态。因此，在准备阶段，教师应结合教学内容，有针对性地选择一些能提高学生注意力和兴奋度的武术游戏，使准备活动丰富多彩、形式新颖多样，调动学生的身心状态，使其以饱满的热情全身心地投入课堂教学中，为后续教学打下良好的基础。

（2）游戏教学法在教学基本阶段的运用。武术的基本技术和技能教学是教学中最重要的环节，也是衡量教学效果的主要部分。在这一阶段，主要任务是使学生掌握武术的基本技术和技能，形成动力定型。为达到这一目的，教师需要根据武术课的任务、内容、性质以及学生的特点，适当安排一些武术动作的游戏，以改变单一枯燥的武术练习形式，提高学生学习武术的兴趣，使他们在轻松愉快的氛围中完成教学任务。

武术游戏内容的选择应以武术课的教学内容为中心，具有较强的趣味性，才能激发学生的学习兴趣，真正实现边学边练的目标。此外，选择武术游戏教学的时机也非常重要。一般在技术动作形成的初期不宜采用游戏教学法，以免影响技术动作的巩固。相反，教师应在学生开始重复武术动作练习时使用游戏教学法，这样效果会更好。

由于某些武术教材的难度较大，学生的学习情绪容易受到影响，教师应及时调整教学方法，有计划地选择各种武术游戏进行教学。例如，运用武术套路教材可以发展学生的耐力素质，有效提高心肺功能，这在大学体育教学中占有非常重要的地位。对于学生对武术耐力教学的反感，教师如果始终采用普通练习法进行教学，学生会感到单调和枯燥，其学习情绪会受到一定影响。因此，在武术耐力教学中，教师可以采用一些耐力性武术游戏进行教学。

（3）游戏教学法在教学结束阶段的运用。在体育课的结束阶段，学生通常处于疲劳期，需要尽快消除疲劳，恢复身体机能，使身心从紧张状态过渡到相对安静的状态。在这一阶段，运用一些小负荷的武术游戏进行教学是非常有效的。这些整理和放松活动应充分体现趣味性特点，通过轻松、活泼、精彩和幽默的武术游戏，让学生在愉快的氛围中得到整理和放松。

在选择放松活动的武术游戏时，教师应注重游戏内容和形式的多样性。游戏内容可以包括简单的武术动作、轻松的套路练习或互动性较强的合作游戏。这些游戏不仅能使学生在欢声笑语中放松身心，还能帮助他们巩固所学的武术技能。例如，教师可以设计一些轻松的武术模仿游戏，让学生模仿自己或同学的动作，既增加了趣味性，又能有效地舒展身体。此外，结合一些轻松的太极拳动作或简化的武术套路，让学生在缓慢而有节奏的动作中放松身心，这种方式不仅能够缓解身体疲劳，还能促进学生的心理放松。

（三）游戏教学法在高校武术课堂的组织教法

在高校武术教学中，采用多种教学方法，如武术音乐辅助教学法、讲授武术故事法、武术口诀教学法、武术特色教授法和武术情景教学法等，都对学生学习武术动作技术起到了积极作用。特别是引入游戏教学法，这种新颖的教学方法能够极大地引起学生的兴趣，提高他们的参与度和学习效果。为了实现游戏教学法的最佳效果，提高高校武术教学的质量，教师必须遵循一定的教学流程。具体来说，游戏教学法在高校武术课堂的组织教法应按照以下步骤和流程进行。

1.武术游戏的讲解和示范

在组织武术游戏时，教师必须为学生详细讲解游戏的目的、方法和规则。按照武术游戏的基本要求，教师应全面解释游戏的目的、任务、内容、规则、活动方法以及相关要求，让学生了解必要的安全事项，确保他们在规则允许的范围内享受游戏教学的乐趣。讲解应循序渐进，先介绍游戏的名称、目的和意义，随后详细讲解游戏的组织方式和具体方法，再明确游戏的规则和学生需要遵守的要求，最后强调安全事项和注意点，确保学生在游戏过程中不受伤害。

在讲解过程中，教师应选择好讲解位置，确保每个学生都能听到讲解内容，并能看到教师的示范。讲解的语言要清晰，重点内容和关键词句要讲明白，避免学生产生误解。与此同时，教师要确保学生处于合适的位置，以便他们能够专注于听讲解和观看示范。

讲解与示范相结合是非常重要的环节。教师在讲解完毕后，需进行示范，帮助学生更好地理解游戏内容和要求。示范时，教师应重点展示游戏的关键动作和技巧，确保学生能够清楚地看到和理解。通过细致的讲解和清晰的示范，学生能够充分了解武术游戏的目的和方法，掌握游戏规则和注意事项，从而在游戏中既能享受乐趣，又能提高武术技能，保证游戏教学的顺利进行。

2.根据武术课的教学目的和内容选择武术游戏

根据武术课的教学目的和内容选择适当的武术游戏是确保教学效果的关键。各类武术游戏通常具有很强的针对性，可以在具体的武术教学活动中发挥重要作用。武术课形式多样、内容丰富，选择何种武术游戏应根据武术课的具体目的和内容而定。例如，课的开始和结束部分所选择的武术游戏应有所不同，不同器械武术教学课和不同拳种教学课所选择的游戏也应有所区别。

高校武术教师应根据不同的教学内容和形式，选择不同类型的武术游戏。例如，在课程的开始部分，可以选择一些简单而有趣的游戏来热身，提高学生的兴奋度和注意力；而在课程结束部分，则可以选择一些放松性的游戏，帮助学生恢复体力，缓解疲劳。对于不同器械的武术教学课，可以选择一些针对性强的游戏，帮助学生熟悉和掌握器械的使用技巧；而在不同拳种的教学课上，可以选择一些能够突出该拳种特点的游戏，帮助学生理解和掌握该拳种的精髓。

无论选择何种类型的武术游戏，其最终目的是既要让学生得到身体的锻炼，又能为武术知识和技能的教学服务，有效地完成武术课的教学任务。因此，教师在选择游戏时，要充分考虑教学目的和内容，通过精心设计和选择合适的武术游戏，使学生在愉快的氛围中学习和掌握武术技能，从而全面提高教学质量和效果。

3.科学地组织武术游戏教学活动

武术课的组织工作至关重要，科学地组织游戏活动不仅能调动学生的积极性，还能保障学生的练习时间和教学质量。武术教师需要全面考虑以下几个方面，以有效完成武术课的教学任务。

首先，教师应根据教学目的和内容，合理设计和安排武术游戏活动，确保每个游戏环节都有明确的目的和意义。教师要充分考虑学生的差异性，根据不同学生的体能和技能水平，设计不同难度和强度的游戏，确保每个学生都能在游戏中找到适合自己的挑战和乐趣。其次，教师应注重队伍的调动和管理。在游戏教学中，合理分组和调动队伍，可以提高学生的参与度和互动性。教师可以利用团队合作的游戏，增强学生之间的协作能力和团队精神，同时通过竞争性的游戏，激发学生的拼搏精神和自信心。再次，充分利用游戏教学的场地和器材也是组织工作的关键。教师应提前规划好游戏的场地布局，确保场地安全、宽敞，适合进行各种武术游戏活动。同时，教师还应准备充足且适宜的器材，保证每个学生都能充分参与游戏。最后，发挥学生体育骨干的作用也是科学组织武术游戏的重要环节。教师可以选拔一些体育骨干作为游戏的组织者和带领者，协助教师进行游戏的准备和指导工作。这样不仅可以减轻教师的负担，还能培养学生的领导能力和责任感。

4. 武术游戏中的合理分组问题

在武术教学中，一些游戏需要分组或分队进行，因此合理分组是至关重要的。分组和分队的方法有多种，包括教师分组、报数分组、行政分组、组长分组和固定分组。选择何种分组方法，应根据具体的武术游戏内容、形式、教学条件以及学生的实际情况决定。合理分组的关键是确保各组人数基本相等、实力大致相当，这样才能充分调动学生的积极性、主动性和创造性。

通过合理分组，学生在武术游戏活动中能够更好地参与和互动。教师在分组时，需要综合考虑游戏的目的和要求，结合学生的技能水平和身体素质，确保每个组的整体实力均衡。这样不仅能提升游戏的竞争性和趣味性，还能使每个学生在活动中得到锻炼和提高。

合理分组还有助于课堂管理和教学效果的提升。教师可以通过分组教学，增强学生的团队合作意识和协作能力，同时能够更好地观察和指导每个学生的表现，及时发现和解决问题。在分组过程中，教师应灵活运用各种分组方法，根据实际情况进行调整和优化，以达到最佳的教学效果。

5. 做好安全组织、裁判工作并及时调整

在进行武术集体游戏时，为预防拥挤等安全事故的发生，教师在教学前应采取预防措施，并提醒学生注意潜在的问题，通过有效引导确保学生

有序地参与活动。在游戏过程中，公平和合理的裁判工作至关重要。教师需明确判罚标准，保持公正，并多鼓励和表扬学生，以提升他们的积极性和参与感。此外，教师应密切关注游戏中的运动量、运动强度和学生的情绪状态，及时进行控制和调节，确保游戏在安全、愉快的氛围中进行。周密的组织和科学的管理，不仅能保证武术游戏的安全性，还能提高学生的参与热情和教学效果。

6.做好武术游戏教学的总结

在武术游戏教学中，达到预定目标不仅仅依靠练习，还包括及时总结和合理奖惩。在教学过程中，如果出现问题，教师应及时停止游戏，并当场总结存在的问题和应注意的事项。这样可以做到有的放矢，从而提高教学效果。

为使武术游戏活动更加精彩，教师应多鼓励和表扬学生，及时评定他们的优点，充分发挥学生的智慧，帮助他们不断提高。通过总结，学生能够更清楚地认识到自己的进步和不足，明确改进方向。教师的鼓励和表扬不仅能提升学生的自信心，还能激发他们的学习兴趣和积极性，使他们在武术游戏中获得更好的体验和成长。

（四）高校武术教学应用游戏教学法的注意事项

1.武术教学游戏应精心设计

武术教学游戏应该具备以下特点。

（1）目的明确，针对性强：教师在设计武术教学游戏时，首先要明确游戏的目的。教师应根据教学内容，有针对性地设计武术教学游戏，以提高武术教学质量。游戏的目的应与教学目的紧密结合，确保每个游戏环节都有助于学生掌握武术知识和技能。

（2）趣味性：武术教学游戏要新颖、有趣，才能充分调动学生的学习兴趣。趣味性是吸引学生参与的关键，通过有趣的游戏形式，学生能在轻松愉快的氛围中学习和掌握武术技能。

（3）科学合理：游戏的教学组织要考虑学生的知识、技能和体质情况。

游戏设计应遵循由浅入深、由易到难、循序渐进的原则，针对不同的学生，从实际出发安排科学合理的游戏。这样不仅能提高教学效果，还能确保学生在游戏中的安全和健康。

（4）竞争性：教师可利用学生的好胜心理进行武术教学游戏的设计。竞争性游戏能激发学生的拼搏精神和积极性，促使他们在竞争中不断提高自我。通过适度的竞争，学生不仅能提高技术水平，还能培养团队合作和公平竞争的精神。

2.有明确的武术教学目的，教学组织周密而细致

在选择武术教学游戏时，教师应确保游戏的设计和教学内容紧密结合，明确武术教学的目的。游戏不仅要有助于实现教学目的，还应能充分调动学生的学习积极性，从而顺利完成教学任务。同时，教师应考虑学生的性别、性格特点和身体素质等因素，合理地组织教学活动。

3.武术教学游戏应因材施教

武术教学游戏不仅能够丰富教学内容、激发学生的自觉性和积极性，还能增强学生的素质，帮助他们掌握基本的武术知识和技能，确保教师顺利完成武术课的教学任务。然而，在具体教学中，体育教师应根据学生的实际情况、教学的具体需求和学校的实际条件，进行有针对性的教学，做到因材施教。

4.注意武术教学游戏活动结束后的评判和总结

在武术教学游戏活动结束后，进行公正的评定和总结是至关重要的。体育教师应对游戏活动的结果进行全面评判和总结，指出学生在武术教学游戏中学到了什么，掌握了哪些技能，并评价游戏活动中有哪些值得肯定和需要改进的地方。通过详细的评判和总结，教师不仅能帮助学生明确自己的进步和不足，还能为未来的教学提供宝贵的反馈和改进意见。

总之，游戏教学法在高校武术教学中各个环节的运用非常广泛，其内容和形式也在不断创新和丰富。只有精心选择、合理安排和充分准备，教师才能在武术教学中提高教学质量，确保学生在愉快的氛围中有效学习和进步。

第五章　高校体育教学模式理论与创新

第一节　高校体育教学模式的基本理论

一、体育教学模式的概念界定

（一）教学模式

"模式"一词在汉语中指"模子"或"样子"，其定义是某种事物的标准形式或使人可以照着做的标准样式。英文中的"模式"为"model"，与"模型""模范"同义。由于研究者的角度和需求不同，对教学模式的理解也有所不同，至今尚无统一定义。

在国内，关于教学模式的定义可以概括为以下几种。

（1）理论说：张武升认为，教学模式是在教学实践中形成的一种设计和组织教学的理论以简化的形式表达出来。①

（2）结构说：吴也显提出，教学模式是在一定教学思想或理论指导下

---

① 张武升：《创造性思维与个性教学模式的若干理论问题》，《教育科学研究》1994年第6期，第23页。

建立起来的各种类型教学活动的基本结构或框架。①

（3）程序说：甄德山认为，教学模式是在一定教学思想指导下建立起来的完成所提出教学任务的比较稳定的教学程序及其实施方法的策略体系。②

（4）方法说：叶澜指出，教学模式不仅是一种教学手段，而且是从教学原理、教学内容、教学目标和任务、教学过程直至教学组织形式的整体、系统的操作模式，这种操作模式是加以理论化的。③

此外，李秉德认为，教学模式是在一定的教学思想指导下，围绕教学活动中的某一主题，形成相对稳定、系统化和理论化的教学范型。④陈旭远则认为，教学模式是开展教学活动的一整套方法论体系，本质上是在一定教学思想指导下和丰富教学经验基础上，为完成特定的教学目标和内容而围绕某一主题形成的稳定且简明的教学结构理论框架及具体可操作的实践活动方式。⑤这既是教学理论的具体化，也是教学经验的系统概括。

（二）体育教学模式

当前在体育教学研究领域，人们对体育教学模式的理解呈现出多样性。以下几种定义较有代表性。

方建新、俞小珍认为，体育教学模式是在一定的体育教学思想指导下，具有一定典型意义而相对稳定的课堂教学结构。它是人们可遵循的标准样式、标准结构。⑥

毛振明指出，体育教学模式是体现某种教学思想的教学程序，包括相对稳定的教学结构和相应的教学方法体系，主要体现在教学单元和教学课

---

①吴也显：《教与学：课堂文化重建及走势》，南京师范大学出版社2013年版，第119页。

②甄德山：《教学模式及其管理浅议》，《天津师范大学学报》1984年第5期，第35页。

③叶澜：《教育研究方法论初探》，上海教育出版社1999年版，第56页。

④李秉德：《教学论》，人民教育出版社1991年版，第95页。

⑤陈旭远：《课程与教学论》，东北师范大学出版社2002年版，第106页。

⑥方建新、俞小珍：《关于体育教学模式的研究》，《中国学校体育》1996年第1期，第29页。

的设计和实施上。①

李杰凯指出，所谓体育教学模式，是蕴含特定体育教学思想，针对特定体育教学目标，在特定教学环境下实现其特定功能的有效教学活动结构和框架。它是以简化形式表达的体育教学思想理论和教学组织策略，是联系体育理论与体育教学实践的纽带。②

樊临虎认为，体育教学模式是在一定的教学思想或理论指导下，设计和组织体育教学而在实践中建立起来的各种类型体育教学活动的范型，它以简化的形式稳定地表现出来。③

王文生等人提出，体育教学模式是在一定的体育教学思想或理论指导下，在特定的条件和环境中，为了实现体育教学目标所建立的相对稳定的教学程序及其方法的策略体系。④

赵立将体育教学模式描述为体现某种教学思想或规律和原理的教学单元或教学课的程序，包括相对稳定的教学群体、独特的教学过程结构和相应的教学方法体系。⑤

刘瑞平认为，体育教学模式是指按一定的体育教学原理和体育教学指导思想设计的具有相应结构和功能的教学活动模式系统工程。它由体育教学指导思想（或教学目标）、教学组织形式、教学方法、教学内容、教学效应和相关条件等六个既相对独立又彼此关联的程序工程系统组成。⑥

王斌和周桐认为，体育教学模式是在一定的教学思想指导下，为完成规定的教学目标而形成的规范化程序，包括相对稳定的教学过程结构和教

①毛振明:《关于体育教学模式的研究》,《广州体育学院学报》2000年第4期,第41页。

②李杰凯:《关于体育教学模式一般理论的研究》,《沈阳体育学院学报》1995年第2期,第1页。

③樊临虎：《近十年来我国体育教学理论与实践的新进展》,《山西师大体育学院学报》2004年第4期,第41页。

④王文生、王钦若、谭兆凤、胡振铎:《体育教学论　体育方法学　中学体育教材教法》,广西师范大学出版社2000年版,第3页。

⑤赵立:《体育教学模式群结构研究》,《北京体育大学学报》2000年第4期,第532页。

⑥刘瑞平：《体育教学模式新探》,《沈阳大学学报》2002年第2期,第75页。

学方法的体育教学活动的操作体系。[①]

通过比较研究，体育教学模式与一般的教学模式在内涵上并无本质差异，前者是后者的学科具体体现。体育教学模式是体育教学组织活动的一整套方法论体系，旨在通过特定的体育教学思想或理论指导，设计并实施稳定的体育教学活动程序，以实现特定的体育教学目标。这种模式是联系体育教学理论与实践的纽带和桥梁，主要体现在教学单元和教学课时的设计和实施上。

二、体育教学模式的构成要素分析

体育教学模式存在于一定的空间和时间之中，在空间上表现为一定的体育教学理论和思想、体育教学目标、教师与学生在教学活动中的地位及相互关系，在时间上表现为如何安排教师教与学生学的活动。不同的教学理论、教学目标，对师生的不同安排就构成了不同的体育教学模式。因此，体育教学模式的构成要素如下（图 5-1-1）。

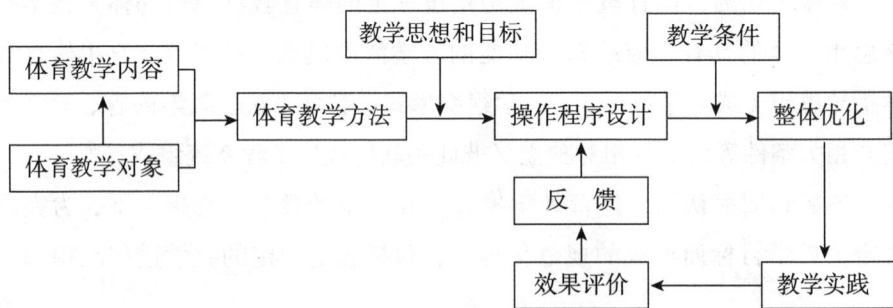

图 5-1-1　体育教学模式的构成要素

（一）指导思想

教学思想和理论是构建体育教学模式的核心，它为区分不同教学模式提供了基础。教学思想和理论不仅形成了教学模式的理论支撑和思想核心，

---

①王斌、周桐:《关于体育教学模式的理性思考》,《天水师范学院学报》2005 年第 2 期,第 102 页。

还反映了各模式的独特性质。在体育教学领域，教学理论既是独立的构成要素，也渗透在教学模式的多个方面中。例如，"快乐体育教学"模式就源于 20 世纪 80 年代中国的愉快教育理念及日本的相关教学法，这一模式旨在解决学生对体育的厌学问题，符合终身体育的教育思想。

（二）教学目标

教学目标是体育教学模式设计的核心，它定义了预期的教学成果并指导教学活动的具体实施。教学目标是教师基于学生的预期学习效果进行的预先设定，对教学模式的结构和功能具有决定性影响。教学目标不仅具体化了教学主题，还对模式中的其他元素施加约束，成为评估教学效果的关键标准。例如，在群体合作教学模式中，教学目标旨在改善课堂心理氛围和提升体育教学的整体质量。

（三）操作程序

操作程序是体育教学模式的实际执行蓝图，它规定了教学活动的时间顺序和逻辑步骤，包括每个步骤的主要操作方法。这些程序不仅涵盖了教材内容的递进和教学方法的交替使用，还考虑到了教学过程中学生的心理活动顺序。操作程序旨在从不同角度规划教学的基本阶段和逻辑顺序，因此它们是相对稳定的，但具有一定的灵活性，以适应不同的教学需求和情境。例如，在情境教学模式中，操作程序通常包括以下步骤：首先设置教学情境，其次引发学生的运动兴趣，再次让学生体验情境中的运动乐趣，最后通过还原步骤来巩固学习成果。

（四）实现条件

实现条件是指在体育教学模式中确保有效教学的必要因素组合，包括教师、学生、教学内容、教学手段、时间及空间等元素。这些条件的优化配置是实现教学目标的基础，确保教学模式能够在实际操作中发挥预期的效果。

在体育教学的过程中，策略是教师对学生采用的教学方法、方式和措施的集合。这些策略应当明确且具体，以便在执行教学模式的各个阶段都能够保持操作的准确性和可靠性。有效的教学策略不仅需要考虑教学内容的适宜性，还应考虑如何在有限的时间和空间内使教学效果最大化。

（五）效果评价

效果评价是体育教学模式中一个关键环节，涉及评价方法和标准的选择。由于不同的教学模式具有不同的目标、操作程序和实现条件，其评价方法和标准也应因模式不同而不同，以适应各自的特点。例如，群体合作教学模式的评价通常不采用传统的标准化方法，而是通过计算个人与小组的综合得分来评估。

每种教学模式的独特评价标准和方法不仅能够反映出该模式的特定效果，还有助于完成教学反馈过程，从而及时进行必要的调整，提升教学效果。通过有效的效果评价，教师可以了解教学目标的实现程度，并对教学过程中的各个环节进行监控和反馈，这对于调整教学策略和优化操作程序至关重要。

在整体的体育教学模式中，效果评价与其他要素，如指导思想、教学目标、操作程序和实现条件相互关联，共同构成了完整的教学体系。指导思想提供了价值基础和方向指导；教学目标定义了教学的核心目的；操作程序规定了教学的具体步骤；实现条件确保了教学过程的可行性；而效果评价则反馈教学的成效，指导未来的教学活动。

三、体育教学模式的特征分析

随着体育教学领域理论和实践的不断进步，多种不同的教学模式逐渐形成，这些模式各有其独特的关注点和特征。一些模式专注于师生间的互动关系，强调建立更为积极和谐的教学环境。而另一些则侧重于教学目标的明确性，确保教学活动能够有效达成预设的学习成果。还有的模式着重于教学方法和手段的创新和应用，旨在提高教学效率和学习效果；或者专注于教学程序的合理布局，确保教学活动有序进行。

体育教学模式的分类也反映了对教学内容的不同处理方式，有的模式侧重于技能训练，有的则注重理论知识的传授。此外，一些综合型的教学模式考虑到教学过程中各种因素的相互作用，力求在多个维度上实现教学目标的优化。

虽然体育教学模式千差万别，但它们通常具备以下几个共同特点。

（1）理论性：体育教学模式深植于特定的教学思想和理论之中，使得理论内容能够在实践中得到直观的展现。通过模式的实施，教学理论与教学实践紧密结合，相互促进。

（2）整体性：体育教学模式从宏观角度审视教学活动，涵盖教学的所有元素，如教师、学生、教材、设备和环境等。模式不仅考虑这些因素的内在联系，还考虑外部条件，如时间、气候等，从而构建出全面而均衡的教学框架。

（3）稳定性：成熟的体育教学模式在经过长时间的验证和实践后，形成了稳定的结构。这种稳定性保证了模式在不同情境下的可靠性和一致性，从而提供了对教学实践的持续指导。

（4）可操作性：体育教学模式因其明确的结构和具体的指导步骤而具有高度的可操作性。这使得教师能够根据实际教学需求，有效地应用模式指导教学。

（5）简明性：模式通过简洁的语言、象征性图像和明确的符号进行表达，使得复杂的教学理念和过程被简化，便于教师和学生理解和掌握。

（6）优效性：优秀的体育教学模式应具备显著的教学效率和效果，这是其存在和发展的关键。模式的优效性确保了其在教学实践中的优先选择和持续使用。

四、体育教学模式的功能分析

体育教学模式是在特定体育教学理念的指导下，为实现明确的教学目标，在具体的教学环境中设计的一套系统的教学结构和方法。这种模式不仅简化和具体化了教学思想，而且优化了教学组织策略，从而有效地将体育教学理论与实践相结合，提升了教学的实际效果。具体来说，体育教学模式的功能可以概括为以下四个方面。

（一）中介功能

体育教学模式在体育教学理论与实践之间起着至关重要的中介作用，既体现了特定的教学指导思想和相关理论，又为教师提供了实际可行的操作程序和策略。体育教学模式能够有效地将理论知识转化为具体的教学行为，帮助教师根据不同的外部环境和学生的体育基础进行适应性调整。尤其在面对室外教学的不确定因素以及学生能力的多样性时，这种调整显得尤为重要。通过灵活运用教学模式，体育教师能够制定出符合具体情境的教学策略，从而实现教学活动的优化，确保每个学生都能在各自的水平上取得进步，同时推动理论与实践的无缝对接，提升教学的整体效果。

（二）简化功能

体育教学活动因其独有的特性和内在的复杂性，单靠文字描述和思辨方式往往难以全面捕捉其精髓。体育教学模式通过图示和结构化表达，简化了这一过程，使得教学的各个系统和环节之间的关系及其作用得以清晰展示，从而帮助教师和学生更直观地理解教学内容和流程。这种视觉化的表达方式不仅提升了信息的接收效率，还加深了教师对教学策略和操作的整体把握。

体育教学模式综合考虑了理论学习和技能掌握的需求，平衡了学生的学习目标与教师的教学设计需求。这种模式既体现了先进的教学理念，又强调了实际操作的具体策略，因此，它具有高度的可操作性和实用性。通过提供一个清晰的教学框架，体育教学模式为教师搭建了一个接近实际、易于理解和应用的教学基础，从而简化了教学过程，使教师能够更有效地设计和实施教学活动，增强了教学的针对性和有效性。

（三）预测功能

体育教学模式的预测功能基于教学的内在规律和逻辑关系，这使得教师能够对教学过程或结果进行科学的推断和预测。这种预测并非空中楼阁，而是根据教学模式所固有的理论和结构来预见可能的教学成果或需要调整的方向。

以快乐体育教学模式为例，该模式的核心在于通过愉快的学习环境促进学生对体育的兴趣和技能的发展，旨在培养学生终身参与体育活动的基础。该模式的设计和预期成果之间有明确的对应关系：如果教学过程能够有效执行，学生应能体验到体育活动的乐趣并掌握基本技能。如果实际教学结果与预期目标一致，说明模式有效且理论得到了实践的验证；反之，则需根据预测功能反馈的信息进行调整，以确保教学活动能更好地达到既定目标。

（四）调节功能

体育教学模式的调节功能是其核心特性之一，它确保教学活动可以根据具体的教学环境和条件进行有效调整。这种功能允许教师在实际教学中实时评估和优化教学策略，以确保教学目标的达成。

当某个体育教学模式在实际应用中未能达到预期的教学效果时，调节功能便显得尤为重要。教师需要对教学过程中的各个环节进行细致的分析，识别影响教学效果的关键因素。这包括评估教学内容的适宜性、教学方法的有效性、学生的参与度以及教学环境的影响等。

通过这种分析，教师可以明确哪些方面表现良好，哪些方面需要改进。找出问题的原因后，教师可以制定具体的改进措施，调整教学计划或策略，从而更好地适应学生的学习需求和外部教学条件。例如，如果发现学生对某个体育活动的兴趣不高，教师可调整教学方法，引入更多互动或游戏化元素，以提高学生的参与度和学习动机。此外，调节功能还有助于为未来的教学活动提供实践基础，使教师能够不断地学习和改进，优化教学模式的设计和应用。

五、体育教学模式的归类分析

在体育教学领域，对教学模式进行分类是理解和应用这些模式的一个重要步骤。这种分类不仅帮助研究者和教师明确各种教学模式的特性和适用场景，还有助于优化教学策略和提高教学效果。分类通常基于模式的教学目标、方法、学生互动方式、教学环境等多个维度。图5-1-2是体育教学模式分类体系。

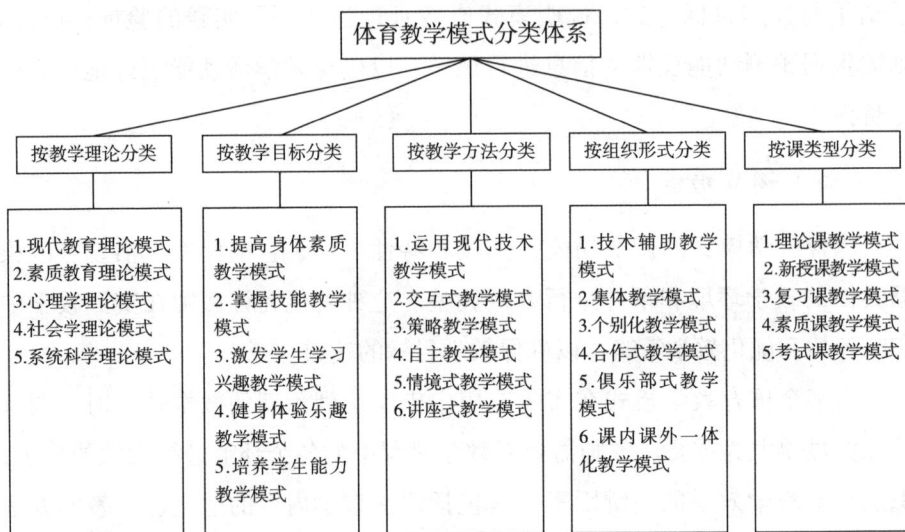

图 5-1-2　体育教学模式分类体系

（一）按教学理论分类

体育教学模式的理论框架可根据现代教育理论进行分类。这些教学模式集成了先进的教育观念、思想和理论，构成了其研究和应用的核心。具体来说，体育教学模式的构建依赖于多种教学策略，这些策略反映了现代学校教育对于人才培养的质量和效益的追求。通过引入掌握学习、程序学习、发现学习等西方教育理念，以及自学辅导、示范模仿等国内教学方法，体育教学模式能够有效整合并应用这些理论资源。

此外，现代体育教学强调全面素质教育，倡导以学生为中心，注重个性和能力的发展。这一理念不仅促进了和谐的教育环境的形成，也为学生创造性思维和终身学习能力的培养提供了理论支持。

心理学理论模式在教学中的应用注重学生的心理发展和认知过程，这在体育教学中显得尤为重要。此模式强调个体差异，倡导教师根据学生的心理特点和认知水平进行有针对性的教学设计。例如，应用布鲁纳（Jerome Seymour Bruner）的认知发展理论，教师可以通过由具体到抽象的教学顺序，帮助学生逐步建立和理解体育运动的复杂技能。此外，心理学理论模式还涉及动机理论，如马斯洛的需求层次理论等。这些理论帮助教师理解何种因素激励学生参与体育活动，以及如何通过满足学生的归属感、能力感和自主感来提高他们的内在动机。例如，教师可以通过设定适度的挑战和提供正向反馈增强学生的成就感和自信心。心理安全的构建也是心理学理论模式的重要组成部分，尤其是在团队体育活动中。教师需要创建一个支持性的学习环境，让所有学生都感到被接纳和尊重。通过小组合作和反思活动，学生可以学习如何表达自己的情感，处理人际关系中的冲突。

社会学理论模式关注教学活动如何受到社会结构和文化背景的影响，以及教育如何影响社会的结构和动态。在体育教学中，这一模式强调社会互动、文化认同和社会化过程的重要性。运用布尔迪厄（Pierre Bourdieu）的文化再生产理论，教师可以分析体育教育如何反映和强化社会阶层和权力结构。例如，不同社会经济背景的学生会有不同的体育活动参与率和成功率，这些差异可能源于资源的不平等分配和文化资源的差异。此外，社会学理论模式也探讨了性别、种族和阶级如何影响体育教育的实践。通过分析这些社会因素，教师可以更有效地设计包容性强和公平的教学策略，促进所有学生平等参与。社会学理论模式还强调学习社区的建设，认为教育是社会参与和社区责任感培养的途径。在体育教学中，这可以通过鼓励学生参与社区体育活动和志愿服务来体现，从而强化学生的社会责任感和团队合作能力。

系统科学理论模式强调教育系统中各部分之间的相互作用和相互依存。在体育教学中，这一模式涉及教学计划、教学方法、学生评估和环境因素的综合考虑，以创造一个高效和协调的教学系统。应用系统科学理论，教师可以将体育教学视为一个开放的系统，需要不断地从外部环境中接收信息和反馈，以优化教学策略和学生的学习体验。例如，教师可以根据学生的反馈调整教学方法，或者根据最新的体育科学研究成果更新课程内容。此外，系统科学理论模式也强调教育技术的整合，注重利用技术工具和数据分析来提高教学效果和管理效率。在体育教学中，这可以通过使用运动科学软件分析学生的运动表现，或者通过在线学习平台提供个性化的训练计划。

（二）按教学目标分类

体育教学目标经历了多个阶段的演变。在 20 世纪 70 年代之前，体育教学主要聚焦于技术的传授。随着 70 年代的到来，教育界开始强调学习技术和增强体质并重。进入 80 年代，教育界更加重视学生能力的培养。到了90 年代，教育观念进一步发展，教育界提出了知识、能力与素质三者同步发展的整体教育理念。这些历史变迁反映了体育教学模式目标的逐步深化和拓展，逐渐转向培养全面发展的人才。

在构建体育教学模式目标的理论框架中，尽管理论体现出多元化的趋势，但实际教学常常需要突出特定的目标，这与教学实践的具体需求紧密相关。因此，体育教学模式可分为以下几类。

（1）以增强体质为主的教学模式：重点在于发展学生的运动能力，包括定向教学和处方教学等方法。

（2）以传授体育知识和技能为主的教学模式：如教师传授式、自学辅导式、引导发现式和程序教学等，这些模式强调技术和技能的学习。

（3）以激发学生学习兴趣为主的教学模式：如情境教学式和愉快教学式等，这些模式旨在通过情境化和趣味性的方法增强学生的学习动机。

（4）以自我健身体验乐趣为主的教学模式：如同步教学式、俱乐部式和小群体式等，注重学生在体育活动中的自我体验和乐趣。

（5）以培养学生体育能力为主的教学模式：包括思维教学、掌握教学、程序教学、范例教学、发现教学和合作教学等，这些模式侧重于提升学生的综合体育技能和思维能力。

通过这种分类，教师可以更准确地理解和实施有针对性的教学策略，以适应不同学生的需求并实现促进学生全面发展的教育目标。

（三）按教学方法分类

体育教学模式作为教育理论与教学实践之间的转化桥梁，不仅涵盖了教学过程的各个方面，也深刻地影响着教学方法的选择和应用。在现代教育环境中，教学方法的创新与优化是体育教学模式研究的核心内容。教师通过精心选择的教学方法，可以有效地整合教育资源，实现教学目标，从而使教学效果最大化。

在实际应用中，体育教学方法的多样性体现了现代教育技术的融入和教学策略的创新。例如，电化教学和计算机辅助教学利用现代信息技术，提高了教学的互动性和趣味性。在线教学和课件教学则拓展了教学空间，使学习更加灵活和高效。此外，欣赏教学方法通过展示运动技能的美学，可以激发学生的学习兴趣和体育情感。

交互式学习模式，如讨论法和协同法，强调学生之间的互动和协作，培养了学生的沟通能力和团队合作精神。策略学习模式，包括发现法和探究研究法，鼓励学生主动探索和解决问题，这样的教学方法有助于学生形成批判性思维和解决问题的能力。

自主学习模式则是通过自练法、自我观察法等手段，增强学生的自主管理能力和自我监控能力，让学生在学习过程中更加自主。

情境式教学模式，如竞赛法和游戏法，通过模拟真实或虚构的体育场景，增加教学的实践性和实际操作的机会。

讲座式教学模式在体育教学中虽然不如实践教学常见，但在某些情形下仍具有独特的价值和适用性。这种模式通常用于理论知识的传授和战略概念的讲解，如体育规则的详细介绍、比赛策略的分析，以及健康和营养指导等内容。在讲座式教学中，教师通过系统的讲解帮助学生构建知识框架，明确学习目标。这种模式特别适合大规模教学，可以高效地向大量学生传达统一的信息。此外，讲座也可以利用多媒体工具，如视频、PPT 等，提高信息的传播效率，使抽象的体育理论更加生动和易于理解。尽管讲座式教学在动手操作和实际演练方面存在局限，但在引导学生理解复杂概念和理论基础方面的作用不容小觑。为了增强讲座的互动性和学生的参与度，教师可以采用穿插提问、小组讨论或案例分析的形式，使学生能够在思考和互动中加深对体育学科的理解和兴趣。

（四）按组织形式分类

体育教学模式依据组织形式分类，不仅反映了体育教学理念的演进，也展示了教学策略的多样化。这种分类体现了现代教育理念对体育教学模式研究的深刻影响，特别是在推动教学改革和提高教学质量方面发挥了关键作用。各种教学模式的实践意义在于，它们为体育教育实践提供了一系列的策略和方法，帮助教师根据具体情况选择合适的教学方式。

技术辅助教学模式，如电化教学、计算机辅助教学和网上教学，利用现代技术手段提高了教学的互动性和信息传递的效率。这种模式能够使体育教学突破时间和空间的限制，为学生提供更加丰富和灵活的学习资源。

集体教学模式，如小群体教学、大体育课教学等，则侧重于团队合作与集体互动，通过大规模的体育活动，强化学生之间的社交技能和团队协作能力。这种模式强调培养学生的参与感和团队精神。

个别化教学模式包括自主教学和个别化指导教学等，关注学生个体的特定需求，通过定制的教学策略来提升每个学生的体育技能和知识。这种模式强调教育的个性化和差异化处理。

合作式教学模式则促进了师生合作和生生合作，通过完成共同的学习任务，增进学生之间以及师生之间的交流和协作，提升了学习的动机和效果。

俱乐部式教学模式和课内课外一体化教学模式，通过课内外活动的无缝衔接，扩展了学习的场景，强化了学校教育与社会实践的联系。这些模式通过将学校学习与社会活动整合，提高了学生的社会适应能力和实际操作能力。

（五）按课类型分类

在中国体育教学模式的理论研究中，教学过程和教学结构是两个关键的范畴。教学结构主要涉及教师、学生和教材这三个基本要素的组合关系，教学过程则涉及教学各个阶段、环节和步骤的组织。基于这种理解，体育教学模式可以按课的类型进行细致分类，涵盖了从理论学习到具体应用的各种教学活动。

（1）理论课教学模式：包括讲授教学、专题教学、讨论教学、答疑教学和欣赏教学等，这种模式侧重于知识的传授和理论的深入探讨，强调学生对体育理论的理解和吸收。

（2）新授课教学模式：如目标教学、程序教学、范例教学、创造教学和发现教学等，这种模式旨在引入新知识和技能，通过具体的教学步骤和方法激发学生的学习兴趣和探索精神。

（3）复习课教学模式：包括同步教学、自主教学和合作教学等，主要用于巩固和复习已学知识，通过不同的复习策略帮助学生加深理解和应用体育技能。

（4）素质课教学模式：如处方教学、愉快教学和定向教学等，这种模式强调在体育活动中培养学生的综合素质，如身体素质、情感态度和社会交往能力。

（5）考试课教学模式：如标准评价模式，包括教师评价、自我评价和学生间互评等，这种模式重视通过各种评价方法来检测和提高学生的体育学习成绩。

这些分类不仅丰富了体育教学的内容和方法，还有助于教师根据不同的教学目标和学生需求选择合适的教学模式，从而提高教学效率和学生的学习效果。

第二节 高校体育教学模式的整体优化探讨

一、高校体育教学模式的选择与构建

在现代高等教育中，体育教学模式的多样化反映了教育理念的进步与学生需求的变化。不同高校根据自身条件与学生群体的特点选择合适的体育教学模式，是对教育资源的合理配置与教学实践的优化。在实际教学中，教师与学生的反馈、建议、需求是调整、完善教学模式的关键依据，体现了务实的教育观念。

当前，多数大学生希望在整个大学生涯中能持续参与体育学习，无论是通过必修课还是选修课的形式。这些需求促使高校体育教育引入"二段型"和"三段型"教学模式，这两种模式能够为学生在四年的大学教育中提供持续的体育学习机会，符合学生的学习愿望。随着个性化和多样化需求的增长，一些新兴的教学模式，如"俱乐部型"和"体育超市"越来越受到年轻学生的青睐。这些模式提供了更多自由选择的空间，允许学生根据个人兴趣选择体育项目。这种灵活性不仅满足了现代学生对体育活动多样化的需求，还体现了教育的个性化发展趋势。

然而，这些新兴模式的实施也带来了一系列挑战，尤其是在培训教师和更新设施方面。为了满足学生对新兴体育项目的兴趣，高校需要引进或培训具备相关技能的教师，这不仅是技术传授的问题，还是教师专业成长和适应教育改革的必经过程。此外，为了提供优质的体育教学，高校必须不断完善体育设施和器材，确保教学活动顺利进行。

面对这些新的挑战，体育教师应当加强专业学习和科研能力的培养，以更好地适应新的教学模式和学生需求。高校也应支持教师在职培训和继续教育，以提升教学质量和教学效果。在课程内容的选择上，国内部分高校已经在尝试包括交谊舞、啦啦操、瑜伽、攀岩、健美和围棋等新兴体育项目。这些课程的引入不仅丰富了学生的体育学习经验，还有助于校园文化的建设和精神文明的提升。体育教育不仅仅是体能的培养，更是精神文明建设和终身体育意识的培育。

二、高校体育教学模式整体优化研究

在当前教育环境中，体育知识体系迅速扩张，鉴于教学时间的有限性，如何有效地提升体育教学效率，确保学生能够在有限的时间内掌握更多的体育知识、技术和技能，成为教师面临的一大挑战。这不仅涉及增强学生的体质和促进个性发展，还关乎教学活动的整体优化和效率提升。

有效的体育教学模式需要确保教学目标、内容、方法、组织和评价等各个要素的合理整合，形成一个闭环的教学流程。这种流程设计旨在无缝连接各教学环节，优化教学结构，激活教学功能，确保教学活动能够顺畅进行。体育教学理论的不断丰富和研究的深入推动了多元化教学模式的发展。这些多元化教学模式提供了多样的教学策略和方法，适应不同学生的需求和特点。因此，选择和应用合适的体育教学模式，针对具体的教学目标和学生群体进行优化，是提高教学效率的关键。为了实现这一目标，教师可以借鉴"要素—结构—功能"的系统方法，这是一个从整体上把握和优化体育教学模式的有效途径。教师通过系统分析教学模式中的各个要素，可以创立或选择最佳的结构，形成一个协调一致、功能高效的教学模式。

（一）体育教学模式整体优化的概念

体育教学模式的整体优化涉及一系列综合性的分析和策略实施，以在有限的资源下实现最优的教学成果。这一过程强调体育教师需要采用全面的视角来审视和整合现有的教学方法和资源。

（二）体育教学模式整体优化的理论依据

1.系统科学的整体优化原理

在体育教学模式的整体优化中，系统科学的整体优化原理提供了重要的理论支撑，它强调教学过程应为一个有机整体，其功能超越单一元素的简单叠加。这种优化不仅涉及理论知识的更新与教学目标的明确，还包括教学内容的适时调整以适应学生的发展需求。同时，教师的教学技能的提升、设施与资源配置的改善，都是实现优化的关键环节。此外，采用创新的教学组织形式和方法，如小组合作和翻转课堂，可以进一步激发学生的学习兴趣和参与度，从而提高教学效果。通过这些综合措施，体育教学可以更好地适应现代教育的需求，有效地促进学生的全面发展，实现教学的最优化目标。

2.巴班斯基的教学优化理论

巴班斯基（Babansky）的教学优化理论提供了一种全面而系统的教学过程管理方法，其核心在于追求教学活动的最大效能和效率。这一理论不仅仅关注教学活动的单一变量或简单推演，而是着重于在现有条件下实现教学过程整体的最优化。巴班斯基定义教学最优化为在确保教学任务有效性和师生时间使用合理性的前提下，科学选择并实施最佳教学方案。他认为，教学最优化是科学组织教育活动的基本要素之一，这包括根据科学理论拟定教学目标，明确教学任务，创造必要条件，选择最优方案，并进行持续的调整、检查和考核。

此外，巴班斯基强调使用辩证唯物主义的系统方法来选择和优化教育决策，认为只有考虑系统内各个成分之间所有规律的联系，才能选出最优的教学方案。这种方法论的应用使得教师能够在教学活动中科学地作出决策，优化教学方案，从而有效地提高教学质量和学习成效。总之，巴班斯基的理论不仅为教师提供了一种优化教学的科学方法，也有助于实现教学活动中的最佳效果，是现代教育实践中不可或缺的理论指导。

（三）体育教学模式整体优化的原则

按照系统科学理论的思想和巴班斯基的教学优化理论，教师在整体优化体育教学模式时，应遵循以下原则。

1.整体性原则

整体性原则在体育教学模式的构建和优化中扮演着关键的角色。通过采用整体的视角来考察体育教学，教师能够更科学地把握教学模式的结构和各个活动环节。如果将体育教学模式视为一个系统性的整体，其中纵向轴包括学段、学年、学期、单元至课时的教学过程，而横向则涵盖不同的教学模式，这种分析框架有助于深入理解教学活动的组织和实施。

如果将体育教学视为一个整体，教师能够在更广泛的范围内审视教学实践，从而对体育教学的大环境进行具体和全面的判断及分析。基于这种整体观点，教师可以全面优化教学目标、内容、方法、手段、组织形式和评价机制，确保教学活动的每一个组成部分都协调一致，并有效地服务于教育的整体目标。因此，体育教师在设计和实施教学模式时，必须考虑教学元素的相互关联和影响，确保教学模式不仅在局部操作上有效，而且在全局层面上实现最大程度的协同效应和整体效益。

2.关联性原则

关联性原则在体育教学模式中的运用，是理解教学模式结构和功能的关键。这种原则揭示了体育教学中各种因素之间复杂的内在和外在联系，主要包括因果联系、发展联系和控制联系，每种联系都对教学过程和结果有深远的影响。

因果联系突出了体育教学中设计和操作对教学效果的直接影响。这种联系要求教师在教学实施及结束后不断分析教学活动中各种现象之间的因果关系，以便揭示教学模式中的核心因素，并利用这些因素来优化教学效果。通过精确的因果分析，教师能够识别和强化那些促进学习效果的教学策略，同时调整或去除那些不利于学习的因素。

发展联系则体现在教学模式本身的演进过程中。体育教学模式不仅是一系列教学活动的组合，还是一个动态发展的过程。教师和学生之间的互动、学生对知识和技能的需求及其满足，构成了教学模式内部的动力机制。这种发展联系要求教师在教学中发挥引导作用，同时充分考虑学生的主体地位，通过恰当选择教学内容和方法，促进学生全面发展。

控制联系关注教学过程中的管理和自我管理。教师需要合理规划和组织学习活动，有效执行教学计划，确保教学目标的实现。同时，过度的控制或过于宽松的管理都可能对学生的学习主动性和独立性产生负面影响。因此，寻找教学控制与学生自主学习之间的最佳平衡点，是实现教学模式优化的关键。

3.综合性原则

综合性原则在体育教学中的应用至关重要，因为体育教学本身是一个涉及多重因素的复杂系统。这些因素包括教材难度、场馆设施、教师亲和力、学生基础水平、天气变化、环境卫生等，每一个因素都可能影响教学效果和学生的学习体验。因此，教师在制定体育教学模式时，必须采用综合性的视角，全面考虑和平衡这些因素，确保教学模式的有效性和适应性。

采用综合性原则进行教学模式的选择和优化意味着不是关注单一的教学目标或内容实施，而是要整体考虑教学环境中的各种变量。例如，选择合适的教学内容和方法需要考虑学生的先验知识和技能水平，也需要考虑教师的专业能力和教学资源的可用性。此外，天气和环境条件也是制订户外体育活动计划时不可忽视的因素。

在优选教学模式方案时，教师应当采用系统的方法对各种教学资源进行评估和整合，确保每一项决策都基于对教学目标、教学内容、学生需求和教学环境的全面考量。同时，教学评价标准也应当是综合性的，不仅衡量学生的技能掌握程度，也考虑他们的参与度、合作能力和体育精神。

（四）体育教学模式整体优化的标准

巴班斯基的观点强调了在进行教学研究或教学过程优化时，有必要设定明确和具体的标准。这些标准不仅应指导研究者评估各种教学措施的有效性，还应帮助教师确定教学过程的优化程度。体育教学模式的优化尤其复杂，因为它涉及多个变量，如教学理念、目标和操作程序等，这些都可能因教学环境和教育目标的不同而异。

体育教学模式整体优化的标准可以从以下两个主要方面进行构建。

1. 效果标准：体育教学效果优化

在体育教学中，优化教学效果是一个多维度的过程，涵盖了运动参与、技能提升、身体健康、社会适应能力以及心理健康等多个目标。有效的体育教学模式优化应确保每个学生根据其体育基础和身体能力得到个性化的发展，同时达到教学目标和任务的要求。

体育教学效果的优化不是简单地提升学生的运动技能，而是要综合考虑学生的全面发展。具体教学目标如下。

（1）运动参与目标：确保所有学生都能积极参与体育活动，无论其初始的体育技能如何。教师应鼓励学生享受运动的乐趣，培养持续参与体育活动的兴趣和习惯。

（2）运动技能目标：通过精心设计的教学活动，帮助学生逐步掌握和提高特定的体育技能，如球类运动技能、田径技能等。

（3）身体健康目标：体育教学应通过增强体能、提升身体素质等帮助学生建立健康生活方式的基础。

（4）社会适应目标：通过团队体育和竞技活动，培养学生的团队合作精神、领导能力和公平竞争的态度，帮助他们更好地适应社会。

（5）心理健康目标：体育活动应支持学生的情绪管理和压力释放，通过运动帮助学生建立自信，提升自我效能感。

2. 效率标准：体育教学效率优化

体育教学的整体优化不仅关注教学效果，也注重教学过程的效率。这要求教学活动在达成预定教学目标的同时需注重时间、精力和资源的合理利用。效率优化的体育教学意味着在最短的时间内，以最小的努力和成本实现最佳的教学效果。

优化体育教学首先要确保教学活动促进学生的全面发展，这不仅包括体育知识和技能的掌握、体力的增强，还涵盖学生思想品德和个性的成长。其次，教学策略需灵活多样，既满足统一的教学要求，也顾及学生个体差异，使每个学生都能在其潜能范围内得到最大的发展。

在优化过程中，效果标准与效率标准虽然有所区别，但又密切相关。效果标准着眼于教学质量，即学生在体育活动中的具体成就和发展程度；而效率标准则关注于教学资源的利用效果，包括时间、人力和财力的合理配置。体育教学优化必须平衡这两个方面，确保教学活动不仅高效率地运行，还能取得高质量的教学成果。

（五）体育教学模式整体优化的内容

体育教学模式的整体优化涉及多个关键因素，其中教学内容、教学条件、教师能力和学生特点尤为重要。这些因素共同塑造了体育教学的效果和效率，因此教学模式优化需要综合考虑这些方面。

1.根据不同教学思想优化体育教学模式

优化体育教学模式应基于不同的教学理念。教学理念是构建体育教学模式的核心，它为教学模式注入活力，确保教学活动朝着既定目标前进。体育教学的多元理念要求精心挑选教材内容，这反映了教学内容选择的多样性和复杂性。为了明确教学理念，确保其与学校体育的总体指导方针一致，根据教材的特性，教学内容可以分为精细型内容（包括高难度必修教材、与终身体育相关的选修教材等）和介绍型内容（如选修课程、试验性内容、难度较低的教学材料等）。这两种类型的教学内容分别对应不同的教学理念和目标，如图 5-2-1 所示。

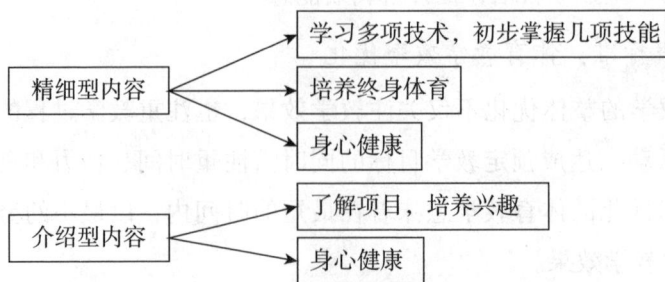

图 5-2-1　不同类型教学内容的体育教学目标

精细型内容的设计围绕三个核心教学思想展开，其中"学习多项技术，初步掌握几项技能"尤为关键。学校提供的优质师资、设施和充足课时为学生提供了学习和掌握各种运动技术的机会和条件。学生可以根据个人兴趣和爱好选择特定的运动技术进行深入学习，并在课外活动中逐步掌握自动化的运动技能，同时培养终身体育的意识和习惯。这不仅实现了教材的第二个目标，也促进了学生的身心健康发展。教材的设计应突出其长期和短期效果：技能学习和掌握为短期的外显效果，终身体育意识的培养为长远效果，而身心健康的提升则是深层的内隐效果。这一思想定位明确了适宜采用的教学模式主要应选用心智类和运动技能类教学模式，特别是心智类教学模式在多项目教学中扮演"导入式"角色，通过情境设置（情境教学模式）、启发式学习（启发式教学模式）、发现式学习（发现式教学模式）、领会式学习（领会式教学模式）以及学生个性培育（学生个性培育教学模式），有效激发学生的学习动力和参与热情，使学生在学习正式运动技术之前意识到学习的意义，达到最佳学习状态。

介绍型内容针对的是较低难度的体育项目，其主要目标是普及体育知识、培养学生对体育的兴趣以及促进身心健康。在这种教材中，培养兴趣和促进身心健康这两个子目标互为补充，共同推动教材的总体教学目标实现。因此，教学模式应侧重于体能训练和情感体验，以适应教材的特性和教学需求。在体能训练方面，由于技术难度较低，教学模式可以采用更加灵活多样的方式，如训练式教学模式、自练式教学模式等。这些模式能有效提高学生的身体素质，增加运动的负荷，同时在较为宽松的条件下进行，使学生能在无压力的环境中提升体能。在情感体验方面，重点是通过快乐学习和成功体验来激发学生的兴趣，使他们在学习过程中体验到运动的乐趣。可采用的教学模式包括快乐体育教学模式、成功体育教学模式、生活体育教学模式等。

2. 根据单元教学不同阶段优化体育教学模式

在精细型内容中，体育教学模式的优化应考虑到单元教学的不同阶段，并根据各阶段的特点进行教学模式的调整。大单元教学模式是一个关键概念，它强调在教学过程中根据不同运动项目的具体需求，划分教学任务、步骤和方法，以确保技能的逐步掌握和完整动作的顺利教学。

（1）教学的初期阶段：这一阶段的重点是引入新的运动技能和概念，为学生提供初步的理解和尝试技能的机会。这个阶段可以采用更多的示范教学模式和引导式教学模式。教师通过示范和基础练习，帮助学生理解动作的基本要求和技术细节。

（2）教学的中期阶段：此阶段的目标是加强技能练习，确保学生能够在不同的条件下熟练执行运动技能。此时可以采用循环练习模式和巩固式教学模式，强化学生的技能执行能力和运动技术的正确性。教师需要提供反馈和纠正建议，帮助学生调整和完善技术。

（3）教学的后期阶段：在这一阶段，重点是整合和应用所学技能，进行更复杂的组合动作或实际应用。此阶段可以采用应用式教学模式和挑战式教学模式，鼓励学生在更接近比赛或实际情境中应用技能，同时增强学生的自信和应变能力。

这种阶段性的教学模式安排，不仅可以确保技能的逐步掌握，也能使学生在学习过程中获得持续的成就感和进步感。这种教学策略的图示（图5-2-2）可以进一步详细展示各阶段的教学方法和学生逐步掌握技能的过程，为教师提供清晰的指导和参考。

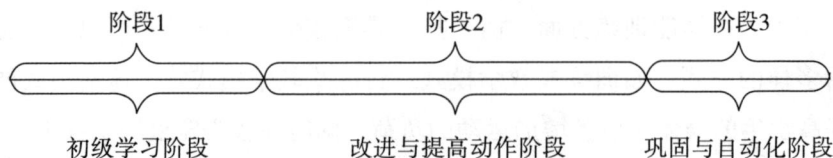

图 5-2-2　大单元不同阶段示意图

在体育教学的过程中，教师在指导学生初步学习具有挑战性的动作技能时，应利用学生的日常经验，并通过设疑活动激发他们的学习兴趣。此时适宜采用情境式、启发式、发现式及领会式教学模式，这些教学模式能够引导学生迅速而积极地投入动作学习。随着学习进展到单元教学的第二阶段，学生的学习动机和兴趣将明显增强，此阶段应采用模仿式和程序式教学模式，这些教学模式专注于技术教学，帮助学生全面提升动作质量、纠正不当动作，并通过持续练习巩固技能。最后阶段，当学生已基本掌握所学技能，教师应重点在复习练习和动作细节的完善上下功夫，此时选择能力培养、自学式和成功教学模式将更为适宜，以确保学生能够独立并有效地应用新学的技能。

3. 根据不同的外部教学条件优化体育教学模式

在优化体育教学模式的过程中，教师需综合考虑不同的教学条件，包括固定的硬件设施，如体育场馆和器材，以及非固定的资源，如传统体育项目、多媒体和其他教学辅助工具。有效的教学模式不仅取决于这些条件的可用性，而且更重要的是如何创造性地组合和利用这些资源以适应具体的教学目标和内容。例如，针对某一具体的体育项目，教师可以结合所在地区的特定体育设施和器材，合理布置场地，并利用适当的教学辅助手段，如挂图、教具和多媒体课件来增强学习效果。这种方法不仅提高了教学的针对性和有效性，还能根据学生的接受能力和学习环境的变化进行调整。此外，不同的教师可能会因其对教学手段和条件的理解及应用能力不同而导致教学效果的差异。因此，体育教师应发展能够灵活应用和创新组合教学资源的能力，以便根据教学目标和学生需求调整教学策略，实现最佳教学效果。

4. 根据学生基础优化体育教学模式

在体育教学中，优化教学模式应从师生双方的具体情况出发。对于学生，教师需考虑他们的年龄、生理和心理差异，按照因材施教的原则，针对不同的学生群体设计适宜的教学目标和教学模式。例如，对于年轻学生，可以采用更富动感和互动性的教学方法，如游戏化教学，以适应他们较高的能量水平和对新鲜事物的好奇心；而对于年长的学生，则需要更多的指导和激励措施，以应对其体能和动机的不同。

此外，考虑到学生在体育基础、接受能力、个性等方面的差异，教师可以采用分组教学或分层教学方法，通过分组使学生能在适宜的学习环境中进行体育活动，从而更有效地提升学习效果。这种差异化的教学策略有助于有针对性地解决学生在学习过程中可能遇到的问题，确保教学内容对每个学生都是可接受和有益的。

对于教师而言，他们的教育背景、知识结构、能力水平和教学风格也是选择教学模式时的重要考虑因素。教师应根据自身的专业发展需求选择合适的教学模式，并适应教育改革的要求，不断学习和实践新的教学方法。

（六）体育教学模式整体优化的策略

1.优化体育教学目标，使之具有明确性

要整体优化体育教学模式，首先需要精准设定体育教学的目标。这些目标既是教学活动的起点，也是归宿，它们在整个教学过程中起到了核心的导向作用，涉及教学内容的组织、教学方法的选择、教学结构的构建以及教学手段的应用。教学目标的确定应基于广泛的教育目的、学校的整体教学目标和学科的具体要求，确保每个目标都是明确、科学并且具有可操作性的。这样的目标设定不仅有助于教学设计的科学性，也便于在教学过程中进行有效监控并对教学效果进行评价，从而保证教学活动能够高效、有序地进行。

2.优化体育教学内容，使之具有可学习性

优化体育教学内容的重点应放在提高内容的可学习性和吸引力上，确保这些内容能够激发学生的学习兴趣和参与热情。体育教学内容不仅是实现教学目标的主要载体，也是教师和学生直接互动的核心材料。因此，选择受学生欢迎的内容至关重要，这直接影响到教学目标的实现。在挑选或设计体育教学内容时，教师应考虑内容的活跃性和趣味性。例如，可以通过引入团队竞技游戏或采用现代流行的体育项目来吸引学生的兴趣。此外，对于一些传统的竞技项目，教师可以进行创新性的调整或简化，使其更适合学校的教学环境，更易于学生学习和掌握。

3.优化体育课堂教学结构，使之具有合理性

体育课堂教学结构的合理优化是提高教学质量的关键。体育课堂教学

结构不仅涉及在特定时间和空间内教学活动的安排，还是教学目标、内容和方法的具体实现方式。课堂教学结构如同一个复杂系统，应遵循系统论的原则，即整体优于部分之和。因此，在优化体育课堂教学结构时，教师需从全局出发，确保教学的各个环节和步骤不仅单独有效，而且能够相互协调和促进，共同推动教学目标的实现。为实现这一点，教师可以通过整合各种教学资源和方法，创造一个动态且互动性强的学习环境。例如，可以将理论讲解、实践操作和反馈讨论等教学环节有机结合，使学生在参与的同时能够不断地通过实践来巩固理论知识，从而提高学习效率。此外，通过灵活调整教学步骤和时间分配，教师可以更好地应对课堂上出现的各种情况，确保教学活动既系统又具有弹性，最终实现教学内容的深入和教学目标的高效完成。

4.优化体育教学方法，使之具有实效性

优化体育教学方法的核心在于确保这些方法既能适应教学内容，也能符合学生的基础水平，从而在较短时间内帮助学生全面掌握知识与技能，并促进他们的思想道德发展。体育教学方法不仅包括教师在课堂上的指导方式，也涉及学生如何在这些指导下学习和练习体育技能。在这个过程中，教师需要根据教学内容和学生的接受能力精心选择和设计教学活动。例如，对于初学者，教师可以采用更多的示范和引导方法，通过模仿学习来帮助学生理解和掌握基本技能；对于有一定基础的学生，可以引入更多的具有挑战性的任务和协作活动，鼓励他们在实践中深化理解，提升技能。此外，教师应不断寻求教学方法的创新，如引入技术支持的教学工具和资源，如视频分析、在线互动平台等，以增强教学的互动性和实效性。同时，教师应关注教学方法的科学性和高效性，确保每种方法都能有针对性地解决学生在学习过程中遇到的具体问题，有效促进学生的全面发展。

5.优化体育教学评价，使之具有激励性

优化体育教学评价是提升教学质量的重要环节，其核心在于通过科学手段，根据教学目标，对教师和学生的教学活动进行全面、全方位的定量或定性分析，进而作出客观、公正、准确的价值判断。在这个过程中，评价应注重全面性、民主性和发展性，但最为关键的是评价的激励作用，使其成为学生学习的动力源泉。为了实现这一目标，教师应在评价中采用多样化的指标体系，不仅关注学生在体育技能上的进步，还要重视他们在努力、参与和合作精神等方面的表现。通过综合考虑各方面的因素，教师应给予学生更全面的反馈，使他们看到自身的成长和进步。在具体实施过程中，教师可以引入学生自评和互评机制，增强评价的民主性。让学生参与评价过程不仅能提高他们的自我认知，还能促进他们之间的相互理解和支持。同时，教师应注重评价的过程性和发展性，给予学生持续的反馈和鼓励，帮助他们设定阶段性目标，并不断改进和提升。

第三节　翻转课堂教学模式在高校体育教育中的实践

一、翻转课堂概念界定

"翻转课堂"这一术语源自英语"flipped class model"，在中文语境中通常被称为"反转课堂式教学模式"。这种教学模式与传统课堂的主要区别在于，传统教学中的直接讲授环节被移至课外，从而在课内为师生提供更多个性化学习与互动的时间。

美国教师伯格曼（Jonathan Bergmann）和萨姆斯（Aaron Sams）是较早实践翻转课堂的教育工作者，他们认为翻转课堂的核心在于通过将直接讲授环节转移至学生的课外学习，使得课堂时间可以更加专注于满足个体差异化的学习需求。①

我国学者金陵认为，翻转课堂即将传统的"白天上课，晚上做作业"的学习模式转换为学生白天在教室内完成知识的吸收与内化，而晚上则在家

---

① [美]伯格曼、萨姆斯：《翻转课堂与混合式教学：互联网＋时代，教育变革的最佳解决方案》，韩成财译，中国青年出版社2018年版，第17页。

中学习新的知识内容。①钟晓流等研究者则强调信息技术的作用，他们认为翻转课堂利用教学视频等数字化资源支持学生在课前自主学习，而课堂时间则用于完成作业、协作探究和师生互动。②

本书倾向于支持钟晓流等人的观点，认为在信息技术的辅助下，教师在课前提供有针对性的教学视频和学习材料，促进学生的自主学习；课上则通过探究学习、合作与共同答疑等多种教学活动，实现知识的深入内化，从而创新传统的教学与学习模式。

二、翻转课堂的特征

翻转课堂颠倒了传统的教学过程，引起了课堂教学各要素的根本性改变。具体变化如表 5-3-1 所示。

表 5-3-1　翻转课堂与传统课堂要素对比

对比要素	翻转课堂	传统课堂
教师	学习指导者、推动者	知识讲授者、课堂组织者
学生	积极主动探究者	消极被动接受者
教学形式	课前深入学习＋课堂知识内化	课堂知识讲解＋课后作业练习
技术应用	自主学习、交流反思、协作讨论及个性化教学工具	内容展示
评价方式	多元化评价（生生互评、师生互评等）	传统纸质测试

（一）教师角色的转变

在翻转课堂模式下，教师的角色经历了显著的转变，从传统的知识讲授者和课堂管理者，转变为学习的引导者和促进者。这种变化意味着教师

---

①金陵：《翻转课堂中国化的实践与理论创新》，《中国教育信息化》2014 年第 14 期，第 9 页。

②钟晓流、宋述强、焦丽珍：《信息化环境中基于翻转课堂理念的教学设计研究》，《开放教育研究》2013 年第 1 期，第 58 页。

不再是课堂活动的唯一焦点，而成为学生学习过程中的关键支持者。在这一模式中，学生遇到学习难题时，教师会及时介入，提供必要的指导和资源，帮助学生克服困难，优化学习效果。

教师在翻转课堂中的新角色要求他们不仅要提供学习材料，还需要设计激励学生深入学习的课堂活动，促进知识的深化和应用。这些活动应简洁易懂，便于学生内化知识，同时应能有效促进学生的个人成长和认知发展。例如，教师可以通过小组讨论、案例分析等形式，鼓励学生在实际情境中运用所学知识。

此外，随着教学职能的演变，教师面临着新的技能挑战。他们需要掌握如何设计和组织有效的学习活动，以及如何在学生学习过程中进行有效的监控和反馈。教师必须定期评估学生对知识的掌握情况，并进行适当的评价，这不仅帮助学生了解自身的学习状况，也为教师提供了反馈，指导他们进一步调整教学策略，确保教学活动能更好地适应学生的需求，从而推动学生的有效学习。

（二）课堂时间的重新分配

在翻转课堂模式中，课堂时间的分配得到了根本性的重组。教师不再主导课堂，而是更多地扮演辅导者的角色，将大部分时间留给学生，以便他们可以更深入地参与各种互动和协作学习活动。这种时间上的重新分配减少了教师的直接讲授时间，转而更多地侧重于支持和引导学生在真实的学习情境中解决问题。这种模式的核心在于利用课外时间完成基础知识的学习，如通过视频教程或在线课件学习，从而释放课堂时间用于深入讨论、小组合作、实际操作和个别辅导。这样不仅保持了原有课程内容的知识量，还增强了学生之间的互动，提高了学习的动态性和参与感。此外，教师在课堂上的形成性评价也成为提升互动效率的重要工具。通过即时的反馈和评估，教师能够帮助学生更客观地评价自己的学习进展，同时调整教学策略以更好地满足学生的学习需求。这种评价机制不仅促进了学生的自我反思，也增强了教师对学习过程的控制和指导。因此，翻转课堂的成功在很大程度上取决于教师如何有效地设计和组织课堂学习活动，使得课堂时间能够最大化地用于促进学生的深入学习和理解。

（三）学生角色的转变

随着教育信息化的推进，学生在翻转课堂中的角色也经历了显著的转变。他们从传统的被动接受者转变为主动的参与者和探索者。在个性化的网络学习环境中，学生可以根据自己的学习需求选择内容、时间和地点，并以个人的学习节奏前进，从而实现更为个性化和自主的学习。

在翻转课堂模式下，学生的参与度显著提高，他们拥有了更多的灵活性来控制自己的学习过程。然而，尽管学习过程在一定程度上是独立进行的，学生并不是完全孤立的学习者。他们需要在网络化的协作学习环境中与同伴和教师进行频繁的互动和交流，这不仅有助于解决他们在学习中遇到的问题，还能扩展和加深他们对知识的理解。此外，这种学习模式强调学生的自我管理能力和主动探索精神，要求他们在教师的引导和同伴的协作下，主动构建知识体系和培养解决问题的能力。通过这种互动和协作，学生能够从多个角度理解和消化新知识，使学习过程更加深刻和持久。

（四）翻转课堂的三个关键环节

翻转课堂作为一种创新的教学模式，其成功实施依赖于三个关键环节的有效组织和执行。

1. 微课程开发

在翻转课堂中，课程内容不再以传统的课时为单位，而是划分为多个微课程，每个微课程专注于解决特定的学习问题。这种模式使得教学内容更加精细化和更有针对性，能够针对学校实际、班级具体情况以及学科特性进行定制。微课程的质量直接影响到翻转课堂的教学成效，因为它们是学生课前自主学习的主要材料。

2. 课前深入学习

在翻转课堂中，传统的知识讲授环节转移到课前，学生通过观看微视频、完成习题等形式进行自学。这一环节要求学生深入理解和掌握基础知识，以确保在课堂上能够有效地参与更高阶的学习活动。因此，课前的深入学习不仅是知识迁移和应用的基础，也是影响课堂内活动成功与否的关键。

3. 课堂学习活动组织

课堂时间在翻转课堂中被重新分配，用于促进学生的知识内化和深化认识。通过设计和组织有效的课堂学习活动，教师帮助学生全面参与自主探究、小组讨论、师生互动等过程，从而帮助学生查漏补缺、深化理解，并应用所学知识。这不仅是提升教学效率的关键，也是翻转课堂能够实现其教育目标的核心所在。

三、翻转课堂经典模式

（一）格斯坦模式

格斯坦（Jackie Gerstein）所创立的翻转课堂模式依托体验式学习周期，通过四个精心设计的维度，以增强学习的深度和实用性。这种模式强调从实际体验到深度反思的全面学习过程，旨在通过具体的活动，促进学生对知识的全面掌握和应用。

1. 体验式参与

在这一阶段，学习活动围绕着体验式学习，如实验、模拟、游戏及艺术活动展开，使学习过程充满互动性和实践性。这些活动旨在激发学生的好奇心和探究欲，通过身临其境的体验，帮助学生将新知识与个人经验联系起来，并在此基础上进行知识构建。通常，这类活动以小组合作的形式进行，以增强团队协作和交流。

2. 概念探索

继体验式参与之后，学生将接触与活动相关的概念，这一阶段的学习材料主要通过视频、网站和文本提供。学生可以根据自己的节奏和偏好选择学习时间和方式，充分利用翻转课堂提供的灵活性。在此阶段，学生不仅吸收知识，还应当积极提出问题和疑惑，进一步深化对概念的理解。

3. 有意义构建

在这一阶段，学生需要对之前阶段的学习内容进行深入反思，通过音频或视频等多媒体方式，表达并构建自己对学习内容的理解。这种反思使学生能够独立思考，从而赋予所学知识个人化的意义，增强学习的主动性和创造性。

4. 演示与应用

在最后阶段，学生需要在实际情境中演示和应用所学的知识。通过小组协作或面对面的互动，学生将理论知识转化为实际能力，从而实现知识的有效内化和应用。这一阶段是检验学习成果的关键，也是使学习变得更加有意义的重要步骤。

（二）塔尔伯特的翻转课堂结构

美国学者塔尔伯特（Robert Talbert）经过长期实践研究，总结出翻转课堂的结构模型，如图 5-3-1 所示。

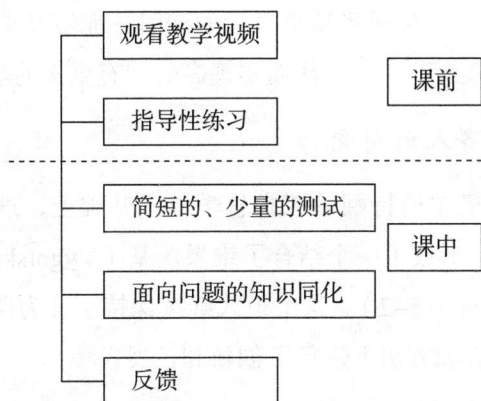

图5-3-1　塔尔伯特的翻转课堂模式

塔尔伯特的翻转课堂模式将课程流程明确划分为两大部分：课前学习

和课中活动，旨在通过这种结构优化学习过程，以便更好地适应学生的学习需求和增强学习效果。

1.课前学习

在塔尔伯特模式中，课前学习是学生自主完成的部分，重点是对基础概念的理解和掌握。在这一阶段，学生通过观看视频讲座、阅读课程材料或其他形式的自学获得必要的理论知识。此外，为了确保这些概念得到适当的理解和应用，学生还需要完成一系列导向性的练习。这些活动旨在为课堂上即将进行的更深层次的探索和应用做准备。

2.课中活动

课堂上的活动以一种非传统的方式进行。不同于传统课堂上的长时间讲授，塔尔伯特模式的课堂开始于一场小测试，这不仅帮助教师评估学生对课前材料的掌握情况，也让学生对自己的理解有一个即时的回馈。完成测试后，教师主要聚焦于解答学生的疑问和困惑，这些问题通常源自课前学习过程中遇到的难题。通过这种方式，教师能够针对学生的具体需求提供辅导，进一步促进知识的内化。此阶段的课堂互动也强调学生之间的讨论和协作，以增强学习的深度和广度。

塔尔伯特的翻转课堂模式强调学习的自主性和个性化，通过明确的课前和课中分工，使学生在理解基础概念的同时，能够在课堂上通过互动和实践活动深化这些概念的应用，从而实现高效和有意义的学习。

（三）张金磊等人的研究

张金磊等人在塔尔伯特翻转课堂教学模式基础上，进一步发展并优化了这种教学模式①，形成了一个结合了维果茨基（Vygotsky）教育理论的新型翻转课堂模式（图5-3-2）。这个模式继续保持了分为课前和课中两个阶段的结构，但在内容和方法上进行了创新和扩展。

---

① 张金磊、王颖、张宝辉:《翻转课堂教学模式研究》,《远程教育杂志》2012年第4期,第46页。

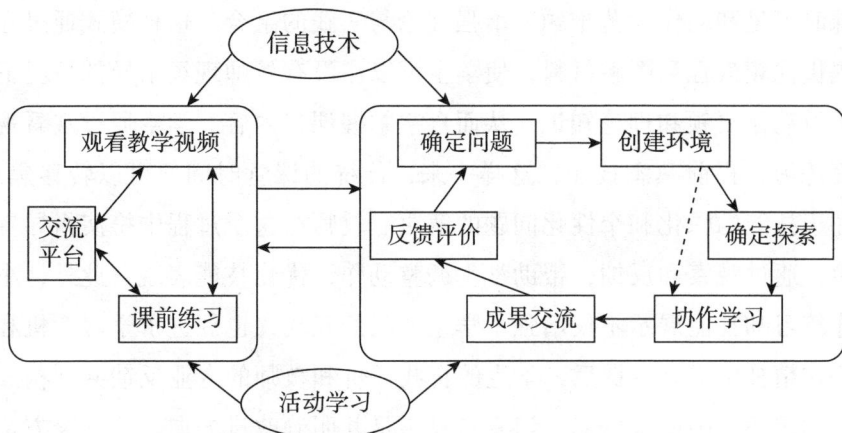

图 5-3-2 张金磊等提出的翻转课堂模式发展结构

1.课前学习

张金磊等人提出的翻转课堂模式在课前阶段采用了维果茨基的"最近发展区"理论来指导课程视频的制作。根据这一理论，教学内容被设计为能够引导学生从当前的知识水平达到潜在的发展水平。课前视频不仅要传递基本的概念和理论，还要激发学生的认知潜能，帮助他们在知识掌握上迈向更高的层次。此外，学生也需要完成相关的练习任务，这些任务旨在为学生在课堂上进行更深入的探讨和应用做准备。

2.课中活动

在课堂上，教师的角色是整合和回应学生在观看教学视频和完成课前练习中遇到的问题。教师会从这些问题中筛选出具有高探究价值的问题，并组织学生进行深入的个人或小组探究。这些探究活动旨在进一步深化学生对课前学习内容的理解和应用。完成探究后，学生需要进行成果交流，这不仅促进了知识的内化，也增强了学生之间的互动和协作能力。

四、翻转课堂教学模式在高校体育教学中的应用研究

在高校体育教学中，翻转课堂模式的引入旨在优化传统教学方式，解

决课时不足和动作示范难题，增强理论与实践的融合。这种模式通过在课前提供视频教程和图解材料，使学生可以在没有教师现场指导的情况下独立学习动作要领和理论知识，从而自主掌握课程内容。学生通过观看视频反复练习，提前熟悉技能，这样一来，传统的课堂时间便可以转移焦点，专注于技能的深化和个性化问题的解决。教师在这个过程中扮演指导者的角色，通过观察和反馈，帮助学生调整动作，优化技能表现。此外，小组合作练习和技能展示不仅增强了学生之间的互动，也促进了学习动机和团队协作精神的提升。课后，学生的自我评价和教师的专业反馈共同构成了学习的闭环，确保学生能够识别自身不足并明确改进方向。这种全方位的学习方法扩展了学习的空间和时间，使学生能够在实际操作中深化理论知识，实现知识和技能的有效融合。

（一）课前教学资源准备阶段

在高校体育教学中实施翻转课堂教学模式，教师需在课前精心准备教学资源，确立明确的教学目标，并以此为基础制订全面的教学计划。教学目标的制定应遵循"三位一体"的原则，即将教学目标设置为动态发展的，以适应教学过程中可能出现的变化和需求调整，从而确保课前、课中及课后活动形成一个连贯、协调的学习体验。

教师需要根据教学大纲和课程计划，明确教学内容和关键知识点，选择与学生认知水平相匹配的教学材料。教学内容的准备应包括 PPT 演示文稿，辅以 Flash 动画或二维、三维动作图解，使得动作示范更加直观和易于理解。此外，教师可以录制或下载优秀运动员的比赛录像，进行编辑和加工，制作成教学视频。这些视频应简明扼要，与教学目标和内容紧密相关，避免浪费学生的学习时间。

为了更有效地利用网络资源，教师可以结合网络公开课视频和比赛视频，丰富教学内容。选取的资料应配以清晰的文字讲解，帮助学生更好地理解学习材料。对于一些动作难度较高、难以直接演示的技术动作，教师可以通过二维或三维动画技术展示，并辅以力的作用方向图解或文字说明，以便学生更容易理解和模仿。

在课前学习阶段，学生通过网络平台访问教师制作的学习资源，了解教学目标和内容，并对技术动作的理论进行初步学习。通过视频观看对比，学生可以形成正确的动作概念，为课堂实践打下坚实基础。此外，学生应积极发现并解决学习中的问题，记录解决不了的疑难问题，在课堂上与教师讨论。课前的自主练习虽然可以提高学生的学习热情，但也可能导致错误动作的形成。因此，建议学生在小组或同伴的陪同下进行练习，相互监督和指导，以减少错误动作的产生。

（二）课中知识和技能的融合与内化阶段

在翻转课堂模式下，课中阶段是知识与技能融合与内化的关键时刻，这一阶段强调学生的主动参与和教师的指导作用。通过课前的自主学习，学生已经对教学内容有了初步的理解和掌握，课中阶段则通过具体的实践活动来深化这些知识和技能。

开始上课时，教师首先明确本堂课的学习任务，然后收集学生在课前学习过程中提出的问题。这些问题按类别整理后，学生进行分组，通过探究式学习和小组讨论来寻找答案，这不仅促进了学生之间的交流，也激发了他们解决问题的能力。对于那些较为复杂的问题，教师提供必要的引导和提示，帮助学生形成正确的思维模式，并培养其解决问题的能力。

随后，学生根据自己的练习水平分层练习，教师对不同能力层次的学生实施差异化指导。在练习过程中，教师重点观察并纠正学生的错误动作，总结常见错误，并及时提供反馈。这种即时的纠错不仅帮助学生理解错误产生的原因，也训练他们如何自我纠正，进一步提高了学生的动作技能和自我反思能力。此外，教师鼓励学生尝试进行教学示范，让学生在实际教学中学会表达和传授知识，这种教与学的结合方式有助于学生更全面地掌握技能，打破传统体育教学中仅追求掌握技能的模式，为培养终身体育意识奠定基础。

课堂互动的另一重要环节是小组讨论后的成果分享。每个小组选派代表汇报讨论和练习的成果，教师根据这些反馈进行总结和评价，解答学生的疑问，并促使小组成员相互纠错和协作。这种方法不仅增强了学生的观察能力和协作精神，也加强了师生和生生之间的关系，创造了一个和谐而有效的学习环境，使知识和技能在实践中得到内化和提升。

（三）课后反馈、评价、巩固提高阶段

在高校体育教学的翻转课堂模式中，课后阶段是反馈、评价和巩固提高的关键环节，这一阶段对于确保教学活动的连续性和效果至关重要。通过这个阶段的活动，教学内容能够得到及时的修正和优化，学生的学习成果也能得到有效的评估和巩固。

课堂结束后，教师需要利用课堂观察和网络平台工具收集学生的反馈。这包括学生对于课前自学材料，如教学视频和 PPT 的互动情况、学习的主动性和积极性、学习方法的有效性以及技能掌握的程度。此外，教师也应关注课中学生的表现，包括他们在练习中出现的错误动作、参与态度和练习效果。利用收集到的数据，教师应进行详细的评估，并根据发现的问题制定相应的改进措施。这可能涉及调整和优化教学视频和 PPT，以更好地适应学生的学习需求。同时，教师还应设计有针对性的练习和活动，以帮助学生解决在练习中遇到的具体问题。

通过网络平台，教师和学生可以在一个协作的学习环境中进行持续的交流和反馈，形成一个有效的教学活动"环路"。这样的环路不仅增强了师生间的互动，还使教学目标和任务能够动态发展，可以根据教学实际和学生的反馈进行调整。

随着信息技术的应用，翻转课堂模式在体育教学中的实施不仅为学生提供了更自主的学习环境，还通过有效的时间管理，确保了充分和高效的技能练习。这种模式需要教师不断提升自己的专业技能，也要求学生适应这种新的学习方式。整个翻转课堂的成功实施，依赖于坚实的支持系统，包括高质量的学习资源、有效的网络交流平台和实践练习的虚拟系统，这些都是确保翻转课堂成功融入体育教学和实现教学目标的关键因素。

第四节　运动教育模式在高校体育教育中的实践

一、运动教育模式的教学思想

运动教育模式是一种重视学生全面发展的教学体系，旨在通过体育活动提升学生的身心素质和社会技能。下面将对其主要教学思想进行详细阐述：第一，运动教育模式强调提高学生的运动技术和运动能力。通过系统的训练和实践，学生可以掌握各种体育技能，从而提升其体育表现。该模式中设计的教学单元综合考虑了学生的运动水平和身体健康状况，确保每个学生都能在自己的能力范围内得到发展。第二，运动教育模式注重向学生传授全面的体育基本知识，包括运动规则、技术要领、健康知识等，使学生不仅能够在实践中运用这些知识，还能通过知识的积累增进对体育的理解和兴趣。第三，运动教育模式旨在提升学生参与体育活动的热情，通过从"被动"到"主动"的转变，使体育成为学生生活的一部分。这种模式通过实际的体育活动，如团队竞技和个人挑战，培养学生的公平竞争意识和团队合作精神。

在心理层面，运动教育模式通过体育活动培养学生的团队意识和竞争意识。学生在竞争中不仅可以提升技能，还能学习到运动项目的礼仪和精神。这些体验使体育成为学生日常生活的一部分，增强了学生的社会交往能力和自我管理能力。

在生理层面，运动教育模式通过各类体育锻炼提高学生的身体素质。参与体育活动还使学生学习到相关的健康和营养知识，这对维护和促进学生的长期健康状况极为重要。

在认知层面，运动教育模式通过体育竞赛和团队活动锻炼学生的组织、策略和管理能力。学生在这一过程中担任不同角色，如教练、裁判或赛事组织者，这不仅提高了他们的责任感，也强化了他们的领导能力和决策能力。

运动教育模式不仅为运动技能较高的学生提供了展示平台，也为运动能力一般或对体育不太热情的学生创造了一个良好的运动环境。通过这种方式，所有学生都能获得平等的参与机会，从而提高他们的学习质量和频次。

二、运动教育模式的教学结构

运动教育模式由运动季、团队联盟小组、正式比赛、最终比赛、成绩记录和庆祝活动这 6 个部分构成。这 6 个部分在传统的体育教学中通常被忽略。

（一）运动季

在运动教育模式中，教学单元被创新性地称为"运动季"。这一概念由美国专家梅茨勒（Michael Metzler）提出，旨在通过模拟真实的运动赛季来构建学生的体育学习和训练周期。以下是对"运动季"教学单元的具体阐述。

每个运动季通常被划分为几个阶段，包括学习期、训练期、季前赛期、正式比赛期和季后赛期。整个运动季至少包含 20 节课，确保学生有足够的时间和空间深入学习和实践所选体育项目。通过运动季的实施，学生能够对一项特定运动有更深入的理解和掌握。例如，将羽毛球教学单元称为"羽毛球季"，跆拳道教学单元则称为"跆拳道季"。这种方法不仅提高了学生的技术能力，还增强了他们的运动体验，使体育活动更加生动和实际。此外，运动季模式通过模拟真实的运动赛事，让学生在各个阶段逐步提高，从而培养他们的责任感、竞争意识和团队精神。

（二）团队联盟小组

在运动教育模式中，学生自赛季伊始即形成固定的团队，其中每位成员都有属于自己的队伍。在整个赛季期间，学生可依据个人能力与教师指导，进行适宜的分组。此模式旨在鼓励学生自主承担训练与学习的责任。因此，学生在相对稳定的团队环境中学习，协作制定竞技策略、训练计划，并为团队荣誉而努力，共同体验胜败。学生在此过程中，不仅能提升个人的运动技能，也能增强团队合作能力。与此同时，教师将主动权交给学生，扮演的角色更接近于教练，使学生既对自己负责，也对团队负责。

（三）正式比赛

西登托普（Siedentop）在社会心理学的研究中指出，竞赛角色是核心目标之一。在运动教育模式中，正式比赛占据中心地位，目的在于通过体育竞技过程中的竞争，提升学生的运动技能、战术实施能力，并强化团队合作精神。学生在比赛期间不仅要学习体育理论，还要通过参与多样的比赛形式，如对抗练习、循环赛和联赛，增强对体育活动的兴趣并巩固所学知识。为确保学生能有效参与并准备比赛，教师在赛季伊始便会发布详细的比赛日程安排。

（四）最终比赛

在运动教育体系中，最终比赛不仅是与他人进行竞争的场合，也是学生展示自我技能的重要机会。不同于传统体育教学，运动教育模式强调团队合作的比赛设计。在这种模式下，学生在比赛过程中不仅限于参与者的角色，还可能担任教练、裁判、记录员或组织者等多重角色，以此丰富他们的体验和责任感。学生有机会根据个人或团队的能力调整比赛难度，确保比赛的公平性。运动教育中的最终比赛标志着整个运动季的高潮和即将结束，因此，营造一个积极向上的比赛氛围变得尤为重要，包括装饰场馆、组织啦啦队和观众加油等元素，这样不仅能增加比赛的观赏性，也能提高运动员和观众的参与感，使得整个赛事成为一次集体的庆典。

（五）成绩记录

在运动教育模式下，细致的成绩记录是提高教学质量和运动效果的关键工具。该模式不仅记录基本的比赛数据，如命中率、失误率、比赛成绩、时间及地点，还扩展到每个阶段的具体训练情况，包括战术学习和小组活动的积极性。这种全面的数据记录机制，使得教师和学生可以得到具体的反馈，帮助他们设定更精确的发展目标。相较之下，传统体育课程的记录通常仅限于考勤和考试结果，缺乏对学生在体育活动中具体表现的系统性追踪。在运动教育模式中，公布比赛记录不仅可以使学生了解即将到来的重要比赛的时间和地点，还可以利用这些数据分析团队和个人的表现，进一步调整训练策略。此外，运动教育模式强调对日常和关键比赛中表现突出的个人和团队进行表彰，同时为表现不佳的学生和团队提供激励和改进的机会。

（六）庆祝活动

在运动教育中，庆祝活动是体现运动精神和增强参与感的重要组成部分。这些活动包括裁判员和运动员的宣誓仪式、邀请嘉宾的颁奖环节、对场馆的装饰以及活动的摄影记录等。这些多样化的庆祝形式，不仅提升了运动员等参与者的热情，也增强了比赛的正式感和盛大感。庆祝活动让所有参与者——包括运动员、裁判员、工作人员以及观众——都能深刻感受到赛事带来的激情和活力。尤其在比赛中，观众的加油声可以极大地激励运动员发挥出最佳水平。赛后，嘉宾的颁奖仪式不仅表彰了优胜者，也为所有参赛者留下了难忘的记忆。这些庆祝活动不仅仅是比赛的一部分，更是一种激发学生对体育运动热情的手段，有效地促进了他们对体育活动的兴趣。

三、运动教育模式的教学方法

运动教育模式有三种主要的教学方法：直接指导法、合作学习法和伙伴学习法，西登托普倡导将这三种方法融合使用，形成了一种独特的综合教学策略。

（一）直接指导法

直接指导法在运动教育模式中扮演着核心角色，尤其是在运动季初期，学生对某项运动的知识和技巧尚未熟悉时。此方法类似于传统体育教学中的讲解法或示范法，通过教师的现场讲解和示范向学生传授特定运动的技能和理论知识。这种教学方法的优势在于能够确保学生在技术掌握上的准确性和安全性。通过教师的直接介入，学生可以迅速理解运动技巧的关键要素，并在教师的监督下进行反复练习，从而有效地提升其运动技能。这不仅加速了学生技能的掌握，也为其后续的比赛和更高级别的技术学习打下坚实的基础。直接指导法对于初学者尤为重要，因为在运动技能的初学阶段，正确的引导和即时的反馈对于形成正确的运动习惯和避免受伤至关重要。教师的指导也有助于调整学生的学习态度和激发其学习兴趣，为整个运动季的学习和成长奠定基础。

（二）合作学习法

合作学习法在运动教育模式中是一种强调团队协作和共同成长的教学方法。通过这种方法，学生不仅在体育技能上相互学习，还在团队战术和策略的制定上共同作出贡献，从而实现集体目标。在实践中，合作学习法鼓励技术水平较高的学生帮助那些技能相对较弱的同学。这种相互支持不仅提高了整个团队的运动技能，还加深了学生之间的关系，促进了团队精神的形成。例如，在日常的训练和比赛中，学生可以分组练习，高水平的学生可以通过示范、指导和反馈帮助其他成员提高技能，也能加强自己的理解和运用能力。此外，合作学习在运动教育中还体现了民主的价值观。当团队内部出现矛盾或面临困难时，学生自主地进行讨论和解决问题，这不仅有助于培养学生的沟通能力和解决问题的能力，还强化了他们的领导力和团队决策能力。

（三）伙伴学习法

伙伴学习法在运动教育中是一种基于互帮互助原则的教学方法，它特别强调学生之间的相互指导和支持，以促进整个队伍的技能提升和团队协作。在这种方法中，技能较强的学生通常会担任技能较弱学生的个人教练，通过一对一的指导帮助他们提高运动技能。这种互助的做法不仅有助于提高个体学生的技能，也有助于增强团队的整体竞争力。通过这样的伙伴关系，学生可以在实践中学习责任感和领导力，也能从教学中进一步巩固自己的技术和理解。伙伴学习法特别适用于运动季中后期，学生已经具备基本技能和知识后，通过这种方式可以进一步深化他们的技能和战术理解。在整个运动季中，直接指导法、合作学习法和伙伴学习法相辅相成，共同构建了一个全面的教学体系。直接指导法在季初为学生提供了必要的基础和安全指导；进入季中和季末，合作学习法和伙伴学习法则成为主导，帮助学生在实战中提高技能，增强战术应用能力，并培养团队精神和个人责任感。

四、运动教育模式在高校体育教学中的实践——以高校健美操教学为例

（一）高校健美操运动教育模式的教学过程结构

在探讨我国普通高等院校健美操运动教育模式的教学过程结构时，对教育过程的深入分析显得尤为重要，因为它不仅是体育教学模式的支撑结构，还是实现教学目标的关键路径。高嵘提供了关于这一模式的宏观与微观分析，为人们理解和实施教学模式提供了科学的方法论。

在宏观层面，高嵘强调整个运动季的教学设计应全面考虑。赛季前的准备包括了解教学目的、教学方法及对教学过程的全面规划，此阶段是确保教学质量和效果的基础。课堂教学阶段进一步细分为课堂常规建立阶段、赛季阶段和庆祝活动阶段，每个阶段都有其特定的目标和实施策略，以保证教学活动的连贯性和有效性。

在微观层面，教学的设计和实施需要针对每次课程的具体内容进行细致规划，特别是考虑赛季早期、中期和晚期的教学需求和课堂实施策略。这包括对课堂活动的具体布局、教学互动的安排以及学生参与的方式进行科学的调整和优化。

1.赛季日程

在我国普通高校的健美操运动教育模式中，赛季日程的设计不仅反映了教学过程的结构性和系统性，还直接影响到教学效果和学生的学习体验。根据运动教育模式的特点，赛季日程通常被设计成三个主要阶段：学习与练习、练习与比赛，以及比赛阶段。

在赛季的初期，教学主要集中在基础技能的学习和练习上。这一阶段，教师通常采用直接指导的方法，以确保学生能够正确掌握健美操的基本动作和组合。独立练习在这个阶段也会逐渐被引入，学生在教练或队长的指导下，开始以小组或队伍为单位进行练习，教师则在场地中巡回，提供必要的指导和反馈。随着学生对健美操动作的熟悉，这一阶段将更多地集中于技术动作的精细化和战术意识的提升。独立练习成为常态，学生需要在没有教师详细解释的情况下，自主进行动作练习。此阶段的比赛通常是预热性质的热身赛或者计入总分的正式比赛，这不仅测试学生的学习成果，也增强他们的竞技能力和团队协作能力。

赛季的后期主要以比赛为主，这时的课程安排旨在通过比赛检验整个赛季学习的效果。比赛的难度和内容会根据学习进度逐渐增加或变化，以确保学生可以不断地应对新挑战，从而实现技能的深化和完善。比赛不仅可安排在赛季末尾，也可穿插在整个赛季中进行。在这个过程中，教师的角色从最初的直接指导者转变为引导者和协调者，他们需要在不同阶段根据学生的学习进度和需要灵活调整教学策略和比赛安排。此外，学生之间的互助和合作也是这一模式中不可或缺的一部分，它有助于培养学生的团队精神和社交能力，同时加深学生对健美操运动文化的理解和热爱。

2.课堂教学过程

在运动教育模式中，课堂教学过程的设计和实施具有明确的结构和阶段性，这对于实现教学目标和提升学生的运动技能极为关键。以下是中国普通高校健美操课程中，采用运动教育模式的课堂教学过程详解，分为四个阶段。

（1）准备阶段：每节课开始前的准备活动是必不可少的。这个阶段通常由队长或学生教练领导，旨在通过身体素质训练或与健美操技术相关的练习（或两者的结合）来热身，为后续的学习和比赛活动做好准备。准备活动不仅可以预防运动伤害，还可以提高学生的运动表现。

（2）基本教学阶段：在这个阶段，教师和学生教练是主要的教学执行者。当学习新的动作和组合时，通常由教师直接指导；而在练习或复习已学的健美操动作或组合时，则多采用分组练习方式，由各队的队长或学生教练带领，教师则在旁进行具体指导。这个阶段的重点是确保学生有充足的时间练习赛季中将使用的技术动作，以及组织比赛队形。

（3）比赛阶段：比赛环节可以包括热身赛和计入赛季总分的正式比赛。比赛是课程的高潮，通过比赛，学生能够将所学技能在实战中进行运用，同时增强竞技精神和团队合作能力。教师在这一环节的角色主要是监督和评估，确保比赛的公正和顺利进行。

（4）总结和反馈阶段：每节课的结束都应包括对本节课的总结和反馈。教师应该对学生在练习和比赛中的表现进行认可和表扬，也应鼓励展现出良好体育道德和公平竞争行为的学生或团队。这有助于强化学习效果，并激励学生在未来的课程中继续努力。

整个课堂教学过程呈现出两大动态变化。首先，教师主导的教学时间会从赛季初期的较多逐渐减少，让位于以学生为主导的练习时间，这反映了学生从依赖教师向自主学习的转变。其次，学生自主练习的时间随着赛季的进展逐渐增加，这可以提升学生的自主性和运动技能的熟练度。

（二）高校健美操运动教育模式的教学策略系统

在体育教学领域，尤其是健美操的教学实践中，掌握和实施有效的教学策略对于达成教学目标至关重要。龚正伟在其著作《体育教学论》中对教学策略的定义突出了教师在实现教学目标过程中的策略性思考和智慧运用。本书将教学策略细分为以下五个关键策略。

1. 课堂管理与行为发展策略

在实施运动教育模式时，转变传统的以教师为中心的课堂管理至关重要。这种模式强调以学生为中心，旨在培养学生的责任感和领导能力，同时要求他们在学习过程中积极管理和掌握自己的运动经历。为此，教师需要通过营造一个预见性强且以任务完成为导向的课堂氛围，来减少维护课堂纪律的时间，从而让学生有更多机会专注于学习健美操的技术和战术，以及理解赛季中的各种角色和责任。在这样的课堂设置中，学生被赋予更多的自主权。教师通过分配具体的角色，如队长、助教或裁判等，使学生在不同的课堂活动中承担相应的职责，这不仅使他们能够在实际操作中学习管理和领导技能，还能通过实践中的失败和成功，深化对体育运动的理解和技能的掌握。此外，教师在课堂上设定清晰的预期和规则，并使用有效的信号和口令来帮助学生在活动转换中保持秩序，确保课堂时间被高效利用，而非浪费在无效的组织和等待上。

在运动教育模式中，教师的角色转变为课堂的协调者和引导者，教师利用精心设计的课堂管理策略，确保学习环境的有序和高效。学生对自己的学习过程和行为负责。

课程开始时，学生应迅速进入指定区域，开始他们已熟悉的技术练习，这不仅是热身活动，还帮助他们复习之前的学习内容。教师或教练在此时进行人数点名和监督，确保每个学生都能按时到达并参与活动。通过提前准备好的热身计划和指导海报，学生可以在不需要额外指示的情况下自主进行准备活动，这样教师就能将时间用于与学生互动和进行技术指导。课堂中的活动转换是管理的关键环节，需要教师有效使用集中注意力、集合和解散等信号和口令，以确保流畅的过渡和最大限度地利用时间。例如，当需要集中学生注意力时，教师可以使用口哨或手势，学生需迅速响应并做好准备。这些过渡的熟练执行不仅减少了时间浪费，还增强了课堂的连贯性和学生的参与感。课程的结束同样重要，教师会集合所有学生，复习当天的重点技术和战术，确认学生的进步并提供反馈。学生在此阶段应迅速从活动区返回，整理和归还器材，有序地离开场地。通过在课程初期明确教授和练习这些结尾常规，学生能够熟练地执行，确保课堂的有效收尾。

体育教育的价值在于其能够塑造学生的社会行为和人格发展。通过参与体育活动，学生不仅能够学习技能和增强体能，更重要的是，还学会了如何通过体育竞技来发展自我控制能力、团队合作能力以及领导能力。这些技能和品质对他们未来的个人成长和社会交往至关重要。在运动教育模式中，重视公平竞争和规则的教育尤为突出，这不仅帮助学生理解体育竞技中公正的重要性，还让他们在实践中扮演不同的角色，如裁判或队长，从而深刻体会到这些角色对比赛的影响和重要性。通过这种多角色体验，学生能更全面地理解体育精神，并在日常生活中也能应用这些原则。体育教育的一个重要方面是它的双重作用。一方面，它可以培养个体的正面特质，如公正、尊重和团队精神；另一方面，如果管理不当，也可能导致消极行为的发展，如自私、作弊和不尊重他人。因此，维持一个有序和公平的学习环境是至关重要的。在这样的环境中，教师不仅要教授技能和知识，还要引导学生理解和实践公平竞争的深层意义。通过参与设置得当的体育活动，学生不仅能在技术上获得进步，还能在心理和社会层面获得成长。他们学习到的坚持、团队协作和领导技巧会转化为个人素质，这些素质随着时间的推移，将继续在他们的职业和个人生活中发挥作用。

2.学生分组策略

在运动教育模式中，学生分组不仅为赛季提供了基本的组织结构，还是确保教学成功的关键因素。与传统的体育教学相比，这种模式不仅在比赛期间分组，而且在整个赛季，包括技术练习、战术发展和日常训练中，学生都以固定的队伍形式参与，这样的持续团队身份强化了学生对队伍的责任感和归属感。为了增加比赛的竞争性和趣味性，均衡的队伍配置变得尤为重要。比赛双方的实力相当时，不仅比赛本身更具观赏性和不可预测性，也能激励所有队员更积极地参与，因为胜利依赖于团队的合作与共同策略的执行，而非单一的个人表现。因此，在赛季初或赛季开始前，教师需要精心组织学生分组，确保每个队伍的实力均衡，参考学生的技能水平、体能条件及性别比例等因素，确定合理的队伍构成。这种策略不仅有助于公平竞争，还促进了学生之间的正向互动和社会技能的发展。

每队人数和组队方式不仅影响学生的学习体验，还影响他们在整个赛季中的参与度和成长。教师在决定队伍数量和每队人数时需考虑多种因素，包括健美操项目的特性、比赛的组织方式、学生的出勤情况，以及如何更有效地让学生参与日常训练和比赛。健美操竞技比赛通常有不同的参赛类别，如女子单人、男子单人、混合双人、三人以及集体六人等。在学校环境中，建议以模拟集体六人赛的方式来组织学生队伍，这样每队通常有六名成员。这种组织方式不仅便于管理，也便于学生在团队中找到自己的位置，从而更好地了解和学习健美操的各项技巧和规则。

为了提高比赛的公平性和竞技性，教师可以将班级分成若干个男女混合队伍。这样的分组可以使得比赛既可以进行男子、女子比赛，也可以进行混合性别比赛。此外，还可以根据学生的技术水平组织单人赛、双人赛和三人赛，使每个学生无论技术高低都有机会在适合自己水平的比赛中展现自己、提高自己。这种分组方式不仅有助于激发学生的竞争意识，也促进了技术水平较低的学生的学习和进步。在比赛得分的安排上，每场比赛的得分都应计入赛季总成绩，确保每个学生的努力都能对团队的总成绩产生影响，从而增强学生的团队责任感和参与感。这种综合得分机制不仅鼓励学生积极参与比赛，还强调了团队合作的重要性，让学生在竞争与合作中找到平衡，体验团队协作带来的成功。

创建平衡且公平的团队直接影响学生的学习动机和团队合作精神。为了确保每个学生都有公平的学习和竞争机会，教师在赛季前需根据多个因素仔细安排队伍的组成。教师可以根据学生的体育背景、性别、技能水平和个性特征来分配队伍，以确保每个队伍在技术、性别和其他方面的均衡。这种策略不仅可以帮助学生在多样化的环境中学习相处和协作，而且可以通过共同经历赛季的起伏，加强团队精神和集体责任感。在学生具备一定的运动教育模式经验后，教师可以让学生参与分组决策，增加他们的参与感和责任感。这可以通过学生教练或分组小组来实现，学生教练或小组成员可以是教师指派或通过学生投票选出。这种方法不仅让学生感到自己被赋予了权力，还能让他们从不同的角度了解团队管理和平衡的重要性。另一种有效的分组方法是通过初步的技能测试来评估学生的技术水平，然后根据得分将学生分成不同的技术级别，确保每个队伍在技术上的均衡。通过这种分数系统，每个队的总分应该大致相同，从而确保比赛的竞争性和公平性。在分配完毕后，教师可以通过调整确保性别和其他社会属性的多样性和均衡。为了防止分组偏见或不公，教师应确保分组过程透明且公正，避免任何可能的羞辱性选择过程，如按技术水平公开挑选队员。所有的分组信息应该公开透明，通过体育课公告板或其他方式及时通知学生，确保每个学生都明确自己的队伍和角色，这样他们就能从一开始就全身心地投入团队中，为自己的队伍贡献力量。

3. 分配角色与职责策略

随着社会的不断进步，体育在推动个人与社会发展中的作用日益凸显。然而，体育的潜能在很多情况下尚未得到充分利用。特别是在我国高校的健美操教学中，运动教育模式通过多样化的角色扮演，显著增强了学生的社会参与感。该模式鼓励教师为学生设计多种角色，如参赛队员、比赛组织者以及队内角色，如教练、领队和队长。这些角色不仅涵盖比赛的直接参与者，也包括比赛的组织者和协调者，使学生在健美操项目中既是执行者也是策划者。通过这种角色的多样性，学生在参与过程中不仅要掌握技术和战术，公平竞技，还要学会如何组织和裁判比赛，以及如何在团队内部进行有效的沟通和管理。这样的教学策略不仅明确了每个角色的职责，还培养了学生的责任感和领导能力，极大地丰富了他们对健美操运动的理解。教师通过编制详尽的职责手册或在教室内张贴职责海报的方式，帮助学生具体了解每个角色在比赛前、中、后以及课外的任务，有效提升了学生的执行效率和团队协作能力，进一步推动了学生的个人成长与社会发展。

4. 设计比赛策略

在当今的体育教育中，竞技健美操不仅作为一种体育项目被广泛推广，也在促进学生技术和社会技能发展方面发挥着重要作用。特别是在高校中，通过运动教育模式的实施，健美操成了一个集体和个人发展的舞台。在这种模式下，所有学生不论技术水平，都有机会平等参与比赛，这与传统的体育教学有所不同，后者技术较强的学生往往占据更多比赛时间。

为了适应每个学生的发展水平，教师在设计比赛时会根据实际情况做出相应的调整，如调整音乐的播放速度、简化动作组合，以及修改比赛规则等，这些都是为了让每个学生都能在比赛中展现出最佳水平，而不仅仅是赢得比赛。此外，健美操的比赛不仅限于单人项目，还包括双人、三人甚至团队合作的多人项目，如啦啦操等，这些都是通过团队合作达到胜利的关键。

在运动教育模式中，比赛的设计不仅仅是为了赛季的胜利，更重视的是通过比赛过程中的各种活动，促进学生的全面发展。比如，比赛频度的设计就充分考虑到课程安排和学生的学习负担，确保比赛既能贯穿整个赛季，又能与健美操项目的特点相结合。通常，这种模式下的比赛可以安排为间歇性的，每场比赛都有其独特的主题和内容，如流行的舞蹈种类与形式，允许学生选择并展示他们擅长的舞蹈。此外，赛季的高潮通常是赛季末举办的冠军赛。不同于其他竞技体育，健美操的运动教育模式鼓励所有队伍都参与冠军赛，确保每个队伍都有机会在赛季末展示他们的最佳表现。

赛季的奖项设计也反映了这种教育理念的广泛性，比赛不仅仅奖励技术上的卓越，还包括对公平竞争、角色职责的完成，以及个人和团队贡献的认可。例如，除了赛季总冠军奖，还可设立最佳音乐奖、最佳编排奖、最佳组织奖等，这些都是为了激励学生在多个方面努力提升，并在赛季末通过一系列的庆祝活动表彰他们的努力和成就。比赛规则和裁判法的制定也考虑到了教学的实际需要。规则不仅要符合国际标准，还要根据运动教育模式的教育目标进行适当的简化和调整，以便于学生更好地理解和应用。

5.营造节日氛围策略

创造一个节日般的氛围不仅能增强体育活动的吸引力，还能显著提升学生的参与度和体验感。在全球范围内，大型体育赛事，如奥运会和世界杯都拥有自己独特的节日气氛，然而在普通高校的体育课中，这种氛围往往缺失，导致学生很少将体育课堂体验视为一件兴奋或有价值的事情。

特别是在健美操教学中，男生往往对这一领域显示出较低的兴趣，尤其是技能较弱或从未在健美操中获得成功体验的学生。然而，有效的运动教育模式可以在日常教学中营造一种节日氛围，使每次练习和比赛都成为一次特别的事件，从而极大地提高学生的参与兴趣和积极性。例如，设定和颁发各种奖励可以增强节日氛围。在赛季的每一天，无论是在课堂上还是通过额外的练习，教师都可以通过各种正式和非正式的方式表扬学生的优秀表现和公平竞争行为，如颁发证书、奖杯或者在公告板上赞扬学生，这些都是对学生努力的认可和鼓励。

赛季高潮的设计是整个教学模式中最为关键的部分，这一天应当让所有学生都参与其中，而不仅仅是最强的几支队伍。这一天可以通过组织各种形式的比赛，如技术技巧挑战赛和分级别的决赛，让每个学生都有展示自己技能的机会。举行的颁奖典礼和特别嘉宾的到访进一步增强了这一天的特殊意义。此外，播放整个赛季的高光时刻视频，让学生和家长共同回顾这一赛季的精彩瞬间，也是对学生努力的一种肯定。

这种通过体育教育营造的节日氛围不仅使体育课变得更加有趣和值得期待，而且这种积极的体验能够激励学生在未来继续参与体育活动，形成健康的生活方式。这种模式已被证明是提高学生参与度和增强体育教育影响的有效方式，使得体育不再是学生逃避的对象，而是他们积极参与和享受的活动。

第五节　分层教学模式在高校体育教育中的实践

一、分层教学概念界定

分层教学作为一种教学策略，已经被广泛应用在多种教学环境中，特别是在应对学生能力差异和学习需求多样性的情况下更显示出其重要性。这种教学形式允许教师根据学生的不同能力和知识水平进行有针对性的教学设计，从而实现教育的个性化和精准化。在分层教学中，教师根据学生的认知水平、学习基础和心理特征等方面进行分类，以确保每个学生都能在适合自己水平的群体中学习，从而最大限度地提高学习效率。

教师在实施分层教学时，通常会设计不同层次的教学活动，确保每个层次的学生都能得到适宜的教育资源和指导。例如，在处理复杂的科学概念时，对于基础较强的学生，教师可提供更多的探究任务和高阶思维的挑战；而对于基础较弱的学生，则可更多地使用图解、模型和步骤简单的解释，帮助他们构建基础知识。这种方法不仅促进了学生间的公平，也使得教育资源得到了更有效的利用。

此外，分层教学还体现了尊重学生个体差异的教育理念，这一点与孔子的"因材施教"思想相契合。在现代教育环境中，尊重每个学生的个性和能力差异是非常重要的，分层教学恰好提供了一个实现个性化教学的有效框架。通过这种教学方式，教师能够更好地识别和满足学生的个性化需求，也促进了学生之间的相互理解和尊重。

在实施分层教学的过程中，教师的角色也由传统的知识传递者转变为学习的设计者和引导者。他们需要深入了解每个学生的学习状况和需求，设计出适合不同学生的教学计划和活动。这要求教师具备高度的专业能力和敏锐的观察力，以确保教学活动能够精准地对接学生的实际需求。

二、分层教学模式实施的特点

（一）因材施教，重视学生个体差异

孔子在《论语》中提倡的"因材施教"原则，至今仍是现代教育中的核心理念。这一教育思想强调根据每个学生的个体差异来调整教学方法和内容，确保每个学生都能根据自己的条件和能力得到合适的教育。在现代的分层教学模式中，这种思想被进一步具体化和系统化，教师在教学过程中需要细致地了解每个学生的身体素质、技能水平、领悟能力和性格特点等多方面的个体差异。

通过对学生进行层次划分，分层教学模式允许教师为不同层次的学生设置不同的教学目标和使用不同的教学方法。这种模式的实施不仅仅是为了应对学生能力的多样性，更是一种激发学生学习兴趣和潜能的策略。通过个性化的教学设计，学生的特长得以充分发挥，也为学生提供了改进自身缺点的机会。这样的教学设置增强了学生的学习动机，提升了他们的自信心，从而有效促进了学生的全面发展。

在实施分层教学的过程中，教师扮演的是一个观察者、指导者和激励者的角色。通过对学生进行细致的观察和了解，教师可以更准确地判断每个学生的需求和潜能，制订符合每个学生需求的教学计划。这种教学模式的核心在于适应每个学生的独特性，通过提供量身定制的教学内容和方法，确保每个学生都能在自己的学习路径上获得成功。此外，分层教学还重视学生自主性的培养，鼓励学生根据自己的学习状况主动选择适合的学习材料和学习速度。这种教学模式的实施不仅促进了学生个性的发展，还激发了学生的创造力和探究精神，使学生在追求学术成就的同时能够在社会情感和道德品质等方面得到均衡发展。

（二）以人为本，适应当前学生发展的需要

在现代教育理念中，"以人为本"不仅仅是一个教育策略，更是一种深入教育各个层面的核心理念，它强调根据学生的个性特征和价值观进行教学设计和实施。分层教学模式的实质是尊重每一个学生的独特性和发展潜力，确保教育活动能够促进每个学生的全面和谐发展。

在分层教学中，"以人为本"这一理念得到了具体的实践和体现。通过将学生根据其学习能力和需求分层，教师能够更加精确地设计教学活动，确保每个学生都能在适合自己的水平和速度上学习，从而最大化地激发学生的学习潜能。这种做法不仅提高了学习的效率，而且通过适应学生的个性化需求，极大地提升了学生的学习动力和自信心。

教师在实施分层教学时，不仅要关注学生的学习成绩，更重要的是，还要关注学生的情感、兴趣和价值观的发展。这需要教师具备高度的敏感性和创造性，能够根据学生的反馈调整教学策略和内容。例如，对于那些

学习基础较弱的学生，教师需要采取更多的支持和鼓励措施帮助他们建立学习的信心；而对于那些学习能力较强的学生，则可以提供更多的挑战和探索的机会，以促进他们的进一步发展。

通过分层教学，学生可以在自己的学习过程中感受到成功的喜悦和成就感，这种感受是学生持续学习的重要动力。当学生在学习中体验到成长和进步，他们的学习兴趣自然会被激发，学习压力也会相应减轻。

（三）注重学生创新意识

在当前教育环境中，注重学生的创新意识已成为教学改革的关键方向之一。王世波等人认为，创新意识即人们对新事物的不断探索和认识，以及将这一探索转化为具体行动的能力。[①]分层教学模式提供了一个有力的平台，通过适应每个学生的特定需求和兴趣，促进其创新能力的发展。

分层教学通过将学生根据他们的能力和兴趣分组，使得每个学生都能在最适合自己的环境中学习和成长。这种个性化的学习环境不仅能激发学生的学习热情，还为学生提供了展示自身创新思维的机会。在这样的教学设置中，学生被鼓励去探索、实验并提出新的想法，这些都是创新能力发展的关键要素。

此外，分层教学中的小组活动和项目学习等教学方法，为学生提供了与他人合作交流的机会，这种互动不仅增强了学生的社交技能，还促进了思想的碰撞和创意的产生。学生在与不同能力和背景的同伴交流中，可以学习如何从不同角度看待问题，如何将抽象概念应用于实际问题，这些都是培养创新意识的重要过程。

教师在实施分层教学时，可以针对不同层次的学生设计不同的教学内容和活动，这样不仅可以满足学生的学习需求，还可以挑战他们的思维极限，激发他们的创新潜力。例如，对于高层次学生，教师可以设计更多开放性问题和探究活动，让学生自主研究和解决问题，从而提高他们的创新思维和解决问题的能力。

---

① 王世波、王铁男、王成、杨建秀、赵英姝：《个体差异中创新意识与自我价值对 IS 创新行为影响的实证研究》，《科学管理研究》2013 年第 1 期，第 25 页。

（四）对教师自身业务水平要求更高

分层教学模式对教师的专业素养和技能提出了更高的要求，这不仅涉及教学经验的积累，还包括对专业理论的深入理解和技术能力的持续提升。教师在采用这种教学模式时，需要对学生的不同学习需求和潜能有深刻的认识和理解，这要求教师能够灵活运用多元化的教学资源和方法来应对学生的多样化需求。通过对最新教育政策、竞赛规则改革及技术动作的创新编排的研究，教师能够不断地更新自己的知识库，从而保持教学内容的前瞻性和创新性。

教师的自我学习和自我提升是适应教育现代化需求的关键。在教学实践中，教师应当通过参加专业培训、研讨会和继续教育课程来提高自己的教学技巧和专业知识。这种持续的专业发展不仅有助于教师更好地理解学生的学习过程，还能帮助他们掌握最新的教育技术和教学策略，从而有效地管理和激励不同层次的学生。

在课堂管理方面，教师需具备高效的课堂控制能力和教学活动组织能力。有效的课堂管理技能能够确保教学活动的顺利进行，帮助学生在有序的学习环境中达到最佳的学习效果。同时，教师需要不断地调整和优化教学策略，以适应学生多变的学习需求和背景，确保每个学生都能在适宜的环境中得到发展。随着教育技术的快速发展，教师还需要掌握如何有效地利用现代教育技术来支持教学，包括使用在线学习平台、交互式白板等技术工具。这些工具不仅可以增强学生的学习体验，还可以帮助教师进行有效的教学评估和反馈。

三、分层教学模式的教学原则

（一）主体性原则

分层教学模式强调学生主体性原则，这一原则是现代教育中极为重要的教学方向，旨在使学习过程以学生为中心，充分发挥学生的主动性和创造性。根据这一原则，教育不再是教师单向传授知识的过程，而是学生通过自我探索、体验和实践获取知识的过程。这种模式有助于学生更深层次地理解和吸收新知识，同时增强他们的学习动力和持久兴趣。

在实施分层教学时，教师应设计和采用各种教学策略来促进学生的主动学习。启发式教学是一种有效的方法，它鼓励学生通过解决问题和批判性思维来探索知识。此外，探究式学习可以让学生通过实验和研究项目来深入研究具体主题，这不仅提高了学生分析和解决问题的能力，还激发了他们对学习主题的热情。参与式教学则通过讨论、小组合作和同伴评议等方式，使学生在教学过程中扮演更加积极的角色。

这些教学方法的共同点在于它们都支持学生根据自己的兴趣和能力水平选择学习路径，从而找到适合自己的学习方法。通过实践这些方法，学生不仅能够在学习中找到乐趣，还能培养自己的独立思考能力和自我驱动的学习能力。此外，这种教学模式还促进了学生之间的互动和合作，帮助他们学会如何在团队中工作，提高社交技能，并在学习中建立更加坚实的人际关系。

（二）激励性原则

在教学过程中实施激励性原则是一种有效的策略，旨在通过正面的支持和鼓励，激发学生的学习动力和自信心。学生学习的成功不仅仅建立在掌握知识和技能的基础上，更多的是通过积极的情感体验和正向反馈来增强其学习的热情。教师在与学生互动时应保持温和的态度，通过表扬和正面的反馈来鼓励学生，特别是在他们尝试新技能或在学习过程中取得进步时。

通过识别和赞扬学生的每一个小成就，教师可以帮助学生看到自己的潜力和价值，这种策略尤其对处于较低层次的学生至关重要。这些学生可能由于缺乏信心或之前的失败经历而对学习持有消极态度。在这种情况下，教师的任务是通过持续的鼓励和支持，帮助他们建立成功的体验，从而逐渐增强他们的自信心和学习兴趣。例如，在体育教学中，对于那些动作不够标准或经常犯错误的学生，教师可以采取更加委婉和鼓励的方式进行指导和纠正，而不是严厉的批评，这样可以减少学生的挫败感，鼓励他们继续努力。

创建一个支持性和包容性的学习环境也是激励性原则的关键部分。在这样的环境中，学生不仅能够感受到来自教师的支持，还能从同伴中获得正面的反馈和鼓励。教师可以组织各种团队活动和合作学习项目，让学生有机会在小组中互相帮助和学习。这种互助学习不仅增强了学生之间的关系，也提升了他们共同解决问题的能力，进一步增强了他们的学习动力和参与感。此外，教师应定期与学生进行一对一的会谈，了解他们的学习需求和感受，这种个性化的关注可以让学生感受到自己的重要性和被珍视，从而更加积极地参与学习。通过这种细致入微的关怀，教师不仅能更好地调整教学策略，以适应不同学生的需求，还能帮助学生克服学习中的难题，激发他们的潜能。

（三）全面性原则

全面性原则强调在教育过程中对每个学生的全面关注，这是现代教育中不可或缺的一部分。它要求教师不仅仅聚焦于学生的学术成就，还要重视学生的技术技巧、身体素质以及个人潜力的综合发展。这种教学模式的实施，要求教师必须深入了解每个学生的特点和需求，以便制订适合每个学生的教学计划。

在实际教学中，全面性原则的应用意味着教师需在教学设计时考虑到学生在不同层次的需求。例如，对于掌握技能较快的学生，教师需要提供更高级的挑战和更深入的学习材料；而对于学习进度较慢的学生，则需要提供更多的支持和鼓励，以及采用有针对性的教学方法来帮助他们建立基础技能。这种差异化的教学策略，可以确保每个学生都能在其自身的基础上获得发展，而不是仅仅满足于达到基本的教学标准。

全面性原则也促使教师在教学过程中关注学生的身体素质发展，这一点在体育教学中尤为重要，教师需要设计课程来提高学生的体能，同时教授技术技巧。这不仅有助于学生的体育能力提升，还有助于培养学生的团队协作能力、竞争意识和公平竞争的精神。教师的这种全面关注不仅限于课堂内的学术或技能教学，还应延伸到课堂外，关注学生的心理健康和情感发展。通过提供一个支持性和包容性的学习环境，教师可以帮助学生在面对挑战时保持积极的心态，从而更好地适应学习和生活的各种压力。

四、分层教学模式的教学设计

（一）分层教学目标的制定

在制定分层教学目标的过程中，教师需要充分考虑到学生的体质差异和运动能力的多样性，这是确保教学效果的关键。通过对学生进行详尽的评估，教师能够理解每个学生的具体需要，并据此设计符合他们水平的教学内容和方法。这种方法不仅反映了因材施教的教育理念，而且使得教学更加个性化和目标明确。

在体育教学中，分层教学的实施特别强调对学生运动技能和体育素质的适应性教学。根据学生的实际表现，教师将学生分为初级、中级和高级三个层次，每个层次都有相应的教学目标和计划。这样的分层旨在确保每个学生都能在其舒适区内学习，同时提供适当的挑战，以促进他们的全面发展。此外，体育教学中的层次不是固定不变的。通过引入竞争机制，教师可以在教学中适时调整学生的层次，这种动态的调整机制旨在激发学生的内在动力和竞争意识。学生通过努力提升自己的技能和体能，可以实现层次的上升。反之，如果学生的表现有所退步，也可能被调整到更适合其当前水平的层次。这种策略确保了教学的公平性和适应性。

在分层教学中，教师的角色极为关键。他们不仅是知识和技能的传授者，还是学生学习过程中的引导者和激励者。教师需要设计富有挑战性的教学活动，同时要提供必要的支持和引导，帮助学生克服学习中的障碍。通过这种支持性和挑战性兼具的教学策略，学生能够在每个层次中找到学习的乐趣和挑战，从而不断进步。

（二）分层教学目标的设计

分层教学在体育教学中的应用是对教育个性化需求的直接回应，它允许教师根据学生的不同能力、体质和技术水平进行有针对性的教学设计。这种教学模式要求教师具备高度的敏感性和适应性，以确保教学内容和方法能够满足各层次学生的具体需求。

在设计教学目标时，教师需要对学生的能力和学习条件有一个全面的了解，这不仅包括学生的当前技术水平和身体素质，还包括他们的学习态度和心理状态。基于这些信息，教师可以将学生分为初级、中级和高级等不同层次，为每个层次设定合适的教学目标。例如，对于初级层的学生，目标是掌握基本运动技能和理解运动的基础理论；对于中级层的学生，目标则是提高技术的准确性和协调性；而对于高级层的学生，目标则是进一步深化对技术的理解和应用，以及提高竞技水平。此外，教师在进行分层教学时，也需要考虑到性别差异，特别是在体力要求较高的体育活动中。对于女生，教师需要调整训练的难度和强度，确保训练既能激发她们的兴趣，又不会超出她们的身体承受能力。同样，教师在课堂上的角色也应从传统的知识传授者转变为学习的引导者和促进者，通过不断的观察和反馈调整教学策略，确保教学内容既具有挑战性又不失公平性。

为了确保分层教学的有效性，教师还需要采取多样化的教学方法来适应不同学生的学习风格，包括运用示范、模拟、小组讨论和个别指导等多种教学手段。通过这些方法，学生不仅可以在理解和技能方面获得提升，还可以在社交和心理方面得到发展。培养学生的竞争意识和团队精神也是分层教学的重要方面。通过设置竞赛和团队协作的学习活动，学生可以在实践中学习如何与他人合作并在竞争中取得进步。

（三）分层教学模式的运作流程

分层教学模式的运作流程定义了教学活动在时间序列中的具体步骤和关键实践（图 5-5-1）。这一模式如同所有教学方法，遵循一定的结构和顺序。例如，杜威（John Dewey）的实用主义教学法遵循的步骤包括情境设定、问题识别、假设提出、解决方案执行及最后的验证环节。在实施分层教学时，教学内容的安排、采用的教学方法以及学生的心理处理过程均需按照一定的逻辑顺序展开。这种顺序不仅涉及教学内容的组织和呈现，还包括教学策略的选择和心理动态的引导，从而确保教学活动在多个层面上协调且有效地进行。

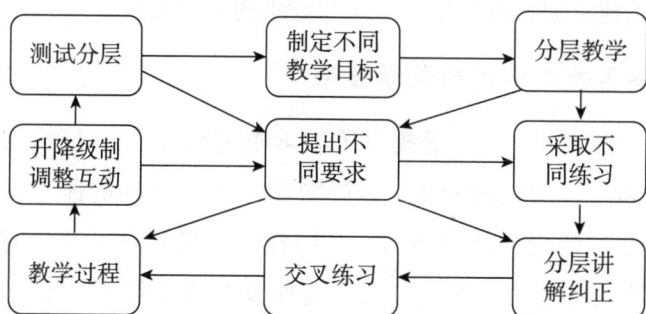

图 5-5-1　分层教学模式运作流程图

（四）分层教学模式的评价

分层教学模式要求教学评价系统的彻底改革，以适应不同学生的学习需求和能力水平。传统的教学评价往往采用统一的考核标准，这对于体能和技能发展存在显著差异的学生群体来说并不公平。因此，分层教学评价中必须重视对学生个体差异的认识，并在此基础上设计更为灵活和多元的评价方式。在这种评价体系中，教师需要综合考虑学生的平时表现和期末成绩，同时根据学生在不同层次中的表现设定相应的评价标准。这种方法不仅有助于全面评估学生的学习成效，还能鼓励学生在学习过程中保持积极的态度。例如，对于基础较弱的学生，评价标准应侧重于他们的努力程度和技术动作的基本掌握；而对于技能较高的学生，评价则可加入更多关于技术完善度和创新性的考核。

教师在执行分层教学评价时，应定期检视每个学生的进步情况，并据此调整教学方法和评价标准。这种动态调整确保了评价体系的公正性和适应性，使得所有学生都能在各自的水平上得到合理的评价和激励。通过这样的评价系统，学生能够感受到个人努力的价值，从而更加珍视学习过程中的每一步成长。此外，分层教学评价还应注重学生的全面发展，包括身心健康、社交能力和情感态度。教师需要观察学生在体育活动中的互动和团队合作情况，评价学生如何通过体育锻炼来增强自信和培养坚忍不拔的意志。这些非技术性的评价标准是分层教学评价不可或缺的组成部分，它们可帮助学生建立起积极的生活方式和健康的人际关系。

（五）分层教学模式的教学效果

分层教学模式的实施显著提升了教学质量和效果，这种提升源于教学目标、方法和内容的精确调整，以及对学生个体差异的深刻理解和应对。通过精心设计的课程和教学活动，分层教学不仅激发了学生的学习热情，还促进了学生身心能力的全面发展。这种教学策略考虑到每个学生的身体条件、技能水平和心理需求，从而在体育教学中实现了真正意义上的个性化教育。

在体育教学中，通过分层教学的实施，学生的身体素质得到了显著提升。这一提升不仅体现在体能的增强上，还包括运动技能的改善和健康习惯的形成。学生通过参与适合自己水平的体育活动，能够在无压力的环境中逐步提高自己的体能和技能，也大大增强了他们的自信心和自我效能感。

分层教学同样显著提高了学生的运动技能。在这种教学模式下，学生在自己的能力范围内尝试和练习各种运动技能，这不仅使他们能够在技术上获得进步，还激发了他们探索新技能的兴趣。教师在这一过程中发挥了关键作用，他们不仅提供了技术指导，还通过持续的鼓励和支持，帮助学生克服学习中的困难，享受运动的乐趣。

分层教学对教师的专业发展也具有重要意义。教师在应用这一模式的过程中，需要对教材和学生有深入的了解，这要求他们不断学习和更新教育理念与教学方法。教师通过对教学内容的不断调整和优化，以及对学生表现的仔细观察，能够更有效地应对教学中遇到的挑战。

五、分层教学模式在高校体育教学中的实践——以高校网球教学为例

在分层教学中，学生的角色至关重要，他们的水平和需要直接影响教学的成效。教师在进行学生分层时，应基于对学生的尊重，通过师生共同磋商，实现对分层方案的动态调整。教师需要向学生明确解释分层教学的目的与意义，确保学生对教学方案有一个统一的理解。在此基础上，学生要实事求是地自我评估，教师则依据学生的基本功测试结果，科学地将学生分配到适合其能力水平的层次。

学生的分层并非固定不变的，而应当随着学习进程和学生能力的变化进行调整。在学习的初期，学生可以根据自身的感受和需求，随时向教师提出调整的要求。教师根据这些反馈进行即时的个别调整。随着时间的推移，如一个学期结束时，教师则需要根据综合的考核与评估结果，作出更广泛的调整，以确保每个学生都能在适合其发展的层次中学习。

分层教学的实施流程见图 5-5-2。在具体实施分层教学时，教师首先对所有学生的初始能力进行评估，以此为基础分层。依据学生的具体水平，教师制定差异化的教学目标和任务。在教育实践中，教师针对不同能力层次的学生设定相应的教学要求，采用分层的教学方法，不仅在日常练习中体现这一分层，还通过安排交叉层次的练习，促进不同层次学生间的交流与互动。

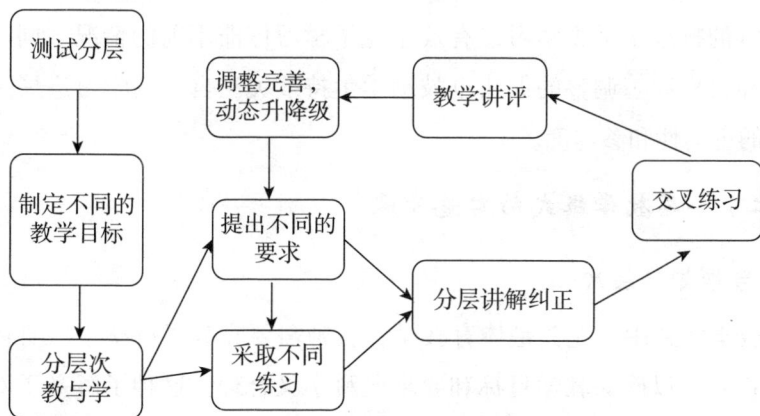

图 5-5-2　分层教学的实施流程图

整个教学过程形成一个环形的控制系统，教师持续地根据学生在练习和学习过程中的表现和反馈进行教学调整。通过这样的循环反馈机制，教师期望实现教学的最优化，使每个学生都能在适合的学习环境中达到最佳的学习效果。这种方法不仅增强了教学的针对性和有效性，而且通过不断的调整和优化，能更好地满足学生的个性化学习需求。

（一）分层教学模式的目标建立

学习目标在教育过程中扮演着至关重要的角色，它不仅引导学习方向，还参与评价和激励学生的学习进程。特别是在体育课程如网球学习中，目标设置的科学性直接影响学生的学习成效。历史经验表明，将统一的学习目标应用于所有学生往往会导致部分基础较好的学生轻易达成目标而失去学习动力，而基础较弱的学生则感受到目标遥不可及从而丧失学习兴趣和信心。在这种情境下，分层教学模式提供了一种有效的解决方案。通过对学生进行详细的了解，包括他们的年龄、体型、运动能力、身体素质、运动经验以及个性特征，教师能够将学生有效地分为不同的学习层次。这种分层允许教师为不同水平的学生设置相应的学习目标，使他们可以在自己的能力范围内进行挑战和学习，从而提升了学习的针对性和效果。此外，分层教学还关注学生目标的动态调整。在学习过程中，如果学生达到了当前层次的学习目标，教师会及时提出更高的要求，这种机制确保了学生始终在适宜的挑战水平中学习，有效避免了学习停滞不前的情况。同时，这种分层和目标动态调整的做法也鼓励学生持续关注自己的学习进展，增强了学习的主动性和参与度。

（二）分层教学模式的实施步骤

1.合理划分层次

在教学实践中，尤其是体育教学，教师需要充分了解学生的身体素质和专项技能，以确保教学目标和要求既科学又合理。这种了解基于对学生多方面情况的综合考量，包括个体在不同教学环节中表现出的差异。为此，教师应深入研究不同层次学生的具体特点，设计与学生能力相匹配的教学内容和目标，并采用恰当的教学手段。

通过明确向学生展示整个学期的教学内容和目标，尤其是在进行客观的身体机能和基本技术测试之后，教师可以更有效地为学生制订个人化的改进计划。这种方法不仅可以促进学生的个体发展，还可以增强他们在学习过程中的参与感。为了实现这一点，教师需要在不同的教学环节中灵活地调整教学目标和手段，以适应学生的个别差异，确保每个学生都能在体育学习中找到自己的位置，并达到更高的水平。

实施细节包括对学生的技能进行定期评估，以确保他们处于正确的教学层次。例如，在网球教学中，教师可以通过原地抛球正手底线击球技术的测试来评估学生的技能水平。在这种测试中，学生被给予两次机会，每次 60 秒，每次击球 20 次，通过击球次数和准确性的表现来确定学生的分层。学生如果在测试中正手击球过网次数达到 10 次以上，表明他们的技能适合于更高的层次；反之，则需要更多的基础技能训练。

2. 教学目标分层

教学目标的合理分层本质上是为了确保每个学生都能从教学中获得成功的体验，无论他们的起点如何。通过这种方法，教师能够为所有学生创造成功的条件，特别是通过对目标的分层来满足不同能力水平学生的需求。

教师在设计教学目标时，应综合考虑学生的接受能力、知识基础和个人兴趣。对于那些能力较强的学生，教师需要设定更高的挑战，以推动他们的能力提升。这不仅涉及更复杂的技能和知识点，还包括更高层次的思维技能，如分析、评估和创造。相反，对于那些起点较低的学生，教师则需要设定更为基础但逐步升级的目标，以帮助他们建立信心，并逐步掌握更难的技能。在这个过程中，教师应当通过持续的反馈和评估来调整教学目标，确保每个学生都能根据自己的进展适时地获得新的挑战或者必要的支持，具体如表 5-5-1 所示。这种方法不仅促进了个体的发展，还增强了学生对学习过程的掌控感和满足感，从而提高了学习的整体效果。此外，分层目标的设置还应结合具体的教学内容和学生的具体情况进行动态调整。这种灵活的调整机制是分层教学成功的关键。教师可根据学生的具体表现和反馈进行即时的教学干预，从而确保每个学生都能在自己适合的学习层次中得到发展。

表 5-5-1　弹性目标体系

层次类型	基础性目标	提高性目标	发展性目标
知识目标	了解水平	理解水平	迁移应用水平
技能目标	模仿水平	独立操作水平	熟练操作水平
情感目标	经历（感受）水平	反应（认同）水平	领悟（内化）水平

在体育教学中实施分层教学，针对不同水平的学生提供差异化的教育目标和策略是提高教学质量的关键。

对于学习水平较高的学生，教师应当设定更高的挑战，鼓励他们不断提升运动技能和身体素质。这一群体的学生通常具备较强的分析问题和解决问题的能力，能够在体育技能的提高中自我驱动，积极探索更高层次的技能。教师应当利用这些学生的潜力，不仅提高他们的个人能力，还可以将他们作为体育课堂的助教，以增强整体教学效果。

中等水平的学生通常是课堂的主体，他们在技能和知识掌握上处于发展阶段，具有较好的可塑性和稳定性。对这些学生，教师需要通过适当的引导和支持，帮助他们更好地掌握体育知识和运动技能。教师应在设置达到基本教学目标的同时，激励他们参与更高层次的教学活动，促进他们的全面发展。这样不仅提升了他们的能力，还增强了他们的自信心和独立思考的能力。

对于学习水平较低的学生，教师的任务是激发他们的学习热情和自信心。这需要教师创造一个支持性强的学习环境，强调每个学生的优点，鼓励他们克服困难。通过提供更多的实践机会和悉心指导，这些学生可以逐步掌握基本的运动技能和理论知识，逐渐达到教学的基本目标。在这个过程中，教师应当注意调整学生的心理状态，使他们在体验运动的乐趣的同时，提高对自我能力的认识和信心。

开设高校网球选修课的主要目的在于激发学生对网球运动的兴趣，帮助他们掌握基本技术，并培养持续锻炼的习惯，为学生的终身体育活动奠定基础。因此，教学内容的设计和实施需要针对学生的不同水平和需求进行调整，确保每个学生都能在适合自己的层次上取得进展和体验到乐趣。在针对基础水平较低的学生时，教学的重点应放在基础知识和技能的传授上，包括球性球感、基本站位和握拍法等初级技能。这样的安排有助于这些学生在理解和应用网球技巧方面建立信心。教学进度应适当放慢，采用大量的重复练习来加强学习效果，这对于这一层次学生的技能稳固至关重要。具体到正手和反手底线击球技术的学习，这两种技术对学生掌握网球的整体技能至关重要。正手击球技术由于相对容易，大多数学生能较快掌握，而反手击球技术则常常成为学习的难点。为了帮助学生克服这一难题，教师需要采用多种教学方法，如徒手练习和多球训练等辅助手段，帮助学生逐步找到并固定正确的动作模式。通过这些具体的教学策略，学生不仅可以在较短的时间内大致了解和体验网球运动的全过程，还能在教师的指导下逐步提升自己的技能水平。此外，教师在教学过程中应不断调整教学内容和重点，以适应学生能力的变化和进步，这样的教学模式有助于最大限度地发挥每个学生的潜能，确保他们在学习过程中既感到有挑战性也感到有进步。

在高校网球课程的分层教学中，每个层次的学生都有明确的学习目标与重点，这有助于教师根据学生的具体水平设计适当的教学策略和进度。对于一般层的学生，教学的核心在于加深他们对网球基本技术和技能的理解与掌握，并迅速提升到更复杂的技术操作和战术应用。这一层次的学生需要系统学习正反手底线击球技术、发球和网前小球技术等，同时，他们需全面了解网球的竞赛规则和裁判法。教学中特别强调正反手击球的线路变化和战术练习，以及发球与接发球的技术，这不仅帮助学生掌握 1 到 2 种发球技术，还提高了他们对比赛中复杂情况的应对能力和球的处理技巧。

对于技术和战术基础较好的学生，即较好层，教学目标和要求自然更为严格。这些学生通常已具备较为扎实的网球技能基础，教学的重点在于技术动作的熟练运用以及战术意识的培养。在此基础上，教师将引导他们将技术和步伐结合，有效地运用到比赛中去，同时鼓励他们参加各种比赛和组织小规模的网球比赛，以此锻炼他们的临场应变能力和比赛组织能力。此外，较好层的学生还可指导一般层和较差层的学生，通过教学和训练活动，不仅提升自己的技能，也帮助其他学生提高。

3. 教学训练与层次调整

在高校网球课程的教学中，教学训练与学生能力层次的调整是提升教学效果的关键环节。为了确保每个学生能在适合自己水平的环境中学习并提高，教师需要定期以及不定期地对学生的网球技能进行重新评估。这种评估既包括定期的测试，也包括课程中的观察和反馈。

每次评估后，教师应独立地记录每个学生的表现，然后综合这些数据分析学生在技能掌握上的进展。这种综合评价不仅基于测试成绩，更多的是基于教师对学生在实际操作中表现的观察。通过这种方式，教师可以更准确地了解每个学生的实际水平和学习成效。

进一步地，基于这些评估结果，教师应及时调整学生的学习层次。例如，对于那些表现出色、技能提升明显的学生，教师可以将他们提升到更高的层次，以便他们面对更大的挑战和更高级的技能训练。相反，对于那些进步缓慢或在某些技术上遇到困难的学生，教师需要将他们安排在更基础的层次，提供更多的个别指导和支持。此外，教师在调整学生层次的同时，应针对观察到的问题制定解决策略，包括调整教学方法、增加练习量，或者提供额外的辅导。这种灵活而响应性强的教学策略不仅能解决学生的具体问题，还能促进教学目标的实现，确保所有学生都能有效掌握教授的网球技能和知识。

4. 分层教学模式的教学评价

在分层教学模式下，体育教学的评价系统需重新设计，以确保每个学生的发展得到恰当的评估和鼓励。传统的评价体系常常只关注统一标准的达成，忽略了学生个体差异和实际进步的重要性。分层教学模式的推广是为了让每个学生都在适合自己的水平和速度上进步，因此，评价系统也必须支持这一教育理念。科学、理性和客观的评价应成为课程改革的重心，这不仅能促进学生积极参与体育活动，也是促进学生自我发展的重要因素。有效的评价体系应当包含多维度的评估方法，不仅评价学生的技能掌握程度，也应评估学生的参与度、进步速度以及展现的体育精神。此外，过于依赖成绩的评价方法往往导致评估结果无法全面反映学生的体育发展水平。例如，单一的体能测试可能无法准确评估一个学生在网球课程中的全面表现。因此，教师需要采用定性和定量相结合的评估方法，如同伴评价、自我评价以及教师的观察记录，这些都应该被纳入学生的最终评估中。在实施分层教学模式的评价过程中，教师应该对不同能力层次的学生进行公正和客观的评价，这不仅有助于建立学生的自信心，还能激发他们对体育活动的持续兴趣，具体如表5-5-2所示。

表5-5-2　分层教学评价体系

层次类型	较差层基础性目标评价	一般层提高性目标评价	较好层发展性目标评价
知识目标	了解水平（网球基本知识、网球的健身作用）	理解水平（通过网球裁判法的学习改正错误习惯）	迁移应用水平（自主性较强，把所学理论知识运用到实践中去）
技能目标	模仿水平（初步掌握网球基本技术，如正、反手底线击球）	独立操作水平（基本掌握网球全部技术动作，有1～2项较熟练）	熟练操作水平（在竞赛中熟练使用技战术）
情感目标	经历（感受）水平（能够愉快地通过网球课提高身体素质）	反应（认同）水平（竞争意识增强，渴望提高技战术水平）	领悟（内化）水平（能够积极主动地帮助他人，成为教师的好助手）

第六节　俱乐部教学模式在高校体育教育中的实践

一、体育俱乐部教学模式的概念界定

体育俱乐部教学模式是体育教育中一种重要的教学形式。为了更好地理解体育俱乐部教学模式的本质特征，首先需要对俱乐部及体育俱乐部的相关概念进行界定。

《辞海》中俱乐部的定义如下：俱乐部亦称"会所"。译自英文 club。是具有某种相同兴趣的人进行社会交际、文化娱乐等活动的团体或场所。起源于英国。会员本着自愿、互助、互惠的原则参与其各项活动，并享有一定的权利和承担一定的义务。[①]

体育俱乐部是一种自发从事体育活动的社会组织，以"人的集合"为基础，通过持续性的体育活动增进健康和促进成员间的协调与和睦。体育管理部门将体育俱乐部定义为由企事业单位、社会团体和公民个人利用非政府财政拨款举办的，以开展体育活动为主要内容的基层体育组织。具体而言，乌兰和包铁全将体育俱乐部解释为基于体育爱好者自发性和自立性结合而形成的组织，旨在通过持续性的体育活动增进健康和促进和谐关系。[②]吴秋林和茆飞霞则将高校体育俱乐部定义为高校中的一种体育文化现象，是由具有共同体育兴趣的大学生基于自我完善的需求，自由选择体育活动项目而形成的具有社团性质的体育团体，反映了学校体育活动的一种组织模式。[③]

---

①陈至立：《辞海》第 7 版，上海辞书出版社 2020 年版，第 2278 页。

②乌兰、包铁全：《我国高校体育俱乐部发展思路的研究》，《中国学校体育》2001年第 2 期，第 63 页。

③吴秋林、茆飞霞：《华东地区高校体育俱乐部现状调查》，《中国体育科技》2003年第 3 期，第 26 页。

在体育俱乐部教学模式的研究中，不同学者提出了多种定义和解释。例如，欧阳萍将体育俱乐部教学模式定义为以终身体育为指导思想，旨在实现终身体育目标，在体育教学中注重学生个性发展，突出学生体育学习的主体性，强调培养学生的终身体育意识和自我体育能力。[①]李浩智和陈芹则将体育俱乐部教学模式定义为通过学生进行以身体练习为主的各项运动技术练习，使其生理功能、运动素质、基本活动能力以及心理素质得到相应的锻炼和发展。[②]通过对体育俱乐部教学模式的多种定义和解释可以看出，学者们对这一模式的研究各有侧重，尚未形成统一、明确的定义。有的学者关注教学的特点，将其视为教学模式；有的学者则关注组织形式，认为这也是教学模式的重要组成部分。

体育俱乐部教学模式的多样性研究反映了学术界对体育教育模式不断探索和深入理解的过程。在这一过程中，学者们提出了许多有价值的观点和理论，为人们理解和应用体育俱乐部教学模式提供了丰富的学术资源。在具体应用中，体育俱乐部教学模式打破了传统的班级授课制，学生可以自主选择项目、教师和时间，重新组合为新的教学班，以俱乐部的组织形式进行体育教学。这一模式不仅强调体育教学的灵活性和个性化，还注重学生的主动参与和自主学习能力的培养。例如，在高校体育俱乐部模式下，大学生可以根据自己的兴趣和需求，选择不同的体育活动项目，形成具有社团性质的体育团体。这种模式不仅增强了学生的体育参与度，还促进了学生之间的交流和合作，提升了体育教育的整体效果。此外，体育俱乐部教学模式还注重培养学生的终身体育意识和自我体育能力。通过持续性的体育活动，学生不仅能够提高身体素质和运动技能，还能形成良好的体育习惯，为其终身健康奠定基础。

尽管体育俱乐部教学模式在理论和实践上都有许多优势，但在实际应

---

①欧阳萍：《我国高校体育俱乐部教学模式分析与发展对策》，《江西师范大学学报（自然科学版）》2008 年第 3 期，第 376 页。

②李浩智、陈芹：《普通高校体育教学"俱乐部模式"初探》，《湖北体育科技》2003 年第 3 期，第 420 页。

用中也面临一些挑战。例如，如何有效组织和管理体育俱乐部，如何协调学生的自主选择和教学资源的配置，都是需要解决的问题。未来，随着体育教育研究的不断深入和实践经验的积累，体育俱乐部教学模式有望在更广泛的范围内得到推广和应用，为体育教育的发展提供新的动力和方向。同时，通过进一步的研究和探讨，人们也可以不断完善这一模式，提高其在实际教学中的适用性和有效性。

二、体育俱乐部教学模式的具体分类

目前，我国的高校体育俱乐部主要分为三种类型：课内体育俱乐部（即体育教学俱乐部）、课外体育俱乐部以及课内外一体化体育俱乐部。以下是对这三种类型的详细分析。

课内体育俱乐部模式旨在构建现代高校体育新的学习方式。与传统的高校体育教学相比，体育教学俱乐部允许学生根据兴趣和爱好选择自己的体育专项和任课教师。学生从被动接受转变为主动学习，个人的体育才能得以施展。在这种模式中，教师的角色由主导转变为辅导，教学内容与形式变得灵活多样，促进了学生自主学习能力和个性的发展。

课外体育俱乐部主要以课外体育活动形式存在。其特点是由学生自主选择项目，并由学校教师、学生社团或体育爱好者自发组织成立。这种俱乐部将传统的课外体育活动变成有组织、有管理的课外活动，操作简单易行，实现了自主管理、自我发展和自我完善。课外体育俱乐部具有丰富的活动内容以及多样的组织形式，有利于学生的全面发展，可以培养学生终身体育观念和体育协作精神。俱乐部间的比赛和交流丰富了体育文化，促进了高校之间的相互了解，加强了教师间的交流和学生间的友谊，推动了学校体育的社会化进程，增强了学校体育与社会体育的结合。

课内外一体化体育俱乐部是课外体育俱乐部和课内体育俱乐部的结合和统一，能体现素质教育和终身体育的目标。它突破了现行教学模式的弊端，发挥了学生的主体作用，并以终身体育为指导思想，树立"以人为本""健康第一""终身体育"的教育理念。这种模式继承了课外体育俱乐部的优点，并将课外的指导措施融入其中，协调课堂教学与课外锻炼，形成了一个完整的体育教育体系。课内外一体化体育俱乐部是基于课外体育俱乐部概念衍生而来的，通过将课外的指导措施融入课堂教学，使课堂教学和课外锻炼协调发展。这种教学组织形式代表了未来高校体育教学的发展趋势，体现了现代教育的先进理念和价值观。这三类俱乐部教学的组织形式见表5-6-1。

表5-6-1　普通高校体育俱乐部教学的组织形式

俱乐部教学形式	课内体育俱乐部	课外体育俱乐部	课内外一体化体育俱乐部
俱乐部管理	由体育部负责组织，教师参与，以上课的形式出现，有固定上课时间（每周1次），排入课表，学生必须参加	由学生社团、体育爱好者自发成立，没有固定上课时间	课内体育俱乐部和课外体育俱乐部两者的结合
开设项目	各单项体育项目	各单项体育项目	
开设年级	一至二年级必修课，三至四年级选修课	全校性组织活动，不分年级	
师生关系	教师是组织者和辅导者，学生以自主练习为主	学生自己组织活动和比赛，碰到问题向教师咨询	

　　课内体育俱乐部的管理由学校的体育部负责组织，教师参与，以体育课的形式呈现，并设有固定的上课时间。开设的项目根据学校的师资情况决定，包括篮球、排球、足球、武术、健美操等单项项目。在一至二年级，这些课程通常作为必修课，三至四年级则变为选修课，给予学生更多选择的灵活性。尽管如此，教师在课堂中的角色仍然是组织者，必须在课堂上对学生进行指导和辅导，确保教学质量和效果。

　　相比之下，课外体育俱乐部具有更大的灵活性，完全发挥学生的主动性和自主性。学生自发成立的社团负责组织和管理这些俱乐部，参与者不分年级和班级，课程内容和上课时间完全由学生的兴趣和爱好决定。在组织和上课过程中，如果遇到困难和问题，学生可以随时向教师咨询，获取专业的指导和建议。

课内外一体化体育俱乐部形式结合了课内体育俱乐部和课外体育俱乐部的优点，扬长避短，提供了更广阔的发展空间。这种模式不仅继承了课内体育俱乐部的组织性和系统性，也融入了课外体育俱乐部的灵活性和自主性。通过这种方式，学生可以在更大程度上发挥主动性和创造力，同时享受系统的指导和支持，真正实现素质教育和终身体育的目标。

这三种类型高校体育俱乐部在组织管理和教学模式上各有特点，互为补充。课内体育俱乐部注重系统性和教师指导；课外体育俱乐部突出学生自主性和灵活性；而课内外一体化体育俱乐部则在两者之间取得平衡，提供了更加全面和多样化的体育教育途径。

（一）课内体育俱乐部的形式及特点

课内体育俱乐部是在构建体育教学模式基础上的一种体育教学形式，它将现代教育理论融入体育课堂，从思想、组织、形式、方法、评价等方面进行更新，改变了传统的班级授课制。

课内体育俱乐部提倡开放性、自主性、自由性和随机性，学生的课堂学习完全是一种主动积极的行为。教师的角色主要是设计、辅导、检查和指导，这与传统体育教学模式有根本性的不同。学生与教师的角色发生了根本性的变化，学生在课堂上的主体地位得到凸显，教师则从传统的主导者转变为辅导者。

课内体育俱乐部具有丰富的理论思想作为指导，在实施素质教育、突出学生主体地位、转换师生角色、建立新型师生关系等方面有显著效果。其形式及特点如表 5-6-2 所示。

表 5-6-2 课内体育俱乐部的形式及特点

种 类	形 式	特 点
大众体育健身模式	每次课由教师和学生轮流带领进行练习，安排教师对学生个别指导，在课上留有一定的时间进行教师与学生、学生与学生的交流、评价、总结	自由性、随意性大，学生根据自身体质情况适当调节，课堂气氛较好，学生学习积极性高
处方式教学模式	教师依据课程计划，根据学生个体的情况，设计一次课和一个单元的学习计划，学生按预先配置的"锻炼处方"进行自我练习，教师随时进行跟踪诊断、评价、修正	针对性强、学习自觉、锻炼主动、目标明确，教师成为学习的设计者、指导者和观察者
流动式教学模式	学生根据所选的项目，可在一周任何时间内的同一类课选择教师上课。只要修满课时，就可以选择教师参加考试，考试合格可以获得学分	上课时间和教师的选择自主，学生持卡学习，具有时间、空间的自由度，教师具有较大的压力
自由轮转式教学模式	在同一堂体育课中，按项目开设各类体育俱乐部，学生根据自身条件、兴趣爱好，自由选择上课，每周都可以更换项目和内容，考核采取多种内容和标准	学生选择的空间大、弹性强、流动性大，对教师的管理难度增加，教师面临竞争和压力

（二）课外体育俱乐部的形式及特点

课外体育俱乐部教学模式指体育课教学基本不采用传统的教学模式，而采用课外体育俱乐部模式来辅导学生练习以弥补课内教学不足。这类俱乐部大多以课外体育活动形式出现，这种形式具有自愿性、自主性和自我发展性等特点，得到各院校的普遍采用，表现出较强的生命力。大多数院校的课外体育俱乐部是以课外体育活动方式出现的，而且增加有偿收费的因素，成为促进高校体育经济发展的一个亮点，同时基本得到学校领导和学生的认可。其形式及特点如表 5-6-3 所示。

表 5-6-3　课外体育俱乐部的形式及特点

种 类	形 式	特 点
1	学校提供体育场地、器材，完全由学生自愿参加、自我锻炼的课外体育活动。教师一般不参加课外指导，学校完全实行有偿服务的收费管理	自愿参加、自主锻炼、有偿收费，根据个人的兴趣，自主选择锻炼内容，自由组合练习，提高体育技能和竞技水平
2	学校向学生开放体育场馆，学生按体育部门的安排，自愿选择自己喜欢的俱乐部参加活动，在俱乐部里教师参与学生的辅导和指导，对有些项目实施有偿收费。少数学校还将课外体育锻炼情况计入体育课成绩	自愿参加、有偿收费、在教师指导下进行体育锻炼，自愿选择体育项目、自愿选择辅导教师，这种形式比较受学生欢迎，学生参与积极性较高
3	由学校组织的以运动训练为主的体育俱乐部，多数是以加入院校体育代表队的形式出现，学生经选拔组成各项运动队，利用业余时间，在教师的指导训练下，为完成各级各类体育比赛而进行的体育活动	自愿参加与学校要求相结合，学校有相应的运动员优惠政策，有专门的教练员指导，固定的时间、固定的场馆，学生具有较高的参与意识
4	学校组织各类体育课外兴趣活动，成立各类课外体育俱乐部，进行体育培训、辅导，面向有一定兴趣、爱好的学生，实行有偿收费，以支持该项活动	学生自愿参加、有偿收费、教师指导、针对性强，对有兴趣和专长的学生具有较强的吸引力

（三）课内外一体化体育俱乐部的形式及特点

课内外一体化体育俱乐部代表了高校体育俱乐部发展的新趋势。这种俱乐部模式是高校体育俱乐部中的典型代表，通常由经济发达地区的高校建立。其院校领导思想开放，改革意识强，对高校体育俱乐部较为理解和支持。这些高校具备完善的体育设施和充足的体育经费，体育管理体系先进，体育教师队伍建设整齐，形成了强大的支撑条件。由于这些内外部条件的有利因素，体育俱乐部已经进入一个良性循环的发展轨道，确保了俱乐部的稳定和可持续发展。其形式及特点如表5-6-4所示。

表5-6-4　课内外一体化体育俱乐部的形式及特点

种类	形式	特点
1	一年级为专项课（基础课），二年级为俱乐部形式教学，三、四年级为选修体育俱乐部课	选课自主、自觉主动学习、教师从主导变为辅导、教师与学生具有较大的自由度、课的组织与考勤由学生负责
2	实施四年一贯制，即一至三年级为必修课，四年级开设选修课，研究生开设必修课	实行会员制，打破年级界限，分成初级、高级教学班，学生自主选择、全天开放、主辅修并存，学习空间和自由度大
3	一、二年级为选项课，课内占60%、课外占40%，三、四年级为课外俱乐部，修满规定的学时可获得学分	通过体育成绩的约束，将课内、课外，一、二年级和三、四年级完全用成绩和学分规范起来。打破年级界限、自主选课、自由择师、自主选定时间，每天课外时间和双休日向学生开放
4	一、二年级为选项课，实行课内占90%、早操占10%、课外体育俱乐部另增加15%～20%的附加分，三、四年级为课外俱乐部，修满规定的学时即获得学分	通过建立学校体育整体管理体系，将课内、课外连成一体，以分数累计来激励学生积极、自愿、自助参与体育锻炼，一至四年级保持不间断的体育学习。学校通过各种形式鼓励学生参加，全天候向学生开放

　　总体来看，这三种体育俱乐部模式各有侧重，共同构成了高校体育活动多样化、个性化发展的趋势，有效地促进了学生体质和综合素质的全面提升。首先，课外体育俱乐部是最早的形式之一，主要作为体育课程的延伸，其核心目标在于拓宽学校体育的功能，培养学生良好的体育习惯与行为。这种类型的俱乐部不仅补充了课堂学习，还促进了学生的全面发展。其次，随着教育改革的推进，课内体育俱乐部模式应运而生，成为近年来我国高校体育教育改革的焦点之一。这一模式依托现代教育思想和理论，尤其强调人文主义的教育理念，旨在构建现代大学体育教育的新模式，从而更好地适应当代教育需求。最后，课内外一体化体育俱乐部则是在素质教育兴起的背景下，根据全人教育的理念提出的一种综合体育管理模式。该模式以终身教育的思想为指导，重在培养学生适应学习型社会的能力，以及促进其在多方面的能力发展。

三、俱乐部教学模式的实施价值

（一）有助于增强学生的体育意识

俱乐部教学模式在高校体育教学中具有显著的实施价值，特别是在提升学生体育意识方面表现突出。该模式强调通过兴趣驱动和技能培养，激发学生对体育活动的热情。在这一教学体系中，学生不仅是学习的参与者，还是其管理和组织的一部分。通过参与俱乐部的日常管理、交流会、观摩和实践活动，学生能够在实际操作中提高自我管理能力，并从被动接受知识转变为主动探索和学习。

此外，俱乐部教学模式从传统的权威式教学转变为引导学生自主学习的方式，这种转变不仅提高了学生的学习动力，也增强了教师的教学积极性。在这种模式下，教学活动的设计更加注重学生的实际需求，允许学生根据自身兴趣选择体育项目，从而实现教育内容的多样化。这种灵活的教学设计既满足了大学生当前的身心发展需求，也为其未来的终身体育活动奠定了基础。通过这种教学模式，学生能够在大学阶段建立起持续参与体育活动的习惯，为其将来的健康生活方式打下坚实的基础。

（二）增进学生的人际交往能力和社会实践能力

俱乐部教学模式在提升学生人际交往能力和社会实践能力方面具有重要的作用。通过改革教学方法和组织形式，教师能够营造一个宽松自由、民主平等的学习环境。在这种环境中，学生通过相互交流和协作，不仅加深了彼此的理解，还增进了友谊。这种互助合作的过程是学生社会技能发展的重要途径。

体育俱乐部提供了一个独特的平台，让学生在运动场上与不同背景的人交流互动，无论是熟悉的同学还是陌生人。这种频繁的社交活动促使学生在多种社交场合中磨炼自己的交际技巧，如在比赛中与队友协调、与对手竞争、与观众互动。此外，团队之间的协作和竞争也有助于培养学生的团队精神和集体荣誉感。

更重要的是，俱乐部活动使学生有机会接触社会，参与组织社区或公开的体育活动，从而提高了他们的社会实践能力。通过这些活动，学生不仅能够在体育领域内展示自己，也能学习如何在更广阔的社会环境中有效地沟通和操作，从而为未来的社会生活和职业生涯奠定基础。

（三）有利于培养学生良好的个性心理

体育俱乐部教学模式特别强调个性化教学，尊重并适应学生之间的个体差异。通过分层教学策略，每个学生都能在适合自己能力和兴趣的层级中找到位置，这种方法不仅能让学生感受到体育活动的乐趣，也极大地增强了他们的学习动力和自我驱动力。当学生在运动中取得进步并得到教师的肯定时，他们的自信心和积极性会得到显著提升。

这种教学模式允许学生根据个人喜好选择参加不同的体育活动，从而使教学过程更加个性化和目标导向。在这一过程中，学生不仅培养了运动技能，还学会了自我管理、自我激励，以及如何面对挑战和解决问题。这些技能的发展对于个性心理的成熟至关重要。此外，体育俱乐部的团队活动促进了学生之间的交流和合作，这不仅增强了他们的社交技能，还加强了团体的凝聚力。在教师的引导下，学生通过相互帮助和支持，共同解决问题，这些经验有助于塑造一个支持性和积极的学习环境。团体之间的这种正面互动不仅优化了俱乐部的内部氛围，也对学生的情感和社会发展产生了深远的影响。

（四）保持体育教学和课余体育锻炼的连贯性，为培养学生的终身体育观打下基础

体育俱乐部教学模式有效地连接了体育课教学与课余体育锻炼，通过提供自主选择课程的方式，使学生能根据个人兴趣选择运动项目和教师，从而在一定程度上改变了传统体育教学的强制性，显著提高了学生的学习动力。当学生有机会学习自己喜欢的运动时，他们会展现出更高的热情和参与度，这不仅提高了他们对体育的兴趣，也促进了他们对体育活动的持续参与。

在体育俱乐部教学模式中，教师的作用转变为导师和协调者，他们通过定期组织丰富多彩的课外活动，引导学生进行课余体育锻炼，增强学生参与体育锻炼的意识。这种连贯的教学与活动安排不仅活跃了校园的体育氛围，增进了校园体育文化，还有效提升了教师的教学积极性。此外，体育俱乐部教学的持续性和弹性，为学生建立起终身体育的观念提供了坚实基础。通过在课内外不断地体验和实践，学生能够将体育锻炼作为一种生活习惯和健康投资的方式融入日常生活，从而持续地增强自身的体育意识，提高健康水平。

四、俱乐部教学模式下高校轮滑课程开发

本部分将分析高校轮滑课程引入体育俱乐部教学模式的理论基础，并详细探讨轮滑课程的目标设置、内容选择、实施方法以及评价考核。

（一）目标设置

课程目标定义了课程要实现的具体目标和意图。设置课程目标，首先要以党和国家的教育方针政策为指导，其次要根据社会发展需求、学校的具体条件以及学生的特点，确保目标的实际可行性。此外，体育教学应聚焦于"教会、学会、会用、常用"的原则，并充分考虑高校体育俱乐部教学模式的特性，以及轮滑课程的可持续发展策略。基于以上原则，轮滑课程的目标应细分为五个主要方面，具体内容详见表5-6-5。

表5-6-5 轮滑课程目标

俱乐部级别	运动参与	运动技能	身体健康	心理健康	社会适应
初级轮滑俱乐部	积极参与轮滑课程，基本养成自觉锻炼的习惯	掌握轮滑入门的基础动作，学会保护与帮助方法	掌握提高身体素质的内容与方法	体验运动乐趣，享受成功的喜悦	形成良好的体育品德和合作精神

俱乐部级别	运动参与	运动技能	身体健康	心理健康	社会适应
中级轮滑俱乐部	积极参与课内外轮滑运动，养成自觉锻炼的习惯	掌握并能熟练地应用速度轮滑的动作，熟知竞赛办法，学会裁判知识	掌握有效提高身体素质的知识与方法，发展体能	体验运动乐趣，享受成功的喜悦	形成良好的体育品德和合作精神
高级轮滑俱乐部	积极参与轮滑运动、训练和竞赛，养成自觉锻炼的习惯	掌握速度轮滑的训练内容、手段和方法，学会组织速度轮滑的竞赛与训练	全面发展体能	体验运动乐趣，享受成功的喜悦	形成良好的体育品德和合作精神

（二）内容选择

课程内容的选择至关重要，它直接服务于课程目标的实现。课程内容的选择应遵循以下五个核心标准。第一，课程内容应响应当代大学生对体育活动的需求，有助于提升他们的体质和健康水平，这也是轮滑课程旨在达成的身体健康目标。第二，课程内容应激发学生对轮滑的兴趣，从而提高他们的运动技能水平。学生的兴趣是他们持续学习和训练的驱动力。第三，课程内容必须以学生发展为中心，尊重学生的个性和主体性，接纳每个学生的个别差异，并提供多样化的选择以增强课程的吸引力。第四，课程内容应遵循轮滑技能学习的自然规律，即从易到难、由简入繁，确保学生能够循序渐进地掌握技能。第五，课程内容需要考虑实际可行性，包括考量学生的基础、教师的指导能力、可用的教学资源以及项目的安全性。基于以上课程内容的选择标准，教师应以课程目标为导向，设置课程内容，见表5-6-6。

表5-6-6 轮滑课程内容

俱乐部级别	实 践	理 论
初级轮滑俱乐部	轮滑入门的基础动作（安全规范、站立姿势、直道滑行、弯道滑行、制动方法、花式绕桩、专项素质等）	轮滑基础知识
中级轮滑俱乐部	速度轮滑基础动作（起跑技术、直道滑跑、弯道滑跑、冲刺技术、专项素质等），参加比赛	速度轮滑基础知识、训练手段与方法、速度轮滑裁判法
高级轮滑俱乐部	速度轮滑基础动作（起跑技术、直道双蹬技术、超越与尾随技术、冲刺技术、接力技术、各项目滑跑的技术），参加比赛	速度轮滑裁判法、速度轮滑竞赛的组织与实施

（三）实施方法

体育课程的实施是将体育课程计划转化为具体教育实践的过程，涉及对课程计划的实际执行和必要的调整。体育课程的实施，首要原则是坚持"健康第一"的教学理念。教师需以课程目标为指导，以课程内容为核心，设计适应不同水平（初级、中级、高级）的轮滑教学大纲，并在实际教学中进行细化，确保教学内容的针对性和实效性。此外，教师应利用自身的教学经验和现有的教学资源，选择合适的教学策略和方法，制订详尽的轮滑课程教学计划。这一计划不仅要反映课程内容的系统性和连贯性，还要与学生的学习需求和身心发展特点紧密相连，确保教学活动能够顺利进行。教师在制订教学计划时，必须遵循轮滑技能学习的规律和体育教学的基本原则，同时考虑学生的身心特点。这样的教学计划有助于优化教学效果，确保轮滑课程不仅能增强学生的体质，还能提高他们的技能水平和运动乐趣，从而有效地推动实现轮滑课程目标。

（四）评价考核

课程评价在体育俱乐部教学模式下至关重要，它需要从多个维度观察和分析学生的学习成效。首先，评价应关注学生的多方面表现，包括识别他们的优点和学习中的不足。其次，评价的参与者应多元化，结合教师的专业评价和学生间的互评，以全面捕捉学习过程中的各种细节。最后，课程评价系统应包括过程性评价和终结性评价两个部分。过程性评价主要采用质性方法，注重观察学生的参与程度、技术表现、学习态度和课堂互动等方面。终结性评价则以量化数据为基础，重点评估学生的技能掌握水平和个人进步，包括课堂分组竞赛的成绩、理论知识掌握程度、课外锻炼表现以及按照《国家学生体质健康标准》进行的相关评估。整体而言，这一评价体系可以促进学生在轮滑运动中持续成长和提升技能，确保轮滑教学活动能够有效地支持学生发展为终身参与体育活动的个体。

第六章 高校体育教育专业人才培养理论与创新

第一节 高校体育教育专业人才培养目标方略

为了培养出更多卓越的体育人才，高校需要明确体育教育专业的人才培养目标。高校体育教育专业人才培养目标的确定应充分考虑当前的教育环境与社会对体育人才的需求变化，以便不断调整教育策略和教学方法。合理且科学地设计体育教育人才培养方案是至关重要的。通过确定人才培养目标和培养方案，高校不仅可以有效培养适应社会发展需求的体育专业人才，还能帮助他们更好地实现个人价值。本节将探讨高校在定位体育教育专业人才培养目标时的具体方法和策略。

一、高校以及体育专业教师多关注社会变化，调整人才培养目标

随着信息科技的飞速发展和教育体制的不断改革，社会对体育人才的要求也在不断变化。高校必须抛弃传统的教育观念，创新体育教育专业人才培养策略与方法，主动适应这些变化。这不仅包括学生体育技能的提升，还涵盖学生综合素养的全面发展，使其能够在激烈的市场竞争中占据有利

地位并有效适应社会的要求。为了培养出符合现代社会要求的体育专业人才，高校应结合国家政策导向和市场趋势，不断优化教育内容和教学方式。利用现代化教学技术和多媒体工具，高校教师可以更有效地传授知识，同时促进学生提高专业技能。此外，高校还应关注学生个体的成长需求，设计出更具针对性和实用性的课程，培养学生的批判性思维和解决问题的能力。在调整体育教育策略时，高校还需考虑到国家对素质教育的重视，不仅仅是提高学生的体育技能，更包括培养学生的领导力、团队协作能力及社会责任感等方面。这种人才培养目标的转变，可以使学生成为在体育领域，乃至更广泛的社会领域发光发热的全面发展的人才。

国内外体育行业的持续发展对体育教育专业人才的专业能力及创新能力提出了更高要求。因此，高校的课程设置和教学实践需要不断创新，将国际视野和本土文化相结合，致力于培养能够引领未来体育行业发展趋势的专业人才。高校应加强与体育行业的合作，定期更新教育内容和教学方法，确保教育与时俱进，满足行业发展的实际需求。

二、结合学生的自身特点和发展规划定位培养目标，增强体育教育专业学生的自主能力和创新能力

高校体育教育专业的人才培养目标应从单一的技能训练转变为促进学生的全面发展。教师需深入了解学生的个性、兴趣和职业规划，将这些因素综合考虑，精心设计课程和教学活动，以培养学生的自主能力和创新能力。交流与活动的增多不仅有助于教师把握学生的真实需求，还能促使课程内容和教学方法更加贴近学生的个性和发展需求。教师应采用多样化的教学方法，如案例研究、团队项目、模拟竞技等，以激发学生的学习兴趣和探索精神。这种教学方式能够让学生在实践中学习和解决问题，进一步提升其解决实际问题的能力。教育内容的设计需紧跟时代的步伐，融入最新的体育科技和理论，使学生能够在未来的职业生涯中保持竞争力。

随着教育理念的不断更新，高校更应重视体育教育专业学生综合素质的培养。通过引入跨学科的学习项目，学生可以从其他领域获取知识，促进创新思维的形成。例如，结合商业管理知识教授体育市场营销，或与心

理学专业合作开设运动心理学课程，这样的跨学科教学不仅拓宽了学生的知识视野，也增强了他们应对复杂问题的能力。高校应定期评估和更新教学内容，确保其与国际标准和行业需求保持一致。教师团队的专业发展同样重要，定期的教师培训和学术交流可以帮助教师保持教学方法和专业知识的先进性，从而更好地指导学生。学生的职业生涯规划教育也是体育教育中不可或缺的一环。高校和教师应引导学生认真思考并规划自己的职业路径。例如，高校可以邀请体育行业的专家和前辈来校举办讲座和开展研讨活动，为学生提供行业见解和职业建议。学生在这种环境下，能够更清晰地认识到自身的职业潜力和所需努力的方向。在实际教学中，教师应鼓励学生进行自我探索和实践，为他们提供充足的资源和机会，以增长体育知识，提高专业技能。这种教学策略不仅提高了学生的学习动力，也培养了他们的自主学习能力，使他们在未来的学习和工作中能够持续自我提升和创新。

三、以专业化复合型体育人才为培养目标，帮助学生更好地适应社会，成就理想

在高等教育中，体育教育专业人才的培养策略应紧密结合时代的特征、学生的职业目标以及国家和社会对于人才的当前需求。这种培养策略强调不仅要提高学生的专业运动技能，还要增强他们分析和解决问题的能力，通过多样化的专业实践促进思维能力、分析能力和表达能力的全面发展。教师与学生间的互动和理解是人才培养的关键，以确保理论知识与实践技能的有效结合。高校在开展体育教育时，需着重构建一套完整的知识和能力培养体系，涵盖基础知识教育、专业技能训练及多学科知识的融合。这一体系应强化学生对相关学科知识的理解和掌握，并用以指导实际操作，从而形成积极的世界观和职业观。高校还应注重专业实践和操作技能的培训，通过具体的实践教学活动不断增强学生的专业能力，同时提升他们的综合素质。这样的教学策略可以激励学生积极探索体育领域的深层次知识，并在广泛的社会实践中增强专业技能和专业意识，使他们能够更好地适应社会发展的需要。

在培养体育教育专业人才的过程中，高校必须明确其培养目标，创新教学方式和方法，确保这些目标在体育教学的每一个环节都得到实施和融合。通过这种方式，教学方案得以持续优化，从而不断更新体育学科的知识和能力培养结构。高校应明确体育教育专业的发展方向，系统规划课程设置和年度培养计划，加入多样化的跨学科选修课程，优化课程结构及学生的知识体系。高校需要根据学生各自的特点，采用因材施教的方法，制定具有特色和专业针对性的人才培养方案。这种教学策略能够培养学生的跨学科意识，拓展他们的思维和能力，为他们成为专业化复合型的人才打下坚实的基础。为此，教师应有效整合不同学科的教学资源，推动资源共享和互补，加强学科间的协同教学。此外，高校可以组织丰富的校内外实践活动，通过实际操作加强学生的专业技能和实践能力。通过与其他教育机构或企事业单位的合作，高校能为学生提供多样的实习和就业机会，使他们在真实的工作环境中提升综合职业能力。

第二节 高校体育教育专业人才培养之体教融合模式

体教融合模式是一种创新的教育实践，旨在通过高校这一主体单位，实现体育部门与教育部门之间的协同合作和资源共享。该模式不单单是资源的简单叠加，而是一种深层次的理念变革，通过明确双方的职责和合作方式，优化资源配置，提升高校体育人才的综合素质，满足教育和体育领域对人才的双重需求。体教融合模式不断发展和实践，已逐步形成了适应教育系统和体育系统发展的有效路径。

一、从体教结合到体教融合

体教结合模式自 20 世纪 80 年代形成以来，经过数十年的发展和实践，已经逐步成熟并丰富了其具体实施方式。这一模式不仅从行政管理角度推动了体育教学的良性发展，还从高校发展的视角成为提升学生综合素质的重要手段。此外，它还支持运动员在接受系统训练的同时，获得全面的知识教育，实现知识与技能的双重提升。2020 年，《关于深化体教融合 促进青少年健康发展的意见》（以下简称《意见》）的发布标志着体教结合模式向体教融合模式的重大转变。《意见》强调了健康第一的教育理念，并提倡青少年的文化学习与体育锻炼应协调发展。《意见》提出了加强学校体育工作、完善青少年体育赛事体系等 8 大领域的 37 项具体举措，全面推动深化体教融合，促进青少年的全面健康成长。①

该文件强调通过体育锻炼使学生享受乐趣、增强体质、健全人格及磨炼意志。

体教融合模式的核心在于强调学生的身心和谐发展，不仅仅是追求体育或教育的单一效果，而是通过这两者的有效结合，培养出德智体美劳全面发展的社会主义建设者和未来的接班人。这种模式的推广和实施，旨在为学生创造一个更为全面和均衡的发展环境，使其在未来社会中能够更好地发挥自身的潜力。

二、体教融合模式的内涵

体教融合模式是体育与教育管理部门之间的一种深度合作，旨在通过资源整合，实现部门间优势的互补，以培养适应时代需求的全面发展的人才。该模式不是体育和教育的资源简单相加，而是通过双方的强强联合，促进知识与技能的双向提升，从而为高等教育机构培养更多合格的人才奠定坚实基础。

体教融合的实践表现在几个关键方面。首先，体教融合体现在体育部门与教育部门之间的合作上，各自的优势得以充分发挥。教育部门依托其丰富的文化教育资源和人才库，而体育部门则利用其专业教练和体育训练资源，两部门合作共同推动学生知识面和技能的全面提高。其次，体教融

---

① 刘海元、展恩燕：《对贯彻落实〈关于深化体教融合 促进青少年健康发展的意见〉的思考》，《体育学刊》2020 年第 6 期，第 1 页。

合还体现在体育运动与高等教育的结合上。体育不仅是教育的一种手段，而且通过与教育的结合，可以促进学生的全面发展。同时，教育可以提高体育人才的文化水平，为其在体育赛事中取得优异成绩提供理论和心理支持。再次，体教融合还涉及体育训练与文化教育的结合。这种结合特别针对中国传统体育教学模式中存在的问题，强调在提高学生的体育技能的同时应提升其文化素养，以符合国家对人才全面发展的要求，确保培养出既有竞技能力又有高文化素养的体育人才。最后，体教融合还意味着学校人文精神与奥运精神的结合。通过体教融合，学生可以培养出积极进取、坚韧不拔的品质，同时体育教育也得以在坚持"以人为本"的理念和科学发展观的指导下，推动我国体育事业的持续发展和人才培养的优化。

三、体教融合模式的主要特征

（一）体育与教育相结合

体教融合模式的显著特征之一是体育与教育的深度结合，学校教育系统不仅强调学术教学的重要性，也重视体育人才的培养。这种教育模式不仅包括学习与训练的制度设计，还涉及对学生日常生活的规范管理，注重学生道德和心理发展，目标是促进学生在身心两方面的全面发展。学生在面对训练和学术学习的双重压力时，这种教育模式帮助他们形成了明确的人生目标，激发了他们对文化学习和体育活动的积极投入。

（二）促使高校与中学的关系更加紧密

体教融合模式还特别强调高校与中学之间的紧密联系，这种联系在体育专业的学生培养中尤为重要。中学阶段作为学生教育的关键期，为学生进入高等教育机构做准备。如果学生能在中学期间系统地学习并掌握科学的锻炼方法，这将为他们在大学阶段的体育技能和学术能力的进一步提升打下坚实的基础。

体教融合策略将体育教育视为一个贯穿个体生命周期的连续项目，并在此基础上进行优化。这种策略的实施使得学生在中学期间已经建立了良好的体育基础，从而在大学阶段能够迎接更高的挑战，实现学业和体能的高水平发展。这种从中学到高校的无缝衔接不仅提高了教育的连贯性和效率，还大幅降低了教育培养的成本，确保了学生的全面和均衡发展。

（三）选拔、输送实现一体化

体教融合模式在选拔和输送体育人才方面实现了高效的一体化流程。这一模式识别并选拔那些对体育充满热情且在某些体育项目上有特长的学生，确保从中学阶段就开始培养具备长远发展潜力的体育人才。此种选拔不仅基于学生当前的体育技能，还重视其未来为体育事业可能作出的贡献，从而保障了人才培养的质量和目标的一致性。

在中学阶段，这种模式通过系统的训练和教育，为学生奠定坚实的学术和体育基础。当这些学生进入高校后，他们已具备了必要的基础知识和体育技能，能够在更为严格的学术和体育训练环境中迅速适应并获得发展。高校阶段的教育则在此基础上继续加强，通过高水平的训练、参加比赛以及理论学习，进一步深化学生的专业技能和理论知识。

体教融合模式还强调学生全面发展的重要性，不仅限于体育技能的提升，还包括心理素质、团队协作能力和社会适应能力的培养。通过这种全方位的教育和训练，学生能够在竞技体育中表现出色，也能够在学术和其他生活领域展现竞争力。这种一体化的选拔和输送机制的最终目的是培养能在国内外体育舞台上竞争并为体育事业持续作出贡献的优秀人才。

（四）体教融合模式下，学生具有三重身份

在体教融合模式下，学生的身份展现出多样性，同时兼具学习者、未来教育者以及运动员的角色。这种多重身份不仅为学生提供了广阔的发展路径，也对教育系统提出了综合性的教学策略需求。学生作为学习者的角色要求他们完成学术课程和体育训练，这些活动的表现直接关系到他们的学业评估。教师面对技能突出但学术成绩不佳的学生时，需特别强调学术学习的价值，通过引导和支持帮助他们在文化知识上取得进步，实现个人

全面发展的教育目标。这种教育模式的实施确保了学生能够根据自身的兴趣和能力，选择成为教师或运动员的职业道路。无论选择哪条道路，体教融合模式都为他们提供了必要的知识和技能，使他们能够有效地适应并满足岗位要求，展现专业能力和社会责任感。

四、体教融合模式基础研究

体教融合模式具有重要意义，这一新型模式不仅使体育人才的培养与时代发展保持同步，还在推动体育发展的过程中促进了教育体系的整体进步。该模式的形成基于坚实的理论和现实基础，促进了教育与体育之间的相互结合和共同发展。

（一）体教融合模式的理论基础

体教融合模式的理论基础深植于教育学和生物学两个关键领域。在教育学领域，该模式探讨了教育的本质与其对社会发展和个人发展的影响。教育被视为社会与个体发展之间的桥梁，通过教育，个人得以适应并推动社会的进步。联合国教科文组织强调，教育的功能不仅在于个体的成长，还包括使个体能够积极参与并改变社会。这一观点尤为适用于体育领域，其中现代体育受商业化影响，常常过度关注运动员的体能而忽略智能的发展，教育学的理论强调了对体育从业人员进行全面的文化和心理培养的重要性。

在生物学基础上，体教融合借鉴了生物学理论来解释生物体的发展规律，尤其是耗散结构理论。该理论由诺贝尔化学奖得主普利高津（I. Prigogine）提出，阐释了系统在远离平衡状态时可能出现的新的有序结构。在体育训练中，这意味着运动员应当避免单一侧重体能的训练方法，而应注重整体潜能的开发，促进体能、智力和心理等多方面的均衡发展。

（二）体教融合模式的现实基础

体教融合模式的现实基础植根于体育与教育的共同起源和目标。体育与教育在历史上起初是不可分割的，早期的教育实际上包括了体育，涉及劳动技术与身体教育的结合。从古至今，人们通过教授射箭、舞蹈、格斗技巧等体育相关技能来培育后代，体现了教育与体育的原始融合。

体育部门与教育部门虽然在职能上有所不同，但共同承担着为国家培养人才的重任。教育部门广泛培养各领域人才，而体育部门专注于培养体育竞技性人才。这两者虽然在人才培养的具体内容上有所区分，但最终目的均是培养能够为国家服务的优秀人才。

体育与教育的目标一致性为体教融合提供了坚实的基础。体教融合模式通过促进体育部门与教育部门之间的深度协作，有效整合两者资源，共同培养全面发展的体育人才。这种协作不仅限于竞技体育的培养，也强调学生在文化、心理、社会等多方面的发展。

体育与教育在培养人才的时间上的一致性，为体教融合提供了客观的实施条件。在大学这一关键时期，学生的综合素质有显著提升的潜力，教师需确保文化教育的顺利进行，并组织体育活动，促进学生全面发展。体教融合模式顺应了学生发展的自然趋势，为培养全能型人才奠定了坚实的基础。

五、体教融合模式的发展路径

（一）体教融合模式的探索与实践

体教融合模式的探索与实践涉及多层次的教学策略，以适应不同学生的需求并确保教育的连贯性和全面性。在这种模式下，教育的实施分为三个阶段，每个阶段都针对学生的具体发展需求和教育目标进行精细化的教学设计。

教育的第一个阶段，也就是基础教育阶段，涵盖了大学的前两年。这一时期主要采用必修课和选修课的教学模式，课堂教学是主要的教学方式。对于那些常年需要外出训练的大学生运动员，网络教学模式则更为适合，使他们在保持训练强度的同时能够完成学业。

教育的第二个阶段是巩固和提升阶段，主要在大学第三年进行。在这一阶段，学生可以选择自己感兴趣的课程，制订个性化的学习计划。这个阶段的教学策略旨在增强师生间的互动，提高学生的主动学习能力，最终的学习成果常以课程报告的形式呈现。

教育的第三个阶段是应用实践阶段，通常在大学的第四年进行。这一阶段，学生将进入实习，学校与各信誉良好的企业合作，为学生提供实习场所和专业指导。这一阶段是学生从校园到社会的过渡期，通过实际工作经验，学生能够将课堂所学与实际工作环境结合，为将来的职业生涯做准备。

这三个阶段的教学设计充分考虑了学生的发展规律和个性化需求，体教融合模式通过这样的分层次教学确保了学生能在每个阶段获得必要的知识和技能，促进了学生的全面发展。

（二）体教融合模式的制度、技术保障

1.建立有效的质量监控机制

在体教融合模式下，建立一个有效的质量监控机制是确保教育和训练质量的关键。这一机制通过构建一套规范的体系来管理和监督体育教育专业的各个方面。

高校可以根据这一规范体系进行科学管理，确保教育和训练目标的达成。例如，一些高校的运动队直接由校体育委员会管理，该委员会下设多个专门部门，如竞赛训练教研中心、学生委员会、体质检测中心等，专门负责运动员的训练和比赛事务。这样的结构不仅确保了训练的专业性，也提升了管理的效率。

在教学管理方面，高校应从上至下制定清晰的部门职责和任务。例如，学院本科教学指导委员会负责制定教育发展规范和决策，院长和教授团队则引导体育教师开展教学活动，教研室主任和教师团队则具体负责教学内容、计划和课程设计等工作。这样的分工明确了每个部门的角色和职责，使得整个体育教育专业能够高效和有序地运转。

2.基于不断提升的质量保证体系

要有效地发展体教融合模式，高校需要构建一个基于社会需求的动态质量保证体系。这一系统的核心是对体育专业学生的综合素养进行持续提升，以确保教育质量与社会需求之间的紧密匹配。首先，建立毕业生质量跟踪反馈体系，通过这一体系，学校可以持续追踪毕业生的职业发展情况和用人单位的满意度，从而获得对教育成果的直接反馈。这些反馈信息将成为评估和改进教学质量的宝贵资源。此外，高校可以利用问卷调查、用人单位考察、校友座谈会等多种手段及时获取关于职场需求的详细信息。这些信息有助于学校了解当前市场的用人标准和职业发展趋势，为调整课程体系、训练标准和素养培养提供依据。通过这种方式，高校可以实时调整教学管理和教学内容，确保教学活动能够紧跟社会和经济发展的步伐。持续优化这些教育环节不仅将提升学生的职业竞争力，也将提高教育项目的整体质量和效果。

3.综合性的考核评价机制

为了适应体教融合模式的发展需求，高校应当实施一种综合性的考核评价机制，这种机制重视学生的全面发展，而非仅仅关注学术或运动成绩。这样的评价系统不仅衡量运动员的运动技能和知识储备，还涵盖了专业素养、日常表现、参与度及社会实践等多个维度。这种多元化的考核体系强调评价的灵活性和开放性，允许学生通过多种方式展示其能力和潜力。例如，评价过程中包括项目报告、团队合作任务、实际操作考核以及社会实践的参与情况，这些都是衡量学生实际能力的重要指标。这样的评价机制可以促进学生在多方面发展，从而更好地理解和分析问题，提升其解决实际问题的能力。此外，这种评价机制的灵活性还体现在对学生的个性化评价上，教师可根据每个学生的特点和进步程度给予反馈，而不是单一地依赖传统的分数系统。

第三节　高校体育教育专业人才培养之校校结合模式

一、高校体育教育专业需要与基础体育教育改革整合、对接

20 世纪以来，教师教育体系的主要特征是以高校为中心的培养模式。[1]这一模式强调在高等教育机构中进行教师教育，以在校学习作为主要的培养手段。这种做法不仅旨在提升教师的整体教育质量，还力图为学校系统输送具有高学历和高素质的教师资源，推动教师职业向专业化、学术化方向发展。然而，这种以高校为中心的教师教育模式也存在一些明显的局限性。尽管该模式支持体育师范生到中小学进行实习，以实践和验证其在高校学习的理论知识，但这种实践经常被视为理论学习的附加部分，而不是教师教育的核心组成部分。这种分离导致了理论与实践之间的脱节，使得教师在实际教学中难以将理论有效地转化为教学策略和行动，从而影响了教学的实效性。此外，由于过于侧重理论教育，教师在面对复杂多变的教学环境时，可能会发现纯理论知识难以应对实际问题。这种理论与实际情境之间的反差会导致教师在实际教学中缺乏必要的积极性和主动性，从而影响教育质量和教师的职业发展。

（一）需要树立以中小学教师为培养目标的意识

体育教育专业在高等教育机构的核心目标正在经历一场深刻的转变，由传统的运动员培养模式，向更加关注基础教育需求的中小学体育教师培养模式转变。这一转变对提升我国素质教育水平至关重要，尤其是在体育学科领域，它不仅是高等体育教育质量提升的关键，也是基础教育改革成

---

[1] 胡庆山、王健：《基础体育教育与高等体育教育改革的对接与整合》，《武汉体育学院学报》2005 年第 12 期，第 105 页。

功与否的重要标志。

当前体育教育专业面临的挑战在于其与运动训练专业之间界限的模糊性，这种模糊性导致教育目标偏向于培养具备竞技能力的"运动员型教师"。然而，体育教育与竞技运动有着本质的区别，体育教育应聚焦于培养学生的体能和运动习惯，推广健康的运动理念，而不是仅仅培养能够在竞技领域竞争的专业运动员。为此，高校体育教育专业需要重新定位其培养目标，确保教育改革与基础教育的需求相适应。这意味着体育教育专业应淡化竞技运动的色彩，强化对学生体能及运动习惯的培养，同时提升运动理念的教育。通过这种方式，高校体育教育不仅能为基础教育输送合格的体育教师，还能有效促进学生的全面发展。

未来的体育教育专业应培养适合基础教育发展的中小学教师。这些教师应具备深厚的体育理论知识基础，了解基础教育的特点，尊重中小学生的身心发展规律，并具有高度的专业素养和道德素质。教师的知识结构需要合理，能够整合相关知识，实现跨学科的应用。此外，教师的教学技能应具有实用性，教师应具备创新能力、实践能力和交流能力，这些都是现代教育所强调的关键能力。在教学方法上，体育教育专业应采用多样化的教学策略，既包括传统的课堂教学，也应融入现代的网络教学资源，以适应不同学生的学习需求和生活节奏。在教育过程中，教师应鼓励学生发展个人兴趣，制订个性化的学习计划，通过实际操作和实习机会，将理论知识转化为实践技能。

（二）通过观照基础教育落实高校体育教育专业课程与教学改革

高校作为培养专门人才的重要基地，其体育教育专业对基础教育的重要性日益增强。随着体育学科开始与其他学科被平等对待，高校体育教育专业面临着在课程与教学方法上进行全面改革的需求，以适应教育发展的新趋势。

体育教育专业的学生是未来的中小学体育教师，需从学科本位教育向以学生为本的教育模式转变。这意味着教学方法和课程内容应更加关注学生的个性化需求和实际能力的发展，而非单一地依赖于传统的、标准化的教学大纲。

课程结构也应从传统的分科教学模式转向适应性更强、更加均衡和综合的课程设计。这种课程设计不仅涵盖体育知识和技能的传授，还应包括教育技术、心理学以及教育方法学的内容，为学生应对多样化的教学场景做好充分准备。

在课程实施过程中，创新成了一个关键的取向。教师和课程设计者需要引入新的教学理念和技术，如使用多媒体教学工具和互动式学习平台，这不仅能增加学生的学习兴趣，还能提升他们的实践技能和创新能力。

在课程评价方面，重视过程比单纯关注结果更为重要。这种评价方式鼓励学生在学习过程中进行自我反思和自我改进，也允许教师根据学生的进步进行适时的教学调整。评价的过程性强调在学习过程中的每一个环节都可能成为评价和改进的机会。此外，课程的管理也应实现从集中管理向分权管理的转变。这一变革赋予了学校、教师及学生更大的自主性，使得教育更加灵活和适应学生的需求，也促进了创新和教育实践的多样性。

（三）将基础教育中的新课程标准当作高校体育教育专业课程改革的参照

在新时代的教育改革背景下，高校体育教育专业的课程与教学改革显得尤为重要。《中共中央国务院关于深化教育改革全面推进素质教育的决定》明确指出了教育体制和教育内容滞后的问题，这对青少年的全面发展造成了影响。因此，课程改革不仅是必要的，而且是推动教育前进的核心。

随着基础教育课程改革的持续推进，体育教育领域也逐渐得到了重视，被提升到与其他学科同等的地位。为了响应这一变化，高校体育教育专业需要重新审视其课程和教学方法，确保与基础教育的课程改革保持一致，以培养出能够适应现代教育需求的体育教师。

新课程标准强调了以学生为本的教学理念，重视促进学生自主性、独立性的发展，并关注学生的应变能力、创新能力、转化能力及实践能力。这些新的教育理念要求高校体育教育专业在教学过程中进行相应的调整，以培养学生的全面能力。要实现这一目标，高校体育教育专业必须将新课程标准的核心理念和内容融入教学中，包括了解新课程标准提出的背景，掌握其核心内容，以及将这些内容有效地传授给学生。此外，教师需要深入学习新课程标准，意识到其在教学中的重要性，确保学生能够从中受益。在具体实施过程中，高校体育教育专业的学生应全面了解当前基础体育教育的现状，并学习如何根据新课程标准来调整自己的教学策略和方法；还应该学习并实践"健康第一"的理念，关注健康知识，养成良好的生活习惯，以此提升自身的健康意识和能力。同时，新课程标准中强调的对学生个体差异的关注以及每个学生的发展都应该成为教学过程中的重要考虑因素。高校体育教育专业应引导学生理解并采纳这种以学生为中心的教育模式，从而使教学更加个性化和具有针对性。

（四）高校体育教育专业学生与中小学教师实现紧密衔接

教育改革的核心在于教师的改革，而教师改革的本质则是建立一个高素质的教师队伍，以全面提升教育质量。特别是在基础体育教育领域，这一改革是全方位的，涉及教师和学生在教学和学习方法上的根本变革。在这一过程中，不仅教师需要探索和建立适应现代教育需求的教学方式，学生也应在教师的引导下，增强自主学习的能力，发展个人的综合素质。

其一，积极互动与交流是高校体育教育专业改革的核心策略，特别是在适应新时代中小学教育的发展需求和新课程标准的背景下。为了更好地培养未来的中小学体育教师，高校需要为体育师范生提供一个充满活力的教学环境，这不仅有助于他们快速进入教师角色，还能为其教师职业生涯的起步打下坚实基础。在这个过程中，体育教育专业的学生应该积极参与教学改革，通过实际参与深化对体育教学的理解和实践。高校应当加强与中小学的联系，促进理论学习与实际教学的紧密结合。这种联系可以通过各种形式实现，如定期的教学访问、联合研究项目以及专业研讨会等，这些都是推进理论与实践融合的有效途径。此外，高校体育教育专业不仅要深入了解和研究中小学体育的实际情况，还应鼓励学生通过课题研究深化对体育教育内容的理解。这不仅有助于学生建立起扎实的专业知识基础，还能通过研究活动提升他们的科研能力和解决问题的能力。

其二，深化对基础教育的理解并将其融入高校体育教学中，对于体育教育专业的构建至关重要。这是判断该专业是否能培养出合格体育师范生的一个关键指标。因此，高校体育教师的持续培训显得尤为重要。学校应当定期组织体育教师参加在职培训，从而确保教师既具备时代感又具有专业性，保障高校所培养的学生具备高素质。体育教育专业的教师需紧密结合基础教育改革的要求和新课程标准来开展教学工作，全面掌握当前基础教育的问题、解决策略和发展方向，充分利用现有资源培养体育人才。重要的是，新课程标准应成为所有体育教育专业教师掌握的基本要求。

其三，为了提升高校体育教育专业的教学效果，并实现与中小学体育教育的有效融合，采取创新教育模式至关重要。传统的体育教育模式通常是学生在前三年主要学习理论知识，到了最后一年才进行集中实习。然而，当前的教育模式已经开始转变，采用分阶段、分期实施的实习方式，有效地将理论学习和实际操作紧密结合，形成一个理论与实践相互循环的教学流程。中小学需要不断优化实习环境，从师范生的需求出发，尽可能提供便利条件，确保师范生在实习期间能有实质性的收获。同时，教育行政部门应积极探索和建立师范教育与基础教育之间的有效衔接机制。例如，可以创建区域性的教师教育网络联盟，由高校和中小学共同参与，实施"4+1"联合培养模式。在这种模式下，师范生在一周的前四天进行校内课程学习，而在第五天（通常是周五），则前往周边的中小学担任助教，通过这种方式加强理论与实践的结合，从而实现知识与技能的同步提升。

总之，在当前的教育改革背景下，高校体育教育专业与基础教育部门应本着开放与共赢的精神，积极利用彼此的优势资源进行互补，以推动各自的发展。特别是高校与中小学之间的紧密合作，这种关系的加强不仅可以优化高校的人才培养体系，还能确保人才培养与时代需求的一致性。因此，高校体育教育专业需要严格按照基础体育教育改革的要求进行课程和教学模式的调整，始终保持服务基础教育的意识，致力于培养能够适应未来教育需求的合格体育教师。此外，高校体育教育专业还应参照新课程标准，加速教学内容和方法的更新与完善，在顺应教育改革潮流的同时，更应重视基础教育的具体需求，突出时代性与专业性，有效促进体育教育专业人才的全面发展。

二、高校体育教育专业对口负责制的构建

在当前社会发展的背景下，高校教育体系面临着从传统的理论型教育向应用型教育转型的需求。特别是在体育教育专业，这种转变显得尤为重要，因为这一专业不仅涉及理论知识的传授，还重视教育实践和应用能力的培养。

高校在发展体育教育专业时，应该紧密结合本地区的教育资源和特色，积极响应各级教育的实际需求。这意味着，高校需要培养不仅具备扎实专业知识，而且具有较强社会适应能力和实践教学能力的体育教师。这样的教师能够更好地在中小学等学校中发挥作用，促进学生体育素质的全面提高。

（一）选择示范中学作为高校体育教育专业实习基地

在基础教育层面，选择省级示范中学作为研究和实习基地具有重要意义。在这些示范中学实施创新措施，可以加强高校体育教育专业与示范中学之间的教育合作机制。这种合作不仅为高校体育教育专业的学生提供宝贵的实习机会，让他们在实践教学中积累经验，还有助于培养更高层次的师范生。

对示范中学而言，引入实习生不仅可以增强其教育资源，还可能在未来促进这些师范生与学校签订就业协议，留在实习学校任教，从而实现高校与中学之间的双向互动与合作。

高校应在示范中学实施多级全程对口负责的实习模式。这一模式的客

观性与必要性不言而喻：高校体育教育专业的改革重点在于课程内容的更新，而人才培养的核心在于强化实用性。若体育教育专业的学生始终处于一个封闭的学习环境中，他们的实践能力就难以提升。因此，扩大实习机会可以有效增强学生的实际操作能力和应用转化能力，为培养创新型人才奠定基础。

尽管传统的大学体育教育专业学生实习通常在大四进行，但一些体育院校已开始尝试分散实习、顶岗实习和推销式实习等方式。这些措施虽在一定程度上缓解了就业压力，但总体上仍显单一和粗放，缺乏系统性和统一的理论与实践指导，导致实习效果不尽如人意。然而，高校与示范中学的紧密衔接不仅可以丰富实习内容，还能形成一套更为完善的实习体系，这在当前的教育环境下有着积极的现实意义。

（二）推广多级全程对口负责制实习模式

在现代教育体系中，实习环节扮演着至关重要的角色，尤其是对于高校体育教育专业的学生而言，实习不仅是理论与实践融合的桥梁，也是未来职业生涯的重要准备阶段。为了提升实习的效果，多级全程对口负责制实习模式被提出并逐渐推广。该模式通过四级负责体系确保实习的每一个环节都得到有效监督与支持，从而提高实习的质量和效果。

该模式首先涉及校级与学院级的高层管理，其中一位校级领导负责直接对接高校的二级学院领导，形成高效的管理和对接机制。这种对接主要是为了确保实习政策和目标的一致性，以及教育资源的有效分配。随后，二级学院领导则具体负责安排和监督若干指导教师，这些教师直接参与实习指导，每位教师根据能力与时间可以指导 1 至 5 名学生，确保学生在实习过程中能得到个性化和专注的指导。

在学生层面，每个体育教育专业的学生被分配到具体的示范中学的教学班或体育训练队，直接参与教学活动，实践其在大学期间所学的体育教育理论和技巧。这样的安排不仅让学生能够在真实的教学环境中测试和提升自己的教学能力，也促进了学生对职业生涯的深入理解和准备。此外，示范中学的校领导、班主任及任课教师在整个实习过程中提供必要的支持和监督，确保实习生能够在实际教学中有效应用其专业技能，并针对实际情况调整教学方法和策略。这种密切的合作和多层级的责任制确保了实习活动的质量，使实习生能在教育实践中真正学到有用的技能和知识。

（三）多级全程对口负责制实习模式各阶段的对应实习

1. 实践安排

在高等教育中，体育教育专业的实习模式对于学生的专业成长和未来教师身份的适应具有至关重要的影响。一个系统化的实习安排，如高中阶段的逐年累进实习模式，能有效地将理论知识与实际教学经验相结合，从而促进学生的全面发展。这种分阶段的实习模式旨在让学生逐步适应不同年级的教学需求和挑战，增强他们的教学能力和适应性。

在这种实习模式中，学生从大学一年级开始就接触实际的教学环境，每一年级的实习都针对相应的高中年级进行。具体而言，大学一年级的学生在完成基本课程学习后，会被安排在高中一年级进行实习，这有助于他们在实际教学中应用和观察初级教育技巧。随后，到了大学二年级，学生不仅继续其基础学习，还会增加一个实习阶段，此时他们将在高中二年级进行实习，这一阶段通常涉及更复杂的教学内容和技能的应用，学生需要在这一年中处理更为复杂的高中生学习需求。进入大学三年级时，学生的实习计划更为全面，包括基本学习期、初级实习期和针对高中三年级的高级实习期。高三通常是高中生学习生涯中的关键时期，这要求学生在实习中展示出较高的教学技能和心理辅导能力，为高中生的高考或未来教育做好准备。到了大学四年级，学生的学习将分为基本学习期、进一步的实习期以及大学毕业准备期。这一年的重点是整合之前学习和实习的经验，强化专业技能，并准备进入教育行业（表6-3-1）。

表6-3-1 大学一至四年级对应的阶段任务（高中实习）

年级阶段	阶段任务
大学一年级	基本学习期1
	高一年级实习
大学二年级	实习期1
	基本学习期2
	高二年级实习
大学三年级	实习期2
	基本学习期3
	高三年级实习
大学四年级	实习期3
	基本学习期4
	大学毕业准备期

在初中阶段的体育教育专业实习模式中，大学生的实习计划是按年级递进安排的，每个年级的实习目标和内容都旨在增强学生的实际教学能力，并逐步让他们适应更复杂的教育环境和挑战。这种系统化的实习布局不仅有助于学生理论与实践的结合，还能提前让他们体验教师职业的各个方面。

大学一年级的学生主要专注于基本的教育理论学习和实习准备，此阶段的重点是构建坚实的理论基础，并对即将到来的实习进行充分的准备和预研。进入大学二年级，学生将开始他们的第一次实际教学实习，这一年他们会在初中一年级进行上学期和下学期的实习。这个阶段的实习使学生能够将在大一学到的基础教学理论应用于实际教学中，处理初中生的基本学习需求和教育挑战。到了大学三年级，学生的实习将更为深入，他们需要在初中二年级进行上学期和下学期的实习。这一阶段的学生将面临更复杂的教学挑战，包括初中生个体差异的管理和初中教育内容的教学。在大学四年级，学生将进行最高级的实习，包括在初中三年级的上学期和下学期进行教学。这是学生实习计划中最为关键的一年，因为他们将应用所学知识和技能来准备迎接初中后期和即将到来的高中的挑战（表6-3-2）。

表6-3-2 初中的相关实习

年级阶段	阶段任务
大学一年级	基本学习期1
	实习准备期
大学二年级	初一上学期
	基本学习期2
	初一下学期
大学三年级	初二上学期
	基本学习期3
	初二下学期
大学四年级	初三上学期
	基本学习期4
	初三下学期

2. 内容安排

实习期的内容安排是高等师范教育的重要组成部分，特别是在体育教育专业中，这一环节不仅确保学生将理论知识转化为实际教学能力，还帮助他们形成必要的职业素养和技能。下面详细阐述体育教育专业从大学一年级到大学四年级实习期的内容安排和衔接方式。

大学一年级的学生主要集中在学习师范专业的基础知识和相关技能，如教学方法、学生心理学、体育运动的基本理论和实践等。此阶段的重点在于培养学生成为一名合格教师应具备的基本素质和职业道德。在学年结束前，教师会准备和讲授针对中学各年级体育教学的基本内容，使学生对即将到来的实习有一个初步的理解和准备。大学二年级至四年级的学生将开始他们的教学实习，在实习过程中，他们需要将一年级所学的理论知识和技能应用到实际的教学环境中。在这几年的实习中，学生会按照不同的年级进行教学，逐步深入更复杂的教学活动和管理中。例如，二年级学生会在初中一年级进行教学实习，而三年级和四年级的学生则会接触到更高年级的学生，如初中二年级和三年级。实习期间，学生不仅要实施教学计划，还要进行教学管理和参与学校的各类体育活动。这种实践经验对学生理解教师角色及教育系统运作至关重要。实习结束后，学生需要进行反思和总结，这一过程有助于他们将实习中获得的知识和经验系统化，进一步完善自己的教学方法和职业技能。完成所有理论和实习教学任务后，大学四年级的学生将准备毕业和进入职业生涯的最后阶段。这时，他们应已具备作为中学体育教师所需的全面技能和深厚知识，准备好迎接教育行业的挑战。

3. 监管与指导

在体育教育专业学生的实习过程中，监管与指导这一环节涵盖了中学领导、中学原班教师、高校指导教师及高校相关领导四大责任主体，他们共同构成了一个复杂而高效的监督体系，以确保教育实习的各个环节都能顺利执行，最终达到提升实习生实践能力和教师素质的目标。在这个体系中，中学和高校的领导层承担直接的监督责任，不仅关注指导教师的教学质量，还紧密监控实习生的实习进度和表现。这种直接的监管确保了教学活动与教育目标之间的一致性，并帮助及时发现并解决实习过程中可能出现的问题。同时，原班教师的参与提供了更具体的教学指导和反馈，他们的经验对实习生理解和适应实际教学环境至关重要。此外，高校与中学之间的协调合作为实习模式的顺利实施提供了坚实的基础。通过实际的教学实践，实习生不仅可以将高校学到的理论知识应用于真实的教育场景，还能在经验丰富的教师指导下，学习如何处理教室内外的各种情况，从而提升自身的教学技能和职业素养。

在高校转型的背景下，探索和建立与省示范中学对口的多级全程负责制实习模式具有双重意义。这不仅能够加强实习生的实践教学能力，还有助于提升中学体育教学的整体质量。这种实习模式可以使高校体育教育的特点与中学体育教育的实际需求更好地融合，从而在实际教学中发挥更好的教育效果。这种合作模式也鼓励各责任主体根据具体条件在实践中不断调整和优化实习策略，以取得最佳的教育成果。

第四节　高校体育教育专业人才培养之校企合作模式

一、校企合作的必要性

（一）校企合作是高校体育教育发展的必由之路

校企合作不仅是高校体育教育发展的关键，还是其繁荣的基石。通过与企业的紧密合作，学生的实际操作能力及将理论知识应用于实践的能力得到显著提升，这不仅促进了学生能力的全面发展，也对教育体系的改革和进步产生了积极影响。在这一合作模式下，人才培养方案是围绕企业的具体需求设计的，无论是课程设置还是教材开发，都强调知识的基础性、成熟性及适用性。教育体系特别强调对学生基本技能的熟练掌握及其在实际工作中的灵活运用，以实践为核心的教学环节是贯穿学生专业学习的关键活动。

校企合作模式不仅提升了教育质量，还促进了学校与体育产业的互动，进一步确立了以市场需求为导向的人才培养目标。基于对体育管理人才需求的精准把握，高校积极探索并实施应用型人才的培养策略。这种策略使得学生能快速适应真实的工作环境并展现其职业能力，同时为他们未来的职业生涯奠定了坚实的基础。此外，校企合作的规模和密切程度直接关系到学校发展的质量和速度。一个积极开展校企合作的学校，能够更快地响应教育和行业的变化，更有效地提升学校的整体教学水平和行业影响力。因此，深化校企合作，建立长期稳定的合作关系不仅是高校发展的战略需求，也是提升教育活力和创新能力的重要途径。

（二）校企合作有利于学生、高校、企业和社会的发展

校企合作模式为高校学生提供了一个理想的实践平台，使得他们能够在学习期间就接触到真实的工作环境，学生通过实地学习和训练，不仅积累了宝贵的工作经验，还能迅速提升自身的各项技能。在此种模式下，教学内容与体育企业的需求紧密对接，教与学、训练与执行的界限逐渐模糊，为学生的全面发展创造了条件。通过建立一种双方自愿参与、风险共担、优势互补、利益共享的合作关系，校企合作极大地整合了教育与行业资源，有效地搭建了互利共赢的合作平台。这种合作方式不仅促进了学生的职业技能和综合素质的提升，也为企业输送了大量即战即用的高技能人才，同时加强了学校的教育培养能力和社会服务功能。此外，校企合作通过将职业教育、产业需求与就业市场紧密结合，形成了一个高效的高技能人才培养体系。这不仅满足了社会对专业体育人才的需求，也推动了体育行业的健康发展和社会经济的进步。因此，校企合作无疑是推动学生、高校、企业乃至整个社会发展的重要驱动力。

（三）校企合作培养体育应用型人才是学校发展的需要

高校与企业的合作致力于按需培养紧缺的体育应用型人才，这一做法完全符合社会对特定职业和岗位的具体需求。校企合作不仅可以直接培养学生的实际工作能力，也能显著提升教育质量，凸显学校的办学特色。高校积极探索与企业合作的新模式，致力于人才培养战略的特色化和品牌化，从而提升学校的社会声誉和教育影响力。此种校企合作方式为高校提供了一个创新的人才培养途径，使得学校能够在培养高技能体育人才的同时为企业定制满足其实际需要的专业人才。这样的策略不仅加强了学校的办学特色，也提升了教育服务的社会适应性和实用性。因此，高校与企业的深入合作是提升教育质量、构建教育品牌的关键，也是推动学校整体发展的重要策略。

（四）校企合作培养人才是企业人力资源开发的主要方向

企业要想在行业中求得生存与发展，并进一步成为行业领先者，其核

心竞争力在于高技能人才的储备。高技能人才的数量和创新能力直接决定了企业的核心竞争力和国际竞争力。然而，当前许多企业面临着高技能人才短缺的问题，这已成为制约经济发展和企业核心竞争力提升的瓶颈。唯有不断创新，依靠高技能人才，"中国制造"才能迈向"中国创造"。为解决企业人才短缺的问题，校企合作成为企业人力资源开发的主要方向。通过引入与高校合作培养的符合企业需求的高技能人才，企业能够提升自身竞争力，实现可持续发展。

二、体育教育专业人才培养校企合作的特点

（一）明确专业特色，完善课程体系

校企合作为高校开拓新的教学途径提供了极佳的平台，从而使学校发展与社会需求更加吻合。这种合作模式不仅实现了资源的互补和共享，还增强了教育活动的针对性和实际效果，进而提升了高等教育的整体教学质量。在此基础上，高校体育教育专业能够充分利用其独有的特色，开发与专业特色相符的课程内容和体系。为了应对体育行业和企业的专业人才需求，高校应明确体育教育专业的培养目标，精准设定核心课程，并制定专业课程标准。同时，高校可编撰与体育行业发展紧密相关的专业教材，确立体育教育专业的主干课程和扩展课程。这样的课程设置不仅符合体育产业的发展趋势，也能有效培养学生的职业可持续发展能力，使其更好地适应社会的持续进步与变化。

（二）产学研相结合，资源共享

在校企合作模式中，产学研相结合，资源共享显得尤为重要。由于高校在硬件设施方面可能存在不足，而许多体育产业相关企业则能够提供先进的设备和器材，以及实训基地和就业机会，可以为高校学生的实习和实训提供极大的支持。此外，将学术研究与企业实际需求结合，不仅能够增强师生解决问题的能力，还能提升他们的沟通与合作技巧。同时，校企合

作还促进了企业的科技进步和竞争力的提升。学生在企业中实习，不仅为企业注入了新鲜的血液，还带来了新的观点和创意，进而扩大了企业的影响和社会声誉。这种合作不仅丰富了学生的实际操作经验，也为企业培养了潜在的人才，实现了教育和产业双方的互利共赢。因此，产学研的深度融合，不仅有助于学生技能的全面发展，也为企业的长远发展提供了坚实的人才和技术支持。

三、校企合作模式下的人才培养模式及实施途径

（一）校企合作模式下的人才培养模式

校企合作自其产生以来，已经发展出多种模式。西方发达国家在长期实践中建立了一些相对成熟的校企合作模式，其中较具代表性的是美国的合作教育、德国的双元制以及澳大利亚的技术和继续教育。这些成熟的模式为我国校企合作的实践提供了重要借鉴。根据企业和经济发展的实际情况，我国形成了以下四种主要的校企合作人才培养模式。这些校企合作模式不仅促进了人才培养与企业需求的紧密结合，还推动了教育与经济的协调发展，为社会发展提供了强有力的人才支撑。

1. 定向培养模式

定向培养模式在体育教育领域中的实施体现了高校与体育企业或专业体育俱乐部的紧密合作。首先，学生在入学之初便与特定的体育企业签署合作协议，确保教育内容与企业的实际需求紧密相连。这种合作模式使得课程设计和职业技能训练都具有针对性，直接对接企业的具体岗位需求。为了提高学生的职业适应性和岗位匹配度，高校和企业共同开发包括实际技能训练、战术理解、团队合作等在内的专业课程。例如，如果合作企业是一家足球俱乐部，教学内容会包括足球技巧、团队战术训练以及运动员心理调适等，直接反映职业足球的具体需求。此外，为了使学生熟悉实际工作环境，高校会安排学生在企业实际工作环境中进行实习或实训，如在体育俱乐部的训练场地进行日常训练，参与真实比赛，或在体育营销公司

参与市场活动的策划和执行。这样的实践机会不仅帮助学生将课堂上学到的理论知识应用于实际工作中,还增强了他们解决实际问题的能力,从而在毕业后能够无缝对接并快速适应职业环境。

2. "3+1"培养模式

在"3+1"培养模式下,学生在高校前三年主要学习体育理论、运动技能、教学方法等课程,这一阶段主要是为了建立坚实的理论基础和初步的实践技能。到了大学的第四年,学生将进入体育企业或相关机构,如体育俱乐部、健身中心或体育管理机构,进行为期一年的实际岗位培训。在这一年中,学生将直接参与教练工作、赛事组织、运动员管理等具体事务,这不仅使他们能够将之前学习的理论知识应用到实际工作中,还能通过实际操作提升特定的职业技能,如团队协作、事件协调、运动员心理辅导等。"3+1"培养模式不仅增强了学生的职业适应性和实际操作能力,还为企业提供了接触未来潜在员工的机会,也让企业能够在学生培训过程中,根据自身需求对学生进行更有针对性的技能培养。因此,通过"3+1"培养模式,学生在结束学业时不仅具备了扎实的理论知识,还具有丰富的实际工作经验,极大地提高了他们毕业后在体育行业中的竞争力和适应性。

3. 工学结合模式

在高校体育教育中,工学结合模式通过将理论学习与实际体育活动相融合,不仅加强了学生对体育理论的理解和掌握,而且通过实际操作提升了学生的技能转化能力和实战应用能力。具体来说,学生在体育课程中学习的不仅是运动技巧和理论,还包括如何在教练指导、团队管理、赛事组织以及运动设施管理等多种实际场景中应用这些知识。例如,在篮球教学中,学生不仅学习篮球技术和战术,还可能参与篮球赛事的组织与执行,实际体验裁判、教练或赛事协调员的角色。这种教育模式的优势在于其深度地与行业接轨,让学生在学习期间就深刻理解体育行业的实际需求和职场挑战。这样的经验不仅增强了学生的职业适应能力,还提高了他们解决问题的能力,使他们在毕业后能够快速适应并有效地融入工作环境。对高校来说，实施工学结合模式有助于教育质量的提升，通过实践活动的引入，学生的学习更加主动、深入。对企业而言，合作高校通过这种模式培养出的毕业生，由于已具备实际操作经验和较高的岗位适应能力，可以大幅度减少企业的培训成本和时间，直接提高新员工的工作效率。

4.共同研发项目模式

在体育教育领域，共同研发项目模式提供了一种创新的合作途径，其中企业将其研发需求，如新型运动设备开发、运动表现数据分析系统或者运动营养产品研发等，以外包形式交给高校处理。这使得高校教师和学生能够直接参与这些实际项目，从而不仅提升学生的理论应用能力，还锻炼了他们解决实际问题的能力。在这种模式下，学生通过参与企业实际的研发项目，可以获得解决具体体育行业问题的经验，如改进运动训练方法、开发新的运动器材或优化运动员康复程序等。这些经验不仅丰富了学生的学习内容，还提高了他们的职业技能，使他们能够在毕业后更好地适应体育行业的需求。

对高校来说，通过这种合作模式可以获得来自企业的实际项目资源和资金支持，这不仅增强了学校的科研能力，还提升了教学质量。同时，这种项目合作还能带来一定的经济效益，支持高校进一步发展体育科研和升级改造教学设施。对于企业而言，与高校合作不仅可以利用高校的科研力量，加速产品的研发进程和技术创新，从而提高企业的市场竞争力，还能预先培养潜在的专业人才，为未来的发展储备人力资源。

（二）校企合作模式下的人才培养实施途径

高校体育教育专业的学生在毕业后大多数会选择进入学校从事体育教育工作，此外还有相当一部分学生会进入社会中的不同岗位，包括与体育相关的企业。因此，高校开展校企合作显得尤为必要。在国家积极推进产学研合作、加快人才培养的背景下，校企合作已成为一种重要的教育模式。整合高校与企业的优势，建设重点学科与专业，能够更好地满足社会对高素质人才的需求。在校企合作模式下，人才培养的实施途径主要包括以下几个方面。

1. 教学层面

在校企合作模式下，体育教育专业人才培养在教学层面可以通过以下方式得到优化和实施：首先，高校与体育相关企业需要明确合作的具体内容和各自的职责。企业参与高校的招生和课程设计，共同制订教学计划，以确保课程内容既有理论深度又具备实践应用价值。例如，企业根据自身对运动训练师、体育营销专家或体育事件管理人员的需求，与高校签订特定的人才培养协议。这样，高校在招生和教育过程中就能有针对性地培养学生，满足企业的具体需求。其次，企业为高校学生提供一个安全和稳定的实践环境至关重要。企业不仅需要安排学生的实习内容，还应提供日常生活的支持，并指派有经验的专业人员对学生进行实战指导，如在体育俱乐部实习期间，学生可以直接参与赛事组织、运动员管理或健身指导。这种实践机会能极大地提升学生的应急反应能力和解决问题的能力。最后，高校应根据企业的具体岗位需求开展目标导向的专业培训。例如，如果企业需要运动康复师，高校则可开设相关课程，帮助学生掌握康复训练的技能，并通过实际操作来增强这些技能。此外，高校还应鼓励学生参与各类专业资格证书的考试，如教练证、裁判证等，这不仅增强了学生的职业能力，也提高了其就业竞争力。

2. 教师队伍培养层面

在体育教育领域，高校教师队伍的培养和发展可以通过与体育相关企业的合作加以强化。通过这种合作，教师不仅可以保持专业知识的前沿性，还可以更好地理解体育行业的实际需求和发展趋势。首先，高校应鼓励教师深入企业实际工作，通过观察和参与企业的日常运营，了解企业对于体育专业人才的具体需求。这样的实地经验使教师能够根据体育行业的最新趋势调整和优化课程内容，超前培养学生的专业能力及其他综合素质，如团队协作能力、战略思维能力等，从而促进学生的全面发展。此外，高校教师可以根据从企业获得的实际需求和问题，发起有针对性的课题研究。例如，如果企业需要提高运动员的竞技表现或改进训练设备，教师可以带领学生围绕这些需求开展科研项目，解决具体的技术难题，并努力将科研成果转化为实际的生产力。同时，企业可以派遣专业技术人员和技师参与高校的教学和课题研发。这些从业者不仅可以作为客座教授为学生提供最新的行业知识和技术培训，还可以直接参与科研项目，带来实战经验和技术支持，极大地提高课题的实际应用价值。

3. 教、科、研层面

在体育教育领域，现代高校正逐渐采纳产学研一体化的办学模式，积极应对企业在发展过程中遇到的各种技术和理论挑战。这种校企合作不仅体现了教育与实业的紧密结合，还推动了教育科研工作的创新发展。例如，高校可以帮助体育企业解决在运动训练方法、运动伤病预防和康复技术等方面遇到的难题，组织教师和学生团队进行有针对性的技术研究和开发，这样不仅促进了企业技术的创新和提升，也丰富了学生的实际操作经验，提高了学生解决实际问题的能力。在这种合作模式下，企业也扮演了指导和支持的角色。企业可以为高校提供最新的行业信息和技术需求，帮助高校调整教学大纲和研究方向，确保教学和科研工作与行业需求保持同步。此外，企业还可以直接参与高校的教学和研究项目，提供实验设备、技术指导以及实习机会，增强学生的职业技能和实践经验。高校与企业的合作不仅限于共同解决技术问题，还包括共同开发新的训练方法、运动装备或健康产品等项目。例如，高校可以与运动科技公司合作，共同研发更高效的运动员监测系统或者创新的运动恢复设备。教师和学生参与这些项目，不仅可以直接将科研成果转化为实际产品，也能通过实际项目的执行深入理解行业需求和技术趋势。

4. 文化层面

体育企业的文化和价值观可以深刻影响高校教师和学生的精神和文化理念，从而强化学生的职业身份和职业行为准则。高校可定期邀请合作体育企业的高级管理层或文化部门负责人来校开展企业文化讲座。这些讲座可以围绕企业的核心价值观、团队精神、竞技哲学、健康理念等主题展开，使学生能够更深入地理解并融入现代体育企业的文化之中。例如，一家专注于体育装备的公司强调创新和卓越的追求，而一家体育俱乐部更注重团队合作和竞技精神。在校企合作中，企业不仅可以参与学生的综合素质评价，还可以影响学校对学生的职业道德和职业行为的培养。企业可以与高校共同制定学生管理模式，甚至参与制定学生的实习评价标准，确保学生的行为和价值观与企业文化相契合。这样的合作不仅帮助学生树立正确的职业道德观念，还激发了他们的责任感和使命感。高校必须有意识地培养学生的专业素养，以确保其专业发展与合作企业的文化背景相匹配，包括专业知识的储备、获取相应的专业资格证书、掌握专业管理能力以及适应专业化的工作方式。通过与企业的紧密合作，学生不仅能够学习到专业的技能和知识，还能从实践中吸取有效的管理理念和工作模式，全面提升自己的职业素质和竞争力。

第七章　高校体育教育发展新思路：国际化

第一节　高校体育教育国际化概述

一、国际化

关于国际化，学术界尚未达成统一或公认的定义。"国际"（international）和"国际化"（internationalization）这两个词源自英语。在英语中，《韦氏新国际字典》对"国际"的解释如下：存在于国家或其公民之间的；与国家间交流有关的；由两个或两个以上国家参与的；影响两个或两个以上国家的。而"国际化"作为动词，意为"使……在关系、影响或范围上成为国际性的"；作为名词，指的是这样的一种活动或过程。从以上的定义可以看出国际化具有以下两个方面的特质。

其一，国际化是国家与国家之间的活动与交往。它涉及不同国家之间的互动、合作与交流，是国家间在政治、经济、文化等方面的互动过程。这种互动不仅限于双边关系，还包括多边关系，甚至是全球范围内的协作与交流。

其二，国际化是一个双向的过程，即输出和引进的过程。"引进"指的是对其他国家优秀文化成果的认识、认同和学习的过程；而"输出"则是将本国的优秀成果推广到世界各地，让各国人民认识、认同和学习的过程。这两个过程相辅相成，共同推动了国际化的发展和进步。通过国际化，各国能够在相互学习和借鉴中不断提升自身的水平，也为世界的发展作出贡献。[①]国际化不仅仅是一个国家的行为，更是全球共同进步和发展的动力源泉。

二、高等教育国际化

高等教育国际化作为当今学术界和教育实践中的一个热门话题，尽管被广泛讨论，但目前尚无一个全球公认的统一定义。对这一概念的理解在不同的国家和地区之间有显著的差异。国际上关于高等教育国际化的讨论主要集中在教育内容、教育主体的流动性以及教育机构的跨国运作等多个层面。

美国威斯康星大学教授哈拉里（M. Harari）是高等教育国际化的早期倡导者之一。他认为，国际化的教育不仅仅是课程的全球化布局，更包括学者与学生的国际流动，这些元素共同构成了学校教育的灵魂。他强调，一个国际化的教育环境应该培养出具有全球视野的学生，使其能够在不同文化和经济背景下进行有效交流和协作。

英国和荷兰的学者对高等教育国际化的理解则更侧重于机构层面。英国伦敦大学学院的玛吉森（Simon Marginson）和荷兰乌特勒支大学的凡·德·温德（Marijk van der Wende）认为，教育机构的国际化应体现在其跨国教育项目的实施以及在不同国家设立校区的能力上。他们指出，这种跨界教育活动不仅促进了教育资源的全球共享，还加强了不同文化之间的互动和理解。

---

① 袁利平：《教育国际化的真实内涵及其现实检视》，《西华师范大学学报（哲学社会科学版）》2009 年第 1 期，第 87 页。

荷兰学者德维特（Hans de Wit）在 1995 年提出的高等教育国际化定义则更加注重过程性。他认为，高等教育国际化是一个动态的、持续的过程，涉及将国际社会的观念与学校的基本教育任务相结合，从而为社会服务。这一过程不仅仅是学术交流，更是文化的融合和创新。[①]

国际大学联合会（隶属于联合国教科文组织）则提供了一个更为综合的视角，强调高等教育国际化是将不同国家和文化的视角、环境以及教学、科研和服务功能结合在一起的过程。这种定义强调了高等教育在全球化背景下的多元功能和角色。

在中国，不同的专家和学者也从各自的研究和实践经验出发，提出了对高等教育国际化的不同理解和见解。这些见解大致可以分为两类：一类是趋势观点，即高等教育国际化是一个推动国际交流与合作、增强教育开放性的趋势。它涵盖了合作办学项目的开展、学生的国际流动等方面。另一类则是过程观点，这一观点认为高等教育国际化是将不同国家的文化和教育理念整合到本国教育系统中的一个综合过程。这一观点强调文化的融合和教育观念的更新。

三、体育国际化

体育国际化作为全球化时代的一个重要趋势，在我国的定义和实施中表现出多元化的特点。具体而言，我国学者和体育教育家从不同的维度探讨了体育国际化的内涵。

第一，体育国际化被视为一种全球视野下的观念和行动。余学锋等学者认为，体育国际化意味着将高等体育院校的教学、科研和训练活动放置在全球背景之下。这不仅涉及吸收和借鉴国际上先进的教学和训练方法，还包括积极传播本国的科技成果和文化价值，通过这一过程提升大学的国

[①] 周银燕：《云南省高校国际化水平评价指标体系的构建研究》，硕士学位论文，云南大学，2017。

际地位，并培养出具有国际视野和竞争力的人才。①

第二，体育国际化被认为是一种包含沟通、协调与统一的综合行动。康昌发等学者指出，体育国际化包括三个主要方面：一是加强国际体育学习和交流；二是在国际体育领域内外进行有效的协调；三是推动全球体育活动的规范和统一。②这一点强调了体育活动在国际舞台上的互动性和规范性，目标是形成一个更加和谐统一的全球体育环境。

四、高校体育国际化

高校体育国际化是高等教育国际化与体育国际化相结合的产物，它不仅应对经济全球化的挑战，还是高等教育体系中一种积极的教育行动。这一概念强调了在全球化趋势的影响下，国内外高等教育机构之间在体育领域的交流与合作，促进了教育资源的国际流动及体育活动的全球化发展。

高校体育国际化是基于全球教育资源共享与交流的需求而形成的。它涉及不同国家高校间在体育教育与科研领域的深入合作，如师生的国际流动、科研实验的合作以及课程内容的互相借鉴与渗透。这种交流与合作不仅丰富了学校体育的教学内容和训练方法，也促进了不同文化和技术的融合，增强了参与高校的国际竞争力和影响力。

高校体育国际化作为一种教育现象，反映了全球化进程中各国对于体育教育的重视和响应。通过国际化的体育活动，高校不仅能提升自身的教育和科研水平，还能在国际舞台上展示本国的体育技术和文化特色。这有助于高校建立更广泛的国际合作网络，同时培养出能够在国际竞争中站稳脚跟的人才。

高校体育国际化是学校体育发展的重要方向，它关乎学校整体的竞争力和影响力。在这一过程中，高校体育不仅要遵循共通的教育规律，还需

---

① 余学锋、王芳、赵京慧、洪彬、王选、吴俊、董梅、杨滴旎：《高等体育院校国际化评价指标体系构建研究》，《北京体育大学学报》2013年第6期，第17页。

② 康昌发、欧阳柳青、杨梅：《试论中国体育的国际化》，《西安体育学院学报》2002年第3期，第10页。

借助国际交流与合作来实现教育目标和增强目标认同性。这表明，高校体育国际化不仅是策略层面的选择，也是实现高层次教育目标的必要行动。

第二节　高校体育教育国际化发展战略

随着"一带一路"倡议的推进以及高等教育国际化的发展，未来高校体育教育必须坚定不移地实施国际化发展战略，积极引进和拓展优质高等教育资源，不断迈向高水平的体育教育。通过梳理部分高校体育国际化的整体环境和现状，以及对个别大学国际化案例的深入分析，笔者建议从以下几方面进行突破。

一、强化国际化办学理念

当前，各国的高等教育国际化进程如火如荼，体育作为高校重要的课程内容，是高校全面发展的重要组成部分。处于这一国际化发展的良好时机，高校体育应当积极融入国际化浪潮中。高校体育的管理者和决策者应充分结合学校的自身条件和资源情况，根据体育市场的发展态势，制定和规划学校的体育国际化发展战略。树立高校体育国际化先进理念应从以下三个方面着手。

（1）明确自身定位：在解决国际化各种问题的过程中，将体育国际化要素融入高校功能中，确保体育教育与国际化进程协调发展。

（2）建立国际化考核体系：定期对学院进行国际化考核，确保各项国际化措施落实到位，并不断改进和提升。

（3）制定学院国际化发展战略：根据各学院的具体情况，制定符合其特点和需求的国际化发展战略，推动学院整体的国际化进程。

二、完善高校体育教育国际化保障措施

（一）完善高校体育教育国际化办学制度

高校应邀请国内外在体育教育国际化领域具有专业知识的专家，基于深入的调研和教育改革的发展规划，制订一份实际可行的高校体育教育国际化发展规划。此规划旨在为高校体育教育国际化进程设定一个高标准的战略发展框架。规划中应明确分阶段的详细方案，每个阶段都有具体可衡量的目标，并设定完成这些目标的时间表。各高校需根据这一总体规划，制订符合自身特点的详细实施计划，建立从上到下的政策导向和从下到上的实施机制，以此推动高校体育教育国际化，进一步促进高校整体的国际化发展。

（二）完善高校体育教育国际化机构设置

高校体育教育国际化需要不同部门的协同合作。例如，教务处需支持和监管国际课程、教材、科研项目及学分互认的引入；人事部应负责国际人才的引进和外派计划的执行；财务处则需为国际化活动合理配置资金。这些任务均需一个专门的部门来统筹规划。目前，高校在体育教育国际化的人员配置上存在不平衡，校级国际化人员较多，而院系或部门层面的国际化人员较少。因此，高校应调整校级与院系间国际化工作人员的比例，并充分利用具有国际交流经验的教师资源，提供优质的国际化服务。同时，高校应重视并发展各院系的国际化办公室，确保资源的合理配置和战略的有效执行。

（三）加强高校体育教育国际化的资金支持

资金短缺经常是限制高校体育教育国际化发展的一个主要障碍。高校资金主要来自政府拨款、科研合同、学生学费以及社会捐助和基金投入。政府拨款、科研合同和学生学费提供了稳定的资金来源，社会捐助和基金投入的灵活性则为资金筹集提供了额外的空间。在国际范围内，许多学校

已经通过多渠道募集资金来支持其活动，这种策略为解决资金问题提供了有效的途径。因此，鼓励高校探索与体育产业相关的企业合作、扩大校友网络的捐助机会、申请国内外教育基金，同时建立严格的财务管理和监控系统，确保资金的高效和透明使用，这将大大促进高校体育教育国际化的发展。

三、建设国际化师资队伍

提升体育教育领域教师与教练员的国际化水平，需通过有效的"引进"与"派出"策略。

"引进"策略是指聘用和邀请国外优秀的教师及教练员来本国高校开展教学和训练活动，通过这种方式为师生提供新的学习与科研机会，同时注入创新的活力和理念。此外，高校应积极留住这些国际人才，确保其长期作出贡献。例如，在资源有限的云南省建立海外校友信息库不仅有助于为国际学生提供必要信息，还能有效收集海外教育与就业趋势，从而增强人才引进效果。

"派出"策略则涉及选派国内优秀教师前往国际顶尖高校进行学习、研究访问和科研合作。这不仅扩展了教师的国际视野，还促进了新的教学理念和训练方法的学习。高校对教师海外深造的支持程度，直接影响其国际化的积极性。通过这种互动，教师能够接触到先进的科研、教学和训练设备，从而显著提升其国际竞争力。

四、优化国际化体育人才培养

为提升国际化体育人才的培养质量，高校需要优化学生的国际交流及培训策略。研究表明，体育专业学生在国际"输入"与"输出"中的比例相对较低，且"输出"学生数量通常大于"输入"。在教育发达国家（如美国），学生的出国留学与国外学生来本国留学在其国际化发展中扮演同等重要的角色。

对高校而言，学生的国际化交流一方面体现在"输出"上，资金和语言能力是影响学生国际交流的主要障碍。高校可以通过多种资助方式（如公费派遣、半公半自费）鼓励学生出国留学，以减轻其经济负担。在语言培训方面，考虑到体育学生普遍外语水平较低的现状，学校应有针对性地开设体育英语课程，或以优惠价格为学生提供外语培训，从而提升学生的语言能力，增强其国际交流的意愿和能力。另一方面，在"输入"留学生方面，高校应加强留学生的招募和宣传工作，如建立外文网站，积极进行招生宣传。此外，高校应利用地理和文化优势，与邻近国家进行教育和文化交流，如开设体现本地特色的传统体育课程，这不仅能够展示本地文化特色，还有助于加强国际文化交流和合作。

五、加强课程内容和结构国际化

建立完善的体育课程体系是培育体育专业人才的根本，而拓展国际化体育课程和提升课程品质则是培养具有国际竞争力的体育人才的关键措施。在推动体育课程国际化的过程中，高校应当致力于课程内容和结构的全面升级，包括课程内容符合国际标准，确保教育质量与国际一流水平相匹配。

（一）课程内容国际化

随着"一带一路"倡议的推进，我国与南亚、东南亚地区的经济贸易、教育交流活动日益增多，对于各种类型的国际化人才的需求也随之增长。鉴于南亚及东南亚在体育竞技水平方面与欧美国家存在一定差距，各国正加大投资力度，致力于体育人才的培养和体育人口基数的扩大。各类体育产业亦迅速发展，如雨后春笋般崛起。因此，高校的体育教育与训练课程应引进国际教学资源，创新办学理念，为体育教育、训练以及群众体育的发展提供科研力量和理论支持，以培养能在南亚、东南亚地区发挥作用的体育教育国际化人才。

（二）课程结构国际化

在已有体育双语课程和扩展体育远程课堂的基础上，高校可以尝试引进国外知名大学的体育课程体系，包括课程内容、教学方法、考核形式以及人才培养模式。通过这种方式，高校能创新体育人才培养的新模式，为培养国际化体育人才探索新的途径。这不仅提高了教育质量，还促进了教育体系的全球化，使得培养方案更加多元化和国际化。

六、体育科研国际化发展

（一）增加体育科研国际化成果产出

增加体育科研国际化成果产出，必须强化科研人员和学生的国际化研究理想与能力。具有国际视野的科研理想是推动高质量科研成果的核心动力。因此，高校要树立体育科研的典范，以激励教师和学生对科研的热情。此外，科研成果的产出不仅依赖于基础的研究能力、创新思维与外语水平，还需要系统的支持和激励。

为此，高校应当加强对体育科研环境的支持，营造有利于科研的氛围，包括制定符合国际标准的科研政策，提供必要的经费支持，以及建立完善的科研设施和环境。同时，高校需要为科研人员和学生提供国际化的便利条件和保障措施，如国际合作机会、学术交流平台等。

另外，学校应当加强科研考核和激励机制，合理设定奖励措施，以鼓励国际化的科研成果。引导科研方向和采取激励措施，可以有效地推动体育科研领域的国际化进程，从而提升科研成果的国际影响力和学术价值。

（二）引进国际化体育科研设备

要提升体育科研设备的现代化和国际化水平，首先需要认识到高级的体育科研设施对于提高教师和学生科研成果的科学性和精确性的重要性。这些设备不仅为实验性研究提供了必要的基础，还是吸引国内外顶尖人才的关键因素。因此，高校应明确自身的重点科研领域，并根据这些领域的具体需求引进世界一流的科研设备。升级科研设施，不仅可以提高研究质量和水平，还能增强学术竞争力，从而吸引并培养更多优秀的学生。这种策略应成为各高校提升科研能力和建设国际化学术环境的基本途径。

七、体育国际化合作与交流

（一）促进交流合作方式多样化

为了推动高校体育教育的国际化，促进交流合作方式的多样化已成为一种趋势。目前，国内外高校之间的师生互访、交流、联合培养学生以及开放教育政策鼓励国际化办学，均是常见的国际交流与合作模式。然而，体育教育的国际化活动形式仍然较为单一，且缺乏具有较高影响力的国际会议、国际联盟和高校间的国际比赛，多数合作仍停留在双方互派学者访问、文化交流和短期培训等层面。

为了加深体育教育的国际化和提升其全球影响力，高校应加强与国外院校的教育合作，建立合作中心、合办校区或分校等。这样的策略不仅能增强学术研究的质量，还有助于培养具有国际视野的学生。此外，为了提高体育类学生的国际化意识，高校应提供多样化的国际交流机会，如跨境实习和海外培训等，积极鼓励学生参与海外实习和就业。国外的实习经验可以让学生直接体验国际教育理念和训练方法，从而丰富他们的知识和提升个人能力。

同时，学校可以与跨国企业合作，为企业输送高质量的人才，而企业则为学生提供就业和实习机会，并按照国际化人才标准进行培养。这种合作不仅可以提高学生的职业能力和缓解就业压力，还能显著提升学校的国际化办学能力和水平。

（二）区域大学体育联盟

在高等教育的国际化进程中，大学联盟已成为一种新兴的趋势。许多高校选择通过建立联盟来优化教育资源和科研成果的分配，实现资源共享和战略目标的共同推进。这种联盟形式不仅限于合同协议，还包括各种协作方式，以促进学校的国际化发展。

国内某些地区的高校在体育领域与国际高校建立的长期合作项目还相对较少，其中只有少数学校实施了学分互换和联合培养项目，参与国际联盟的也不多。因此，借鉴国内外其他学校在体育或其他领域的联盟经验变得尤为重要。结合地理位置优势和发展需求，成立面向特定地区，如南亚或东南亚的高校体育联盟将是一种有效的策略。此联盟可以专注于引进外国师资、建立科研平台、运动训练研究和国际化资源共享等方面。通过合理引进并利用国际化资源，这样的联盟不仅能为高校体育教育国际化提供新的发展路径，还能帮助打造一个具有国际影响力的体育教育品牌。这种策略将加强高校间的国际合作，推动体育教育和科研的全球化进程。

（三）学科型高校联盟

同一学科或专业的高校在体育发展模式和培养方案上往往有相似之处。国内外高校如果能够通过政府或相关组织进行资源整合，实现教学和训练资源共享，将大大提升教育质量和科研水平。以新加坡为例，新加坡国立大学和南洋理工大学与麻省理工学院组成的新加坡—麻省理工学院联盟，通过整合三校资源，提供了优秀的教师和科研设施，成为受国际认同的世界一流远程课堂与科研机构。类似地，各地区的高校应充分利用各自的优势，创建区域性的传统体育高校联盟。例如，各高校可以通过联盟增加与区域内其他高校的合作，整合体育资源，共同组建教学、训练或科研团队。同时，联盟应与国内外知名的体育院校进行合作，开展单独一所学校无法完成的项目，从而提升国际竞争力和国际化水平。

第三节　高校体育教育国际化发展实例——以北京体育大学为例

一、北京体育大学国际体育学术交流和国际人才引进

国际体育学术交流已成为中国体育对外交流的核心平台，这不仅丰富了我国在体育领域的国际合作内容，还促进了跨国界的学术对话。在此过程中，各国与地区的学者和研究人员齐聚一堂，参与体育学术会议和科研项目，不仅增强了相互间的沟通，也显著提升了各参与国的体育科研能力。北京体育大学在其中扮演了重要角色，其通过承办高规格的国际体育学术会议及实施"111 计划"，有效地推动了国际体育学术交流的深化。

（一）举办高水平国际体育学术会议

北京体育大学积极利用其学术特色和资源优势，通过组织和承办各类国际体育学术会议，构建了一个国际体育学术交流的平台。学校成功举办的几场重要会议，如 2005 年的世界体育信息科学大会、2007 年的全球教练员大会、2010 年的华人运动生理与体适能学者学会年会及 2013 年的世界运动心理学大会，均展示了国际体育学术界的最新研究成果，吸引了来自世界各地的顶尖学者和研究人员。这些会议不仅促进了学术知识的交流和分享，还加强了国际学术合作与理解。特别是这些会议中的主题讲座和专题报告，为与会者提供了学习和交流最新科研成果的机会，如矫玮教授在2003 年的国际奥林匹克委员会世界体育科学大会上荣获 Merode 王子优秀论文奖。

北京体育大学的这些活动不仅提升了学校的国际影响力，还有助于推动中国体育科学的国际化进程，增强了我国体育学术界与国际体育学术界的互动。此外，学校鼓励和支持师生参与国际会议，进行学术研讨和合作

研究，这不仅能开阔师生的国际视野，也促进了我国体育学科的持续发展和创新。

（二）北京体育大学与"111 计划"

在新时期的体育对外交流框架下，北京体育大学积极参与"111 计划"，这一计划旨在通过引进国际顶尖人才，提升中国体育领域的综合实力，以服务于建设体育强国的国家战略。在获取国际体育资源、提升我国体育竞争力的过程中，该校取得了显著成就，尤其是在提高学术水平和促进国际合作方面。

作为国际跆拳道界的知名教练，李胜国自 20 世纪 90 年代起便与中国跆拳道界有着密切的合作关系。他的努力帮助北京体育大学的学生在国际舞台上取得了卓越成就，特别是在 2004 年雅典奥运会上，他指导的学生陈中和罗微分别为中国代表团赢得了两枚金牌。李胜国的这一成就不仅在国内外引起广泛关注，还在韩国引发了广泛的讨论。2015 年，北京体育大学举办了一场表彰仪式，以表彰李胜国获得的中国政府"友谊奖"。这个奖项旨在表彰其对中国体育事业的卓越贡献和促进中外体育交流的努力。

二、北京体育大学与国际人才培养

进入 21 世纪，北京体育大学在国际人才培养方面采取了多元化的策略，显著提升了中国体育在全球的影响力。学校的国际人才培养工作主要集中在两个核心领域：一是培养适应国际体育组织需求的中国体育人才；二是通过留学生教育培养对中国文化有深入理解并能友好交流的国际学生。

北京体育大学还通过授予国际体育组织领导人名誉博士学位来加强与国际体育界的联系和友谊，从而促进中国体育的国际交流与合作。学校通过专业化和国际化的课程设置，依托其海外校区，大力推动本科生参与海外交流项目，探索体育特色的国际联合人才培养模式。这种培养模式旨在建立一个既植根于中国文化，又能与国际文化对话，展现体育特色的国际化教育体系。

2018 年的本科培养方案修订为学校提供了一个重要契机，通过这一方案，学校全面融入国际化的培养理念，并逐步建立了一套国际化的课程和实践体系。特别是在运动项目的三大人员（运动员、裁判员、教练员）培养方面，学校成立了足球裁判和足球教练的国际化培养实验班，这些班级直接对接国际的教学、训练和竞赛体系。

（一）国际体育组织人才培养新途径

北京体育大学自 21 世纪初便积极推动国际体育人才的培养，致力于提升中国体育在全球舞台的影响力和话语权。为改善国际体育组织中中国人才稀缺，特别是在决策层和高层职位不足的状况，学校通过创新和国际化的教育模式，启动了研究生冠军班公派留学项目，旨在培养具有国际视野、熟悉国际体育事务的高层次体育人才。

北京体育大学通过与国外顶尖大学合作，为优秀运动员和教练员提供留学机会，从而提升他们的外语能力、专业知识及国际合作能力。李玲蔚的例子尤为突出，她不仅在国际奥委会中发挥了重要作用，还通过其学术研究为奥运会项目设置提供了重要的学术支持。她的成功不仅是个人的成就，也象征着北京体育大学在国际体育人才培养方面的成果。

学校的研究生冠军班采取了系统的课程学习和实践训练，以确保学生能够在国际舞台上有效地展示自己的能力。这些学生不仅接受了严格的语言和专业训练，还参与了多种社会实践活动，这些经历极大地丰富了他们的国际视野和专业技能。此外，北京体育大学还确保学生能够在国际体育组织中获得实际工作机会，进一步提升了学校在国际体育界的影响力。随着时间的推移，更多的学生从这个项目中毕业并在国际体育组织中担任要职，有力地推动了中国体育事业的国际化进程和提高了中国在国际体育组织中的影响力和话语权。

北京体育大学通过与法国奥尔良大学合作，成功启动了首个大规模的国际体育组织学院法语方向班中外联合培养项目。2018 年 4 月 14 日，该项目的第一批学生抵达法国夏斗湖中法国际大学城，开始了为期十一个月的交流学习。这一项目不仅为学生们提供了一个沉浸式的法语学习环境，而且通过深度融合语言学习与体育教育，旨在培养具备英语和法语双语能力的体育人才。

此外，北京体育大学已与全球 45 个国家和地区的 123 所高校建立了稳定的合作关系，学校通过中外联合培养、本科生海外交流项目及英语能力提升计划等多元化国际项目，为学生的国际化教育提供了全方位的支持。学校与多所国际知名高校签订了合作框架协议，包括加拿大的阿尔伯塔大学、西班牙的皇家马德里研究院、美国的明尼苏达大学等。

北京体育大学正积极筹备和实施多个对外交流项目，这些努力标志着学校在国际化办学方面取得了显著的进展，为提升学生的全球竞争力打下了坚实的基础。

（二）全面提升的北京体育大学留学生培养工作

北京体育大学的留学生培养工作不仅加强了中国与全球各国的教育和文化交流，也是国家外交战略的重要组成部分。该校在培养留学生方面的成绩尤其突出，已经为 120 个国家的 2 万余名留学生提供了教育和训练，涵盖了学历生、进修生以及短训生。

北京体育大学留学生教育得到了教育部、国家留学基金管理委员会、北京市教委等单位的支持。学校不仅为获得中国政府奖学金的留学生提供教育机会，还吸引了自费留学生和获得其他各种奖学金支持的留学生。此外，北京体育大学还特别注重留学生的非学历教育，特别是在武术培训方面。每年，学校都会吸引数百名武术爱好者前来学习，为弘扬中华民族的传统体育文化作出了贡献。

随着中国国际地位的提升和汉语的全球推广，来我国学习汉语的留学生数量也在持续增长。学校还开展了中华民族传统文化教育项目，吸引了美国、马来西亚等国的学生团队前来进行中长期的中华文化课程学习，课程内容包括汉语、武术、中医按摩、中国书法、中国绘画等。北京体育大学培养的留学生不仅回国后在体育领域取得了显著成就，还在推动中国与母国之间的友好关系和体育交流中发挥了重要作用。例如，国际大学生体育联合会前主席马迪钦（Oleg Matytsin）以及多位国际体育组织的领导人都是北京体育大学的校友，他们在国际体育界的活动中经常宣传北京体育大学的成就，并对促进国际体育合作作出了积极贡献。

（三）北京体育大学授予国际体育组织领导人名誉博士学位

北京体育大学通过授予国际体育组织领导人名誉博士学位，显著提升了其在全球体育界的影响力，并深化了国际体育合作与交流。名誉博士学位不仅是对外国杰出人士在科学、政治或社会活动领域成就的认可，也是一种重要的文化和外交手段，用以加强国际的友谊与理解，进而促进和平与合作。从 1994 年开始，北京体育大学已向多位国际体育界重要人物授予此荣誉，包括德国、俄罗斯以及国际田径联合会等国家和组织的领导人。这不仅展示了北京体育大学在全球体育教育领域的引领地位，也反映了中国在国际体育舞台上愈发重要的角色。例如，国际奥委会原主席罗格（Jacques Rogge）的名誉博士学位授予仪式不仅得到了国家体育总局的高度重视，而且通过央视等媒体的广泛报道，进一步提升了北京体育大学乃至中国体育界的国际形象。授予名誉博士学位的行为加深了国际体育组织与中国体育之间的联系，为北京体育大学学生及教职工提供了更多与国际体育领导人互动的机会，从而在教学和研究上带来新的视角和灵感。

参考文献

[1]董一凡，牟少华.高校体育教育研究［M］.昆明：云南大学出版社，2010.

[2]［美］格拉瑟.选择理论［M］.郑世彦，译.南昌：江西人民出版社，2017.

[3]林丽芳.现代高校体育教育专业多维构建［M］.北京：北京出版社，2021.

[4]刘伟.高校体育教育创新理念与实践教学研究［M］.北京：九州出版社，2019.

[5]施小花.当代高校体育教育理论与发展探究［M］.长春：吉林人民出版社，2021.

[6]受中秋，王双，黄荣宝.高校体育教育发展与改革探究［M］.长春：吉林大学出版社，2018.

[7]王冬梅.高校体育教育创新发展研究［M］.长春：吉林人民出版社，2021.

[8]吴也显.教与学：课堂文化重建及走势［M］.南京：南京师范大学出版社，2013.

[9]谢明.高校体育教育理论探索与实务研究［M］.长春：吉林人民出版社，2020.

[10]杨乃彤，王毅.高校体育教学创新及运动教育模式应用研究［M］.北京：九州出版社，2020.

[11]袁莉萍.中国高校体育教育研究［M］.武汉：湖北科学技术出版社，2013.

[12]曾海军，刘圆芳.高校体育专业学生创新创业教育改革路径研究［J］.投资与创业，2023，34（7）：31-33.

[13]高婧.我国高校体育教育改革模式创新分析［J］.大学，2024（2）：125-128.

[14]孔硕."健康第一"指导思想下的学校体育改革［J］.时代教育，2015（23）：44.

[15]刘海元，展恩燕.对贯彻落实《关于深化体教融合 促进青少年健康发展的意见》的思考［J］.体育学刊，2020，27（6）：1-11.

[16]刘帅.创新教育视野下高校体育教育专业创新型人才培养需求探究［J］.中国教育学刊，2023（4）：152.

[17]欧阳萍.我国高校体育俱乐部教学模式分析与发展对策［J］.江西师范大学学报（自然科学版），2008，32（3）：376-378.

[18]乔桂芬，陆长青，胡烈刚，等.体育强国战略背景下高校体育教育创新与发展路径研究［J］.体育世界，2023（10）：10-12.

[19]田琳.基于我国高校体育教育改革的模式创新探究［J］.江西电力职业技术学院学报，2022，35（10）：92-94.

[20]辛利，刘娟.对学校体育"健康第一"指导思想的思考［J］.体育学刊，2013，20（5）：8-11.

[21]闫文，曹晓静."运动教育"模式在高校体育教学的创新研究［J］.吉林广播电视大学学报，2023（1）：127-129.

[22]尹雨嘉.对城市生态体育发展的研究［J］.贵阳学院学报（自然科学版），2009，4（2）：69-71.

[23]袁利平.教育国际化的真实内涵及其现实检视［J］.西华师范大学学报（哲学社会科学版），2009（1）：82-87.

[24]张运浩，房施龙.高校体育教育专业人才培养模式创新研究［J］.体育世界，2024（1）：28-30.

[25]郑晓祥.生态体育的内涵与特点［J］.成都体育学院学报，2005，31（2）：43-46.

[26]周桂琴.高校体育教学方法与创新教育的探析[J].当代体育科技，2023，13（35）：64-67.

[27]耿苗烛.程序教学法在羽毛球技术教学中的实验研究[D].太原：山西大学，2021.

[28]呙福临.异步教学法在普通高校羽毛球选修课教学中的应用研究：以武汉商学院选修课学生为例[D].武汉：武汉体育学院，2019.

[29]郭建明.程序教学法在排球基本技术教学中的实验研究[D].广州：广州体育学院，2018.

[30]郭凯城.程序教学法在网球拓展课正手击球教学中的实验研究[D].天津：天津体育学院，2023.

[31]贾丛丛.异步教学法在高校网球选修课教学中的应用研究[D].广州：广州体育学院，2023.

[32]李佳美.程序教学法在高校篮球公体教学中的应用研究[D].秦皇岛：河北科技师范学院，2023.

[33]李荣信.分层教学法在普通高校跆拳道教学中的实验研究[D].西安：西安体育学院，2023.

[34]吕一帆.动态分层教学法在体育院校运动训练专业排球专项课教学中的实验研究[D].西安：西安体育学院，2023.

[35]乔帅朝.异步教学法在羽毛球发球教学中对学生内驱力的影响研究[D].长春：吉林体育学院，2022.

[36]沈阳.程序教学法在普通高校网球基本技术教学中的实验研究[D].武汉：武汉体育学院，2021.

[37]宋威.动态分层教学法对网球专项课教学效果影响的实验研究[D].天津：天津体育学院，2023.

[38]张谦.体育院校网球选项课运用异步教学法教学效果的实证研究[D].成都：成都体育学院，2015.

[39]周银燕.云南省高校国际化水平评价指标体系的构建研究[D].昆明：云南大学，2017.